Kunterbunt
und kurz
geschrieben

Kunterbunt und kurz geschrieben

AN INTERACTIVE GERMAN READER

JAMES PFREHM

Ithaca College

Yale UNIVERSITY PRESS   NEW HAVEN AND LONDON

Published with assistance from the foundation established in memory of Amasa Stone Mather of the Class of 1907, Yale College.

Yale University Press books may be purchased in quantity for educational, business, or promotional use. For information, please e-mail sales.press@yale.edu (U.S. office) or sales@yaleup.co.uk (U.K. office).

Editor: Tim Shea
Publishing Assistant: Ashley E. Lago
Manuscript Editor: Susanne van Eyl
Production Editor: Ann-Marie Imbornoni
Production Controller: Maureen Noonan
Designed by Nancy Ovedovitz

Set in Verlag type by Newgen North America, and printed in the United States of America.

Library of Congress Cataloging-in-Publication Data
Pfrehm, James, 1977–
    Kunterbunt und kurz geschrieben : an interactive German reader / James Pfrehm.
        p.   cm.
    ISBN 978-0-300-16602-6 (pbk. : alk. paper)   1. German language—Readers.   2. German language—Textbooks for foreign speakers—English.   I. Title.
    PF3117.P44 2012
    438.6′421—dc23
                                                            2011023055

A catalogue record for this book is available from the British Library.

This paper meets the requirements of ANSI/NISO Z39.48–1992 (Permanence of Paper).

10 9 8 7 6 5 4 3 2 1

Contents

CONTENTS

Preface

Kunterbunt und kurz geschrieben offers intermediate and advanced students of German fresh and challenging material to practice, explore, and broaden their competencies in conversation, reading, and listening comprehension.

Chapters begin with a *Zum Auftakt* section containing free association activities and conversation prompts. Activities in this section are based on the given chapter's established theme and relevant vocabulary. *Zum Auftakt* is followed by the first of two audio components, an episode from the podcast *Was meint der Mensch auf der Straße dazu?* This podcast is a compilation of interviews with native speakers of German. The audio material is unscripted and authentic, yet edited so that it is accessible to the intermediate-level student. The first short literary text follows, divided into *Vor dem Lesen*, *Beim Lesen*, and *Nach dem Lesen* sections. This is followed by the second audio component, an episode from *Claudias Podcast*. This podcast presents scripted conversations between the fictional characters Claudia, a student in Mannheim, and her boyfriend Ralf, a student in Heidelberg. The second short literary text follows, with sectional divisions as for the first text. Chapters conclude with a brief grammar review and associated exercises, and an

Interkulturelles section with a set of communicative activities that invite students to compare and contrast German and American cultures.

The chapters in *Kunterbunt und kurz geschrieben* need not be undertaken sequentially; texts and audio material have been selected and designed to stand independently. In addition, all texts are marked in the table of contents with a difficulty ranking: "*" means that the text will likely be less difficult for a fifth-semester student of German, and "***" indicates that the text will likely be more difficult for the student.

ABOUT THE TEXTS

The texts for *Kunterbunt und kurz geschrieben* are short stories written by lesser-known native speaker authors and taken from one of several online websites where authors submit their work for the online public to read, to comment on, and—in many instances—to rate. All texts were identified on the basis of four criteria: engaging content (Does the text engage its reader through the use of rhetorical devices, and with interesting characters, story, and atmosphere?); relatable themes (Does the text treat topics to which college-age American students will be able to relate, and which will capture their interest?); accessible language (Does the text contain vocabulary and syntax appropriate for the linguistic abilities of the fifth-semester student?); and cultural value (Does the text provide content and opportunity for students to learn about, and make comparisons with, the target culture?).

Students are guided through the reading, discussion, and analysis of the texts in a three-pronged pedagogical approach.

The *Vor dem Lesen* section introduces vocabulary through traditional exercises and interactive games. The following games appear in the *Vor dem Lesen* sections throughout the book:

- *Geheimwort*: Students play in groups of three or four. Each student selects and notes down five words from the vocabulary list. Each student will have one minute to describe a word without speaking it aloud. The first person in the group to guess the word is awarded a point, and the student who successfully described the word can cross it out. If no one is able to guess the *Geheimwort*, no points are awarded and the player describing the word must leave the word on the list and try again at a later turn. The game is over when the first player has successfully described the five words and crossed them off. This player also gets one point for each of the remaining words on the other players' lists.

As an alternative to the small-group format of *Geheimwort*, instructors can select fifteen to twenty words from the vocabulary list and write these on the board. The class is divided into teams of three to six (depending on total class size). Each team is given a piece of chalk, dry erase marker, or eraser. The teams form separate lines in front of, and perpendicular to, the blackboard. The instructor randomly chooses a word from the board and describes it aloud. Any team member in line who realizes the described *Geheimwort* must communicate it discreetly to their teammates by the "telephone technique" until it reaches the teammate in front of the line, who rushes to the board and crosses out or erases the *Geheimwort*. The team is awarded a point, and the teammate gives the chalk, dry erase marker, or eraser to the next teammate in line and goes to the end of the line.

- *Galgenmännchen*: The game hangman. Students play in groups of four or five. Each student selects five words from the vocabulary list. At each turn, a player requests a letter. This continues until a player speaks the hangman word aloud.

- *Loszeichnen*: Students play in groups of four or five. One textbook is opened to the relevant vocabulary list and laid out for all players to reference. Each student chooses one vocabulary word from the list. The student has one minute to draw anything that will enable the other players to guess the word. Regarding rules and points, *Loszeichnen* follows the same procedures as *Geheimwort*.

As an alternative to the small-group format, the instructor can lead the game. The instructor chooses a word at random from the vocabulary list. A representative of each team is called up to the board to draw the word. The student has one minute to draw. Each team writes down its answer on a slip of paper and hands it to the instructor, who reads them aloud and awards a point for each correct guess, and takes away a point for each incorrect guess.

- *Scharaden*: Procedurally, this game works the same as *Loszeichnen*, except that the students can only use pantomime to communicate the vocabulary word.

The *Beim Lesen* section is designed to acquaint students with the main themes, characters, scene, language, narrative structures, and general plot of the written text. Students are encouraged to read over the exercises in this section before undertaking an initial scanning of the text, then return to the exercises. As such, the *Beim Lesen* is intended to be completed immediately following the <u>first</u> reading of the text.

The *Nach dem Lesen* section probes students' comprehension of the texts. It begins with straightforward content questions. These are followed by questions requiring more thoughtful analysis. The activities that immediately follow push students to convey their analyses in more cerebrally and physically active modes, through writing and acting. Last, a set of reflective exercises invites students to rate the story, provide justifications for their ratings and compare these with the ratings and justifications of their classmates.

A NOTE ON THE THREE-PRONGED APPROACH

The three-pronged approach described here is most effective when students read each text three times. The initial reading should unfold in a "one fell swoop" manner; the student should read through the entire text without the use of a dictionary and focus on identifying main themes, characters, scenery, and narrative structures; flagging difficult words, phrases, and grammatical constructions; and determining the basic storyline. As discussed above, the *Beim Lesen* section is designed to aid students in this initial scanning effort.

The second reading of the text should be more deliberate and involve the use of a dictionary and grammar guide. A suggested self-check for the student, to determine whether they have read the text closely enough the second time, would be to go through the text-related questions on content, in the *Nach dem Lesen* section, and determine whether or to what extent they can either a) answer the question straight out, or b) recall where in the text the answer might be found.

Finally, the student should undertake a third reading before moving on to the more challenging exercises that invite them to analyze and speculate, through writing or discussion, and to give scripted or improvised theatrical interpretations of the text. After completion of *Vor dem Lesen*, *Beim Lesen*, and the first half of the *Nach dem Lesen* sections, ideally the third reading should unfold much like the initial scanning except that the student will now be able to better comprehend the text without a dictionary and grammar guide.

ABOUT THE PODCASTS

As previously mentioned, *Kunterbunt und kurz geschrieben* offers students access to two specially developed podcasts: *Was meint der Mensch auf der Straße dazu?* and *Claudias Podcast*. Each podcast comprises eight episodes designed to complement the respective chapter's theme and vocabulary.

The first podcast in each chapter exposes students to extemporaneous speech in the target language. Each episode contains several brief interviews, conducted with native speakers, about the chapter's topic. Exercises for this podcast focus on vocabulary and content, and invite students to analyze and speculate. An exercise with writing prompts is also included. It will be noted that *Kunterbunt und kurz geschrieben* does not provide transcripts of the *Was meint der Mensch auf der Straße dazu?* podcast. It was felt that students would be tempted to consult the transcript immediately when faced with difficulty in comprehension, instead of returning to the audio and giving it a second (or, ideally, a third) listen. It is hoped that the conspicuous absence of transcribed resources will encourage students to place more confidence in their listening comprehension abilities at the outset.

The second podcast, *Claudias Podcast*, stands in contrast to *Was meint der Mensch auf der Straße dazu?*, inasmuch as it offers students a fictionalized—though, it will be stressed, not artificially stylized—scripted example of the target language. This podcast follows the goings-on in the lives of the fictional characters Claudia and Ralf. Exercises for this podcast deal only with vocabulary and content. Transcripts of all episodes of *Claudias Podcast* can be downloaded along with the audio files on the Yale University Press iTunes U site.

How to Access and Manage the Podcasts

At its most basic level, a podcast is simply a set of recordings (which shall be referred to here as "episodes") in mp3 format that can be easily distributed to a cohort of listeners. Furthermore, a user can subscribe to a podcast, and each time a new episode is posted, it automatically shows up in the subscriber's podcast list when they refresh their podcast library.

Students and instructors can easily access, and subscribe to, the two podcasts for this textbook by visiting the Yale University Press iTunes U site. Students and instructors must download the iTunes application (http://www.apple.com/itunes/download/) to search for and access this iTunes U site. **There are no fees associated with downloading the iTunes software or the podcasts for** *Kunterbunt und kurz geschrieben*. If you are having technical difficulties with the software, or trouble finding, accessing, or managing the podcasts, the following are excellent tutorials: http://www.apple.com/itunes/what-is/ and http://www.apple.com/education/itunes-u/. Additionally, instructors and students are encouraged to contact their local IT staff for assistance.

Some exercises in *Kunterbunt und kurz geschrieben* ask students to create their own podcast. Instructors should not feel intimidated by this; there are many tutorials on the web. A simple Google search for "How to create podcasts for iTunes U," for instance, will return innumerable hits. First and foremost, however, instructors will need to contact their IT staff at their institution and inquire about their institution's participation in iTunes U. In many cases, the instructor's institution will not have an iTunes U site. This can be easily remedied, however, as the responsible IT staff will know how to proceed. Once the instructor's IT unit has established an iTunes U presence, the instructor is encouraged to seek guidance from their IT staff on setting up a course site within iTunes U where they can house students' podcasts. Instructors are invited to visit Ithaca College iTunes U (https://itunes.ithaca.edu/) and browse the offerings within the School of Humanities and Sciences site, to get a sense of the possibilities associated with this technology.

ABOUT THE GRAMMAR REVIEW AND *INTERKULTURELLES* SECTIONS

In addition to the short stories and podcast audio material, *Kunterbunt und kurz geschrieben* presents students with a set of exercises to review key points of grammar, in a context connected to one of the two short texts in the chapter. Detailed explanations of grammatical structures are not given.

Rather, the grammar review sections offer references to additional grammar textbooks, and the relevant sections therein; it is hoped that students will consult these independently, honing essential independent life-skills such as acquiring sources, seeking and filtering information, and problem solving.

Finally, chapters end with an *Interkulturelles* section to encourage cross-cultural reflection, discussion, and analysis. Exercises in this section make connections to the cultural content of the chapter's two reading texts and use authentic visuals in the target language (e.g., graphs, tables) to go beyond the texts. It is recommended that students be assigned these exercises as homework, writing down general thoughts, associations, and relevant vocabulary. Students should use these notes during the following class period in their discussion of the exercise with a peer.

NOTE ON APPENDIX

Adopters and users of *Kunterbunt und kurz geschrieben* will notice that it does not include an appendix with a glossary, or any grammar assistance charts. Instead, it is assumed that the student at the intermediate or advanced level will have at their disposal, and regularly consult, a suitable dictionary and grammar guide in conjunction with the present textbook.

Acknowledgments

I would like to extend special thanks to Professors Gudrun Hommel and Peter Richardson, my spring 2010 German conversation class, Mary Valencia, The Westy, and the following outside reviewers: Pennylyn Dykstra-Pruim (Calvin College), Elizabeth Hamilton (Oberlin College), Helmut Kremling (Ohio Wesleyan), Jennifer Redmann (Kalamazoo College), Richard Rundell (New Mexico State University), Anne Schreiber (Wheaton College, IL), and Heiko Wiggers (Wake Forest University).

Abbreviations

Akk.	Akkusativ
bzw.	beziehungsweise
Dat.	Dativ
etw.	etwas
jmd	jemand
jmdm	jemandem
jmdn	jemanden
o.s.	oneself
s.o.	someone
s.t.	something

Eins

Schule und Studium

Das allgemeine Bildungssystem gehört zu einem der besten Fortschritte der modernen europäischen Gesellschaft – zumindest aus der Sicht der „schon gebildeten" Bevölkerung. Die Schüler und Studenten, die sich noch im System befinden, mögen ein anderes Lied davon singen. Was sie tatsächlich in der Schule oder im Studium erfahren, stimmt nicht immer mit den idealen Vorstellungen von denen, die außerhalb des Systems stehen, überein. Welche Meinungen vom Bildungssystem könnte die junge Dame in diesem Bild haben? Wie könnten die Meinungen ihrer Eltern vom Bildungssystem anders sein?

Die Podcasts und Kurzgeschichten in diesem Kapitel erzählen von Erfahrungen und Situationen, mit denen jeder Schüler bzw. jeder Student konfrontiert sein kann, die aber anderen Menschen beim Wort „Bildung" eher nicht einfallen würden.

ZUM AUFTAKT

Aktivität 1: Was assoziieren Sie mit den Begriffen „Schule" und „Studium" und was nicht?

sich anpassen   -s Heimweh   lustig   entspannend

-e Bildung   -e Mode   -e Neugier   anstrengend   Kurse belegen

simsen   schüchtern   aus sich herausgehen   cool   -e Bibliothek

-r Stress   schlafen   jmdm die Sprache verschlagen   schwänzen

-e Feier   Musik   -s Auslandsstudium   büffeln   teuer

Ich assoziiere damit...   Ich assoziiere damit nicht...

Aktivität 2: Erklären Sie einem/r Partner/In Ihre Assoziationen.

Mit den Begriffen Schule *und* Studium *assoziiere ich* _____ *(nicht), weil...*

Aktivität 3: Besprechen Sie folgende Fragen mit einem/r Partner/In.

1. Würden Sie Ihre Erfahrungen als Schüler/In als eher positiv oder negativ beschreiben? Warum?
2. Meinen Sie, alle Kinder können vom allgemeinen Bildungssystem profitieren? Was halten Sie von „home schooling" in den USA? Hatten Sie Freunde oder kannten Sie Kinder, die zu Hause unterrichtet wurden?

3. Haben Sie sich als Schüler viel darum gekümmert, welche Kleidung und Trends „in" waren? Warum/warum nicht? Finden Sie, es ist wichtig, dass Eltern ihren Kindern Taschengeld geben, damit die Kinder Sachen wie Musik, Kleidung oder die neueste Technik kaufen können, um sich in der Schule anzupassen?

4. Haben Sie noch Kontakt zu Freund/Innen aus Ihrer Schulzeit? Warum/warum nicht?

5. Würden Sie gerne im Ausland studieren? Warum/warum nicht? Welche Herausforderungen *(challenges)* gäbe es?

6. Finden Sie es manchmal schwer, im Unterricht Ihre Professor/Innen zu verstehen? Wann und warum?

7. Ist es Ihnen jemals passiert, dass Sie nicht auf eine Party eingeladen wurden, auf die Ihre Freunde eingeladen worden waren? Wenn ja, erzählen Sie davon. Wenn nicht, spekulieren Sie darüber, warum Sie immer eingeladen wurden.

 PODCAST A: *WAS MEINT DER MENSCH AUF DER STRAßE DAZU?*

SUBSTANTIVE

(das-Wörter)
Gegenteil(e) – *opposite, contrary*

(die-Wörter)
Lehrveranstaltung(en) – *university lecture*
Regelschule(n) – *traditional state-funded school*
Verbindung(en) – *connection*

(der-Wörter)
Gesprächstoff(e) – *conversation topic*
Zivildienst(e) – *civilian alternative to military service*

SONSTIGES

ansonsten – *otherwise; overall*
aus jmdm werden – *to become of s.o.*
gut aufgehoben sein – *to be well situated*
der Lauf der Welt – *the way of the world*
schnell vorankommen – *to make progress*

VERBEN

abbrechen – *to end (contact with s.o.)*
ableisten – *to complete (e.g., civilian service)*
(sich) auseinander leben – *to drift apart*
(sich) aussuchen – *to choose*
zutreffen (auf [+ Akk.]) – *to apply to*
(sich) zwingen – *to force o.s.*

Übung 1: Welche Definition passt?

> a. wenn eine Verbindung oder der Kontakt zu Ende geht   b. eine Vorlesung
> c. entscheiden oder bestimmen, was man will   d. das Umgekehrte
> e. wenn man etwas nicht unbedingt machen will, es aber trotzdem tut
> f. gelten für, richtig sein   g. all das, worüber man sich unterhalten kann
> h. etwas zu Ende ausführen

1. sich zwingen ____   2. -e Lehrveranstaltung ____   3. zutreffen ____

4. sich aussuchen ____   5. -r Gesprächsstoff ____   6. ableisten ____

7. -s Gegenteil ____   8. abbrechen ____

Übung 2: Vervollständigen Sie die Zitate aus dem Podcast.

1. „Da war ich immer ein bisschen l _____, kam nicht so schnell
   v _____, wie in der Regelschule."

2. „Ich find' gut, dass man a _____ k _____, wie man arbeitet."

3. „Also, das sind Veranstaltungen, b _____ d _____ nicht die Anwesenheit überprüft wird."

4. „Und, ehrlich gesagt, kann man das i _____ e _____ B _____
   l _____."

5. „Denn die Jungs hatten ihre viel j _____ F _____ dabei."

6. „Ich denke einfach, das ist der _____ _____ _____,
   dass man sich während der Schulzeit regelmäßig sieht, und danach geht
   jeder s_____ e _____ W ____."

7. „Vielmehr ent_____ s _____ alle in so viele verschiedene
   R _____, dass man oft schnell die _____
   verliert."

8. „Einige Kontakte h _____ zwar bis heute, aber viele andere
   _____ doch relativ schnell _____."

Übung 3: Bestimmen Sie, welches Statement auf welche Person zutrifft.

+ = „JA" – = „NEIN" ? = „KEINE AUSKUNFT"								
	Person	1	2	3	4	5	6	7
1.	Ist Schüler/In.							
2.	Ist Student/In.							
3.	Kontakt zu Schulfreunden abgebrochen.							
4.	Besucht eine Regelschule.							
5.	Spricht positiv von der Schule bzw. von der Uni.							
6.	Erwähnt Facebook.							
7.	Findet es schwer, in Lehrveranstaltungen zu gehen.							
8.	Hat Zivildienst geleistet.							

Übung 4: Beantworten Sie die Fragen.

1. Welche Fragen werden an die Personen gestellt?
2. Warum finden die ersten zwei Personen es besser, die Montessori-Schule oder die Regelschule zu besuchen?
3. Warum findet Person Drei es schwer, in Lehrveranstaltungen zu gehen?
4. Warum beschreibt die vierte Sprecherin ihre Erfahrung beim Klassentreffen als „eine langweilige Geschichte"? Was fand sie „komisch"? Was war „seltsam"?
5. Was bezeichnet der fünfte Sprecher als „der Lauf der Welt"? Wer ist die Ausnahme in seinem Leben?
6. Welche Gründe gibt Person Sieben dafür, dass Kontakte zu Klassenkameraden oft mit dem Ende der Schulzeit abbrechen?

Übung 5: Schreibaufgaben.

1. **Montessori-Schule.** Suchen Sie in der Bibliothek oder im WWW Informationen über die Montessori-Schule und schreiben Sie einen Bericht

darüber. In Ihrem Bericht sollten Sie auch Ihre eigene Meinung dazu ausdrücken. Finden Sie Reform-Pädagogik gut? Würden Sie Ihr eigenes Kind auf eine Regelschule oder eine Montessori-Schule schicken und warum?

2. **Tagebuch.** Stellen Sie sich vor, Sie wären noch Schüler/In und würden Tagebuch führen. Schreiben Sie einen Eintrag mit dem Titel: „Heute war der beste (oder schlimmste) Schultag meines Lebens!"

3. **Auf dem Klassentreffen.** Erfinden Sie zu dritt ein Gespräch auf einem Klassentreffen zwischen der vierten Person, einem alten Schulfreund, und dessen Freundin.

ERSTER LESETEXT: *COOL SEIN* VON KERSTIN JAUER

SUBSTANTIVE

(das-Wörter)
Ausbildungslager(-) – *training camp*
Deo(s) – *deodorant*
Lächeln(-) – *smile*
Schottenröckchen(-) – *kilt*

(die-Wörter)
Erfahrung(en) – *experience*
Feier(n) – *party*
Verteidigung(en) – *defense*
Zahnspangen (pl.) – *braces*

(der-Wörter)
Druck(e) – *printed design*
Jahrgang(¨-e) – *grade level*

SONSTIGES
die Augen verdrehen – *to roll one's eyes*
ausgerechnet – *of all things*
ausgesprochen – *totally, very*
immerhin – *at any rate, nevertheless*
leer ausgehen – *to go away empty-handed*

ADJEKTIVE
entgeistert – *flabbergasted, amazed*
grausam – *cruel*
herb – *penetrating, acute (a smell)*
schmal – *slim, trim*
unschlüssig – *undecided*
wertvoll – *valuable, worthwhile*

VERBEN
(sich) aussuchen – *to choose*
ertragen – *to tolerate, bear*
(sich) gehören – *to be appropriate*
gelten – *to be valid, to apply*
(sich) räuspern – *to clear one's throat*
schlurfen – *to shuffle (feet)*

VOR DEM LESEN

Übung 1: Welches Wort von der Liste oben passt in die Lücke?

1. Die neue Bundeskanzlerin musste _____ _____, bevor sie ihre Antrittsrede hielt.

2. _____ mein bester Schulkamerad hat den Kontakt zu mir abgebrochen. Ich kann es immer noch nicht fassen!

3. Als Kind musste ich _____ tragen, da meine Zähne schief waren.

4. Der Student stand _____ vor dem Professor und wusste nicht, ob er dessen Kurs weiterhin belegen oder fallen lassen sollte.

5. Der Junge wollte sein Abendessen ohne Besteck essen, aber er durfte nicht, denn so was _____ _____ nicht am Esstisch.

6. Meine beste Freundin ging nicht mit mir in dieselbe Klasse; sie war aus dem _____ unter mir.

7. Nach seinem Einzug verbrachte der Soldat drei Monate im _____.

8. Auf der Regelschule dürfen _____ die Kinder nicht _____, wie sie ihre Zeit einteilen wollen.

9. Krieg ist _____; es gibt zu viel Hass, Tod, und Gewalt.

10. Manche Studenten müssen _____ _____ machen, dass man ohne ausreichenden Schlaf im Unterricht keine gute Arbeit leisten kann.

Übung 2: Wortschatz durch Spiele! Machen Sie die folgenden Spiele in Gruppen.

1. *Geheimwort.* Suchen Sie jeweils 5 bis 10 Wörter aus der Wortschatzliste aus!

2. *Scharaden.* Suchen Sie jeweils 3 bis 5 Wörter aus der Wortschatzliste aus!

COOL SEIN

Wie es manche bereits wissen, Kinder können grausam sein. Diese Erfahrung musste ich machen, als ich mich nach den Sommerferien in der fünften Klasse einer Gesamtschule befand. Statt dem dörflichen Grundschulidyll, das ich kannte, herrschte hier die raue Wirklichkeit. Hatte es in der Grundschule
5 gereicht, lieb und nett zu sein, so galten in der höheren Schule andere Regeln.

Man hatte cool zu sein! Man redete anders, lachte anders und es ging um diese Mädchen-Jungen-Sache. Mit Schule hatte das wenig zu tun.

Ich darf nicht vergessen: Um cool zu sein, musste man sich mit Musik auskennen. Wie es sich für eine Gesamtschule gehörte, mussten wir uns zu
10 Beginn des Schuljahres in diesen pädagogisch wertvollen Tischgruppen zusammenfinden. Selbstverständlich durften wir uns einen individuellen Namen dafür aussuchen. Also nannten wir unsere Tischgruppe New-Kids-On-The-Block. (Es gibt Schlimmeres, oder?)

Relativ schnell zeigte sich das Problem mit den Jungen. Jeder fand irgend-
15 wen gut. Jeder wollte mit irgendwem gehen oder eben auch nicht. Ich war ein Problem. Ich fand niemanden gut und ich wollte auch mit niemandem gehen. Wenn wenigstens jemand mit mir hätte gehen wollen... Aber nein, Pech gehabt. Ob es an der Brille und der Zahnspange gelegen hat? Vielleicht. Leider war ich auch ausgesprochen gut in der Schule.
20 Eine Leistungsgesellschaft wie die unsere sollte jetzt aufschreien[1]: „ ,Leider', aber warum ,leider'?" Na, weil gute Noten uncool waren. Mal ehrlich – ein Mädchen mit Brille und Zahnspange und guten Noten war doch kaum zu ertragen.

In der siebten Klasse passierte es dann. Zu dieser ganz bestimmten Zeit
25 im Jahr kurz vor den Sommerferien. Die Noten standen fest und der Unterricht verkümmerte zur reinen Formsache[2]. Wir hatten Pause. Ich saß auf meinem Tisch und ließ die Beine in der warmen und verbrauchten Luft hin und her baumeln. Plötzlich stürmte Mara herein und blieb mit geröteten Wangen vor mir stehen.
30 (Hier möchte ich zu meiner Verteidigung anmerken, dass Mara das beliebteste Mädchen der Klasse war. Ja, ausgerechnet mit dem beliebtesten Mäd-

---

1. a productivity-driven society such as ours ought to cry out now
2. ...degenerated to pure matter-of-course business

chen der Klasse war ich befreundet. Aha, wird der eine oder andere jetzt denken. Warum wohl? Nun, an den Hausaufgaben wird es wohl gelegen haben...)

„Ich hab ihn gesehen!", schrie sie. Mit ‚ihn' meinte sie Timo. Er war in der achten Klasse. Groß, sportlich und dermaßen cool. 35

Mara hüpfte in ihrem roten Schottenröckchen – die waren unglaublich „in" zu der Zeit – auf und ab. Ich versuchte ein wenig Begeisterung für sie aufzubringen, obwohl ich nicht verstehen konnte, was so toll daran war, einen Jungen aus dem Jahrgang über uns zu sehen. (Nur zu sehen, versteht sich.)

„Und?", wollte ich wissen. 40

Mara sah mich verständnislos an.

„Was ‚und'? Ich hab ihn *gesehen*", wiederholte sie mit strahlenden Augen, als wäre meine Frage kompletter Blödsinn. Immerhin <u>brachte ich ein lahmes „toll" zustande</u>[3]. Mara verdrehte die Augen und setzte sich zu mir.

Plötzlich stieß ihr linker Ellbogen mir in die Rippen. Sie deutete mit dem 45 Kopf zu Marcel hinüber. Ein großer, schmaler Junge mit dunklen Haaren und braunen Augen, der bereits den einen oder anderen „Willst-Du-mit-mir-gehen-Brief" bekommen hatte.

Lass mich kurz erklären: Es war nicht nur die Zeit vor den Sommerferien, sondern vor allem die Zeit, in der Marcel seine Einladungen zur Geburts- 50 tagsparty verteilte. Wer cool war, war auf dieser Feier.

Ich wollte nicht neben Mara sitzen, wenn sie ihre Einladung bekam, nur um selbst leer auszugehen. Aber es war zu spät. Marcel stand schon vor uns. Er trug eine dieser weiten Gangsterhosen und ein braunes T-Shirt mit einem Druck drauf, der mir nichts sagte. In der linken Hand hielt er die begehrten Zettel. 55

„Hey."

Er räusperte sich leicht, <u>als wollte ihm die Stimme versagen</u>[4]. Mara strahlte ihn mit ihrer fröhlichen Art an, während ich vermutlich einen säuerlichen Gesichtsausdruck aufsetzte. Mit seiner Rechten zog er eine der Einladungen aus dem Stapel und reichte sie, na wem schon, Mara. 60

„Hier, ich feier' in den Ferien."

Unschlüssig, wohin ich gucken sollte, entschied ich mich letztlich für das Fenster. Einen unangenehmen Moment lang herrschte Stille.

„Du kommst auch, oder?"

---

3. ...managed to produce a weak 'great'
4. ...as if his voice were about to give out

65   Ich ließ den Blick zurück vom Fenster zu Marcel gleiten. Nur ein paar Zentimeter trennten mich von der Einladung in seiner Hand. Ein weißes Blatt Papier, an dessen oberem Rand große, fette Buchstaben das Wort PARTY formten. (Ich muss nicht erwähnen, dass ich die letzten zwei Jahre nicht eingeladen worden war, oder?)

70   Langsam nahm ich das Blatt an mich. Angestrengt versuchte ich, mein inneres Lächeln nicht <u>an die Oberfläche vordringen zu lassen</u>[5].

„Mal sehen", gab ich gelassen als Antwort. Nach zwei Jahren Ausbildungslager in Sachen Coolness wusste ich, was ich zu sagen hatte.

Marcel schlurfte weiter und zog den herben Duft seines Deos hinter 75 sich her.

„Du kommst doch?"

Mara sah mich entgeistert an. Anscheinend funktionierte der Trick sogar bei ihr. Dann aber befreite sich das innere Lächeln. <u>Wenn auch nur flüchtig</u>[6]. Ich verdrängte es sofort wieder.

80   „Du kommst!"

„Mal sehen."

Epilog

Natürlich kam ich. An sich mag diese kleine Geschichte völlig unbedeutend sein, aber wer die Vorgeschichte kennt, muss mich verstehen. Mein Leben war gerettet. Ich war auf dem Weg cool zu sein.

BEIM LESEN

Übung 1: Beantworten Sie die Fragen.

1. Auf welche möglichen Themen weist der Titel hin *(refer to)*?
2. Wer ist die Hauptfigur der Geschichte? Welche Figuren spielen Nebenrollen?
3. Wer spricht im Text? Wer ist der Haupterzähler?
4. Welche Gegenstände *(objects)* spielen in der Geschichte eine Rolle?
5. Welchen Eindruck bekommen Sie von der Hauptfigur?

    5. ...let [my smile] get out
    6. even if [it was] only fleetingly

Übung 2: Identifizieren Sie die Wörter im Text, die...

- die Hauptfigur beschreiben
- die Nebenfiguren beschreiben
- den Schauplatz der Geschichte etablieren
- die Atmosphäre der Geschichte kreieren *(create)*
- auf die Einstellungen *(attitudes, opinions)* der Figuren hinweisen

Übung 3: Suchen Sie die folgenden Komposita *(compound words)* im Text. Was könnten diese Wörter bedeuten? Welche Präfixe oder Suffixe erkennen Sie? Welche anderen Wörter kennen Sie, die dieselben Präfixe oder Suffixe haben?

Wörter/Präfixe/Suffixe	*Bedeutung*	*Andere Wörter*
1. selbstverständlich:		
2. Schottenröckchen:		
3. entgeistert:		
4. ertragen:		
5. wertvoll:		
6. Jahrgang:		
7. grausam:		
8. Leistungsgesellschaft:		

Übung 4: Machen Sie eine Liste mit den Wörtern aus dem Text, die Ihnen unbekannt sind. Vergleichen Sie diese mit einem/r Partner/In.

Übung 5: Welche Satzteile passen zusammen und in welcher Reihenfolge passiert das in der Geschichte?

Die Tischgruppen...	...war das populärste Mädchen in der Klasse.
Ausgesprochen gut...	...galten andere Regeln.
Mara...	...können grausam sein.

Eine Geburtstagsparty...	...suchten sich einen eigenen Namen aus.
Die Erzählerin...	...war die Erzählerin in der Schule.
In der höheren Schule...	...war auf dem Weg, cool zu sein.
Kinder...	...wollte Marcel in den Ferien machen.

Übung 6: Schreiben Sie Sätze oder Konstruktionen aus dem Text auf, die Sie immer noch nicht verstehen. Vergleichen Sie diese mit einem/r Partner/In.

NACH DEM LESEN

Übung 1: Beschreiben Sie mit Substantiven, Adjektiven oder Verben die Figuren in der Geschichte.

	Substantive	Adjektive	Verben
Erzählerin:			
Mara:			
Marcel:			

Übung 2: Beantworten Sie die Fragen zum Inhalt der Geschichte.

1. Was für eine Schule besuchte die Erzählerin ab der 5. Klasse? Wie war das für sie?
2. Was alles musste man auf der Schule tun oder können, um cool zu sein?
3. Welche Erfahrungen hatte die Erzählerin mit Jungen auf der Schule?
4. Warum hat die Erzählerin ausgerechnet das populärste Mädchen der Schule als beste Freundin gewonnen?
5. In welche Klasse gingen die beiden Mädchen, als die Sache mit Marcel passierte?
6. Wer war Marcel? Warum freuten sich die Mädchen darüber, dass er sie anspricht?

7. Welche Überraschung erlebte die Erzählerin kurz vor den Sommerferien?
8. Wie versuchte die Erzählerin „cool" zu sein, als sie die Überraschung von Marcel bekam? Wie reagierte Mara darauf?

Übung 3: Beantworten Sie die Fragen zur Analyse der Geschichte.

1. Inwiefern galt die Erzählerin als „uncool" auf der Schule? Meinen Sie, die Autorin dieser Geschichte möchte das moderne Schulsystem kritisieren? Erklären Sie.
2. Woher kommt der Humor im Text? Hat es mit der Sprache, den Charakterisierungen und der Storyentwicklung zu tun? Identifizieren Sie humorvolle Stellen im Text, um Ihre Argumente zu unterstützen.
3. In der Geschichte wird kein einzelner erwachsener Mensch erwähnt. Warum?
4. Glauben Sie, dass Mara, das beliebteste Mädchen der Klasse, die „uncoole" Erzählerin wirklich als Freundin mag? Was im Text spricht dafür und was dagegen?
5. Wie erklären Sie den Epilog? Meinen Sie, die Geschichte wäre ohne ihn trotzdem vollkommen? Trägt er überhaupt etwas zur Geschichte bei?

Übung 4: Nachsitzen beim Schuldirektor.

Die Erzählerin und Mara haben im Englischunterricht Mist gebaut und müssen nun eine Stunde nach der Schule bei dem strengen Schuldirektor Herrn Nasenhorn nachsitzen. Hier ist der Bericht, den die Englischlehrerin über die Situation mit den zwei Mädchen geschrieben und dem Schuldirektor gegeben hat:

Um Viertel nach 11 kamen die Schüler aus der Pause zurück. Hier muss ich auch anmerken, dass die zwei Mädchen aufgeregter als sonst schienen. Nach einer kurzen Erklärung über englische Grammatik ließ ich die Klasse Übungen machen. Die Schüler sollten in Kleingruppen die unregelmäßigen Verben, die im Textbuch stehen, mündlich üben. Etwa zehn Minuten später, als die Schüler noch mit der Aufgabe beschäftigt waren, musste ich das Klassenzimmer vorübergehend verlassen, um mit einem Kollegen zu sprechen. Als ich aber zurückkam, stellte ich fest, dass Mara und ihre

Freundin am Fenster standen und einem Jungen draußen zuwinkten. Ich sagte beiden, dass sich dieses Verhalten in der Schule nicht gehöre und dass sie daher nach der Schule bei Ihnen, Herrn Nasenhorn, nachsitzen müssen.

Diskutieren Sie nun zu dritt den Bericht. Finden Sie den Bericht fair? Was an dem Bericht erscheint Ihnen als problematisch? Wie können sich die zwei Mädchen verteidigen? Meinen Sie, der Schuldirektor glaubt ihnen oder eher der Lehrerin?

Übung 5: Rollenspiel.

1. **Ein Treffen danach.** Mara und die Erzählerin treffen sich am selben Abend nach der Situation mit der Englischlehrerin und planen einen harmlosen, lustigen Streich, um es der Lehrerin heimzuzahlen.
2. **Verliebt sein.** Mara hat sich in Marcel verliebt. Natürlich hat sie aber zu viel Angst, ihn selbst anzurufen und auf den bevorstehenden Schulball einzuladen. Deshalb hat sie die Erzählerin überredet, dies für sie zu tun. Stellen Sie sich ein Telefonat zwischen der Erzählerin und Marcel vor. Hier sind mögliche Phrasen, die Sie für die Rolle von der Erzählerin benutzen können:

   „Sag mal, warst du schon mal auf einem Schulball?"

   „Hast du Freitagabend schon was vor?"

   „Was hältst du eigentlich vom Tanzen?"

   „Gibt es irgendwelche Mädchen in der Schule, die du besonders cool findest?"

   „Hast du dir schon mal überlegt, ob du Freitag zum Schulball gehst?"

   „Weißt du, meine Freundin Mara wollte schon immer auf einen Schulball."

   „Habe ich dir jemals gesagt, dass Mara eine besondere Begabung für das Tanzen hat?"

   „Wie sieht eigentlich deine Traumfrau aus?"

Übung 6: Bewerten Sie die Geschichte auf der folgenden Skala:

1	2	3	4	5
ausgezeichnet	gut	durchschnittlich	nicht gut	furchtbar

Übung 7: Erklären Sie Ihre Bewertung!

Ich habe die Geschichte als _____ bewertet, weil...

Übung 8: Nun vergleichen Sie Ihre Bewertung und Erklärungen mit denen Ihrer Kommiliton/Innen. Notieren Sie sich die Informationen von drei Personen, damit Sie diese der Klasse präsentieren können. Raten Sie, was die Durchschnittsbewertung der Klasse sein könnte!

	Name	Bewertung	Erklärung(en)
1.			
2.			
3.			

Übung 9: Schreibaufgaben.

1. **Auf der Party.** Die Erzählerin und Marcel sind auf der Geburtstagsfeier. Schreiben Sie einen Dialog zwischen den beiden.
2. **Antwort auf den Schulbericht.** Stellen Sie sich vor, Sie wären die Mutter oder der Vater der Erzählerin. Verfassen Sie eine „offizielle" Antwort auf den Bericht in Übung 4.
3. **Beim Schuldirektor.** Stellen Sie sich ein Gespräch zwischen den zwei Mädchen und dem Schuldirektor vor. Beziehen Sie sich auf das, worüber Sie in Übung 4 oben gesprochen haben. Nehmen Sie den Dialog mit Ihren Kommiliton/Innen auf und machen Sie einen Podcast daraus!

PODCAST B: HÖREN SIE *CLAUDIAS PODCAST NR. 1: EXAMENSTRESS* AN.

SUBSTANTIVE

(das-Wörter)
Geräusch(e) – *sound*

(die-Wörter)
Anstrengung(en) – *exertion*
Lautstärke(n) – *volume*
Schuld(en) – *fault, debt*

(der-Wörter)
Heidenlärm – *din, racket*

SONSTIGES
kaum – *hardly*
den Tag nicht vor dem Abend
   loben – *to not count one's*
   chickens before they're hatched
zum Teil – *kind of, partly*
es bringt nichts – *it won't*
   amount to anything

ADJEKTIVE

ähnlich – *similar*
laut aufgedreht – *turned up loud*
komisch – *strange*
ruhig – *quiet*

VERBEN

anzeigen – *to turn in (to authorities)*
bestehen – *to pass (a test)*
durchfallen – *to fail*
einsperren – *to lock up (in jail)*
ergattern – *to acquire or get (with difficulty)*
klimpern – *to make clanking sounds (on the*
   piano)
knarren – *to make creaking sounds*
poltern – *to make banging sounds*
schnallen – *to get it, to understand (slang)*
stöhnen – *to groan*

Übung 1: Welches Wort passt nicht und warum?

1. anzeigen   klimpern   knarren   poltern
2. Geräusch   laut aufgedreht   Heidenlärm   ruhig
3. ergattern   stöhnen   Anstrengung   anzeigen
4. bestehen   durchfallen   es bringt nichts   kaum
5. Schuld   einsperren   anzeigen   ähnlich

Übung 2: Welches Wort passt in die Lücke?

1. Claudia braucht einen ＿＿＿＿＿＿＿ Ort, wo sie lernen kann.

2. Beim Gewichtheben ＿＿＿＿＿＿＿ Günther oft.

3. Claudia hat sich nur ＿＿＿ ＿＿＿＿＿ auf ihre Examen vorbereitet.

4. In der Küche macht Maria beim Kochen einen _____.

5. Claudia hat Angst davor, dass sie bei ihren Examen_____.

6. Ralf findet es _____, dass Günther in seinem Zimmer Gewichte hebt.

Übung 3: In welcher Reihenfolge werden diese Sachen in Podcast Nr. 1 erwähnt?

-Ralf schlägt vor, dass Claudia zu McDonald's geht. ____

-Claudia beschwert sich darüber, dass es keine freien Tische in der Bibliothek gibt. ____

-Claudia erzählt von den Geräuschen, die Maria in der Küche macht. ____

-Ralf fragt Claudia, wie viel sie während des Semesters gelernt hat. ____

-Ralf benutzt einen Spruch, um Claudia zum Lachen zu bringen. ____

-Claudia sagt Ralf, dass Günther bis spät abends Filme schaut. ____

-Claudia nennt Ralf die Examen, die sie nächste Woche schreibt. ____

Übung 4: Sind die Aussagen richtig oder falsch? Korrigieren Sie die falschen Aussagen.

1. Ralf hat noch nie Probleme mit Mitbewohnern gehabt. ____

2. Der Boden knistert, wenn Günther Gewichte hebt. ____

3. Ralf kaufte sich gerne eine Apfeltasche, wenn er in McDonald's paukte. ____

4. Solveig spielt Musik, die zu laut aufgedreht ist. ____

5. Ralf schlägt vor, dass Claudia ihre Mitbewohner bei der Polizei anzeigt. ____

6. Günther schaut Filme mit voller Lautstärke an, weil er seine Mitbewohnerinnen ärgern will. ____

7. Claudia hat während des Semesters weniger gründlich gelernt. ____

8. Es gibt ein McDonald's in der Nähe von Claudias Wohnung. ____

ZWEITER LESETEXT: *SPRACHLOS* VON NICOLA SCHMERBECK

SUBSTANTIVE

(das-Wörter)
Brüllen – *roar*
Grübchen(-) – *dimple*
Raubtier(e) – *predator*

(die-Wörter)
Auswirkung(en) – *impact, influence*
Gegenwart – *present (time)*
Gemeinsamkeit(en) – *similarity*
Wange(n) – *cheek*

(der-Wörter)
Rachen(-) – *throat*
Unterschied(e) – *difference*

SONSTIGES

deutlich – *clearly*
dicht – *closely*
hinterher – *afterward*
jmdm die Sprache verschlagen – *to render s.o. speechless*
vorbei – *over, finished*

ADJEKTIVE

bedrohlich – *threatening*
flink – *swift, lively*
fröhlich – *happy*
stolz – *proud*
stumm – *speechless, quiet*

VERBEN

aufzählen – *to list, name*
begegnen – *to meet, run into*
bitten um (+ Akk.) – *to ask for, request*
eingehen – *to make (a compromise)*
seufzen – *to sigh*
sprudeln – *to gush, bubble*
(sich) umdrehen – *to turn around*

VOR DEM LESEN

Übung 1: Welches Wort bin ich?

1. Ich beschreibe die Situation, wenn sich zwei Menschen zufällig auf der Straße treffen.
2. Ich bin das Gegenteil von der Vergangenheit.
3. Ich bin das Geräusch, das ein Löwe macht.
4. Ich bin das Gefühl, das man bekommt, wenn man etwas geleistet oder erreicht hat.

5. Mich erzeugt man mit der Stimme, wenn man traurig, einsam, oder enttäuscht ist.

6. Ich beschreibe die Situation, wenn man etwas Überraschendes sagt oder tut, was einen anderen Menschen stumm macht.

7. Ich bin eine Eigenschaft, die böse ist und gerne anderen Menschen Angst macht.

8. Mich kann man oft am Kinn eines Menschen oder auf den Wangen finden.

Übung 2: Wortschatz durch Spiele! Machen Sie die folgenden Spiele in Gruppen.

1. *Geheimwort.* Suchen Sie jeweils 5 bis 10 Wörter aus der Wortschatzliste aus!

2. *Loszeichnen.* Suchen Sie jeweils 5 Wörter aus der Wortschatzliste aus!

SPRACHLOS

Gleich ist es vorbei. Nur nicht nach oben schauen. Gleich ist es vorbei. Sie kann ja nicht ewig vor mir stehen bleiben. Irgendwann muss sie ja mit dem Seminar weitermachen. Nur nicht nach oben schauen...

Vielleicht hätte Lara die Professorin noch einmal bitten sollen, die Frage zu wiederholen. Vielleicht langsamer. Besonders schnell hat sie eigentlich nicht gesprochen, aber Lara hat sie trotzdem nicht verstanden. In Deutschland sprechen die Menschen ganz anderes Englisch. Nicht wirklich britisches Englisch, aber europäisches Englisch. 5

Vielleicht, wenn die Professorin etwas deutlicher...

Nein, darum kann man sie nicht bitten. Lara kann doch eine Professorin 10 nicht fragen, ob sie deutlicher sprechen könnte. Und eine schwarze Professorin erst recht nicht[7]. Hinterher glaubt die Professorin noch, dass Lara rassistisch sei.

Erst gestern hat sie ein Student in der Mensa gefragt, woher sie käme. Als Lara ihm erzählte, dass sie aus Deutschland kommt, hat er grinsend gesagt, 15 „You don't look like a Nazi."

7. especially not ...

Laras Mund klappte auf. Einen Moment lang blieb sie stumm mit halb offenem Mund stehen.

„Hey, the line's moving", brüllte der Student. „Mach schnell! Jawohl! Schnell, schnell!" Dann fingen er und noch ein weiterer Student an zu lachen wie Hyänen.

Idioten, dachte sich Lara. Die meisten Amerikaner waren nett zu ihr, selbst wenn sie ihnen erzählte, dass sie Deutsche ist. Noch nie hat sie jemand Nazi genannt. Lara war ja auch kein Nazi. Woher sollte dieser Typ in der Mensa wissen, wer Lara war. Sie wusste es im Moment ja selber kaum...

„LaRa."

Plötzlich bringt ein dumpfes Brüllen Lara wieder in die Gegenwart zurück. LaRa? Ich bin nicht LaRa.

Die Professorin rollt das R wie alle Amerikaner, hart und ganz tief im Rachen wie Löwen. Groß, gefährlich und laut.

LaRa klingt so hart und böse. Das bin ich gar nicht. Ich bin doch Lara mit einem weichen r, so wie es die Eltern immer sagen, wenn sie stolz auf mich sind: unsere Lara. Ja, diese Lara bin ich. Die Lara mit dem lieben r. Nicht die LaRa mit dem harten Raubtier-R.

Die ganze Sprache besteht nur aus Rs. Sie sprechen gar nicht. Sie brüllen nur. Sie brüllen mich an.

Lara schaut auf ihre Schuhe. Jetzt steht die Professorin ganz dicht vor ihr. Die Professorin sagt wieder etwas zu ihr, aber Lara hört sie nur brüllen. Nicht wirklich laut, eher ruhig und freundlich. Ein ruhiges, freundliches Brüllen. Eigentlich findet Lara die Professorin ja ganz nett. Die Professorin kommt aus dem Süden und hat zwei Grübchen in den Wangen, wenn sie lächelt. Und sie lächelt oft. Sie ist immer elegant gekleidet und hält den Kopf aufrecht.

Lara hält den Kopf gesenkt. Sie guckt auf ihre Schuhe. Die Professorin guckt nie auf ihre Schuhe so wie Lara jetzt.

Aber wenn sie etwas sagt, verstehe ich nichts. Es ist ein einziges Brüllen, denkt sich Lara. Das Brüllen einer großen schwarzen amerikanischen Raubkatze.

Die Professorin seufzt.

Bloß nicht nach oben schauen. Bloß nicht dem Panther in die Augen schauen, dann tut er auch nichts. Gleich ist es vorbei. Nur nicht nach oben schauen...

Endlich wendet sich die Professorin ab und fragt eine andere Studentin.
Na endlich, denkt sich Lara und ist froh.

Dabei wusste Lara ja die Antwort. Nur nicht auf Englisch. Auf Deutsch
hätte Lara locker antworten können. Sie hätte über die Auswirkungen des [55]
Irakkrieges auf die Wirtschaftspolitik in Europa gesprochen. Lara hätte die
Unterschiede und Gemeinsamkeiten zur amerikanischen Wirtschaftspolitik
aufgezählt und analysiert. Sie hätte Zukunftsprognosen über den Einfluss
der wirtschaftlichen Situation auf die nächsten Wahlen in Deutschland und
in den USA machen können[8]. Eigentlich hatte Lara diese Frage schon einmal [60]
beantwortet. Letztes Jahr in Deutschland. Lara hatte eine 30-seitige Semi-
nararbeit darüber geschrieben.

Sie hätte so viel zu sagen gehabt...

Soll die Professorin doch denken, dass sie die Hausaufgaben nicht gemacht hat. Hauptsache, sie lässt sie in Ruhe. [65]

Auf dem Heimweg kommt Lara an einem Imbissstand vorbei. Ein kleiner
Mann mit dunkler Haut verkauft Tacos. Seine Augen sind müde. Trotzdem
lächelt er Lara an. Sie lächelt zurück. Vielleicht kommt er aus einem Land, in
dem immer die Sonne scheint, wo es exotische Früchte an jeder Straßenecke
gibt und die Menschen immer fröhlich sind. [70]

Der Mann fragt Lara etwas, aber Lara versteht ihn auch nicht. Seine
Worte haben einen anderen Rhythmus als die der anderen Amerikaner. Sie
sind nicht laut und bedrohlich, sondern flink und schnell, wie ein Tanz, dem
Lara nicht folgen kann.

„I'm sorry. I don't understand...", sagt Lara leise. [75]

Die Zunge des Mannes tanzt noch einmal zu den südländischen Lauten
seiner Stimme, aber als Lara ihm immer noch nicht antworten kann, dreht er
sich um und spricht den nächsten Passanten an.

Lara geht weiter. Ihr Handy klingelt. Am anderen Ende ist Kerstin, ihre
beste Freundin aus Deutschland. [80]

Es tut so gut, wieder eine Stimme zu hören, die man versteht, denkt sich
Lara. Sie möchte Kerstin von der Professorin mit den Grübchen erzählen
und von dem Mann mit der tanzenden Zunge. Endlich einmal mit jeman-

---

8. She could have made future prognoses about the influence of the economic
situation on the next elections in Germany and the United States

dem sprechen können, ohne Kompromisse einzugehen. Endlich einmal sa-
85 gen können, was man wirklich meint, und <u>nicht auf die Worte ausweichen,
die man im Unterricht gelernt hat</u>[9].

Gern hätte Lara ihr das alles erzählt. Aber bevor Lara etwas sagen kann,
fragt Kerstin sie schon über die Amerikaner aus. Wie ein Wasserfall sprudeln
die Worte aus Kerstins Mund. Ob sie denn schon einen netten Amerikaner
90 kennen gelernt habe, vielleicht einen, der Football spielt oder vielleicht Base-
ball? Ob es stimme, dass die Amerikaner alle ständig Hamburger essen? Ob
ihr schon ein Filmstar begegnet sei? Kerstin erzählt von dem Actionfilm, den
sie neulich im Kino gesehen hat, von dem Film mit dem süßen Amerikaner
in den engen Jeans. Ob die jetzt alle in Amerika tragen...?
95 „Du sagst ja gar nichts, Lara. Was ist denn los? Hat es dir die Sprache
verschlagen?"

BEIM LESEN

Übung 1: Beantworten Sie die Fragen.

1. Auf welche möglichen Themen weist der Titel hin *(refer to)*?
2. Wer ist die Hauptfigur der Geschichte? Welche Figuren spielen Nebenrollen?
3. Wer spricht im Text?
4. Welche Gegenstände *(objects)* spielen in der Geschichte eine Rolle?
5. Welchen Eindruck bekommen Sie von der Hauptfigur?

Übung 2: Identifizieren Sie die Wörter im Text, die...

- die Hauptfigur beschreiben
- die Nebenfiguren beschreiben
- den Schauplatz der Geschichte etablieren
- die inneren Gedanken der Hauptfigur wiedergeben
- die Atmosphäre der Geschichte kreieren *(create)*
- auf die Einstellungen *(attitudes, opinions)* der Figuren hinweisen

---

9. ...and not have to fall back to the words that you learned in class

Übung 3: Suchen Sie die folgenden Komposita (*compound words*) im Text. Was könnten diese Wörter bedeuten? Welche Präfixe oder Suffixe erkennen Sie? Welche anderen Wörter kennen Sie, die dieselben Präfixe oder Suffixe haben?

Wörter/Präfixe/Suffixe	Bedeutung	Andere Wörter
1. deutlich:		
2. Raubkatze:		
3. Gemeinsamkeit:		
4. Einfluss:		
5. begegnen:		
6. Auswirkung:		

Übung 4: Machen Sie eine Liste mit den Wörtern aus dem Text, die Ihnen unbekannt sind. Vergleichen Sie diese mit einem/r Partner/In.

Übung 5: Welche Satzteile passen zusammen und in welcher Reihenfolge passiert das in der Geschichte?

Aus Kerstins Mund....	...spricht mit einer tanzenden Zunge.
Auf Deutsch...	...blieb Lara sprachlos stehen.
In der Vorlesung...	...findet das amerikanische r hart und gerollt.
Der Verkäufer...	...sprudeln die Fragen über Amerika.
Einen Moment lang...	...wurde Lara Nazi genannt.
Lara...	...hätte Lara locker antworten können
In der Mensa...	...brüllt die Professorin wie ein Raubtier.

Übung 6: Schreiben Sie Sätze oder Konstruktionen aus dem Text auf, die Sie immer noch nicht verstehen. Vergleichen Sie diese mit einem/r Partner/In.

NACH DEM LESEN

Übung 1: Beschreiben Sie mit Substantiven, Adjektiven oder Verben die Figuren in der Geschichte.

	Substantive	Adjektive	Verben
Lara:			
Die Professorin:			
Der Taco-Verkäufer:			
Die Amerikaner in der Mensa			
Kerstin			

Übung 2: Beantworten Sie die Fragen zum Inhalt der Geschichte.

1. Wer ist „der Panther" und warum hat Lara Angst vor ihm?
2. Warum kann Lara die Professorin nicht darum bitten, die Frage zu wiederholen?
3. Was passierte Lara in der Mensa?
4. Was ist der Unterschied zwischen *Lara* und *LaRa*?
5. Konnte Lara die Frage der Professorin nicht beantworten, weil sie die Hausaufgaben nicht gemacht hatte? Erklären Sie.
6. Warum gibt es Verständigungsprobleme zwischen Lara und dem Taco-Verkäufer?
7. Was vermutet Lara über die Herkunft des Taco-Verkäufers?
8. Wie läuft das Telefonat zwischen Lara und ihrer Freundin?

Übung 3: Besprechen Sie die Fragen zur Analyse der Geschichte.

1. Warum ist Lara „sprachlos"? Wie funktioniert das Konzept von „stumm sein" im Rahmen der Geschichte? Welche Figuren oder Erfahrungen lassen Sie „sprachlos" werden und warum?
2. Wo sind Stereotype in der Geschichte zu erkennen? Wie sind diese zu verstehen? Geben Sie eine Erklärung dafür, warum die Autorin solche Stereotype in ihrer Geschichte bewusst unterbringt.

3. Sicher ist Ihnen aufgefallen, dass die Autorin eine relativ simple Sprache benutzt. Warum, meinen Sie, könnte dies der Fall sein? Was trägt dieser nüchterne Sprachstil zu unserer Auffassung der Hauptfigur bei?

4. Inwiefern ist das Telefonat für Lara sowohl eine Freude als auch eine Enttäuschung?

5. Grammatikalisch wird die Geschichte vorwiegend im Präsens erzählt. Warum? Inwiefern bzw. zu welchem Grad beeinflusst das Tempus die Lese-Erfahrung?

Übung 4: Rollenspiel.

1. **Konfrontation mit den Studenten.** Nach dem Seminar geht Lara in die Mensa und begegnet wieder dem Studenten, der sie Nazi genannt hatte. Schon wieder fängt er und sein Freund mit ihren Unhöflichkeiten an. Aber diesmal lässt es sich Lara nicht gefallen. Stellen Sie sich einen Dialog zwischen den drei vor, in dem Lara die beiden Studenten beschimpft, während sie sich zu verteidigen versuchen. Hier sind einige Phrasen, die die Studenten zu ihrer Verteidigung einsetzen könnten:

   „Das haben wir aber nicht so gemeint!"

   „Natürlich war das nicht unser Ernst!"

   „Hier liegt ein großes Missverständnis vor."

   „Du hast das Ganze falsch aufgefasst."

   „Das war ja ein Scherz! Verstehst du keinen Spaß?"

   „Du sollst nicht so empfindlich sein. Wir haben uns nur einen Spaß erlaubt."

   „Willst du uns etwa unterstellen, dass wir rassistisch seien?"

   „Es ist nicht unsere Schuld, dass du Englisch nicht so gut verstehen kannst!"

2. **Gespräch mit der Professorin.** Lara besucht eine Sprechstunde der Professorin. Vor allem möchte sie der Professorin eine Erklärung für das peinliche Ereignis im Seminar geben. Stellen Sie sich das Gespräch zwischen den beiden vor.

Übung 5: Bewerten Sie die Geschichte auf der folgenden Skala:

1	2	3	4	5
ausgezeichnet	gut	durchschnittlich	nicht gut	furchtbar

Übung 6: Erklären Sie Ihre Bewertung!

Ich habe die Geschichte als _____ *bewertet, weil...*

Übung 7: Nun vergleichen Sie Ihre Bewertung und Erklärungen mit denen Ihrer Kommiliton/Innen. Notieren Sie sich die Informationen von drei Personen, damit Sie diese der Klasse präsentieren können. Raten Sie, was die Durchschnittsbewertung der Klasse sein könnte!

	Name	*Bewertung*	*Erklärung(en)*
1.			
2.			
3.			

Übung 8: Schreibaufgaben.

1. **Telefonat**. Wie geht das Telefonat zwischen Lara und Kerstin weiter? Erfinden Sie den Dialog.
2. **Noch verärgert**. Lara ist nach ihrer Begegnung mit den zwei Studenten in der Mensa noch länger verärgert. Sie beschließt, etwas dagegen zu unternehmen, und schreibt deshalb einen Kommentarbrief von 300–400 Wörtern für die Uni-Zeitung zum Thema „Stereotype". Was würde sie also schreiben?
3. **Podcast**. Schreiben Sie mit zwei Kommiliton/Innen einen Dialog zu Rollenspiel Nr. 1 in Übung 4 oben. Nehmen Sie den Dialog auf und machen Sie einen Podcast daraus.

GRAMMATIKWIEDERHOLUNG: SATZSTELLUNG[10]

Übung 1: Bauen Sie einen Satz und beginnen Sie mit dem unterstrichenen Teil. Vergessen Sie nicht, das Verb zu konjugieren und gegebenenfalls zu trennen.

10. Für ausführliche Erklärungen siehe Kapitel 14 in Frank E. Donahue, *Deutsche Wiederholungsgrammatik: A Morpho-Syntactic Review of German* (Yale University Press, 2009), und Kapitel 3 in Jack Moeller, *Kaleidoskop: Kultur, Literatur und Grammatik*, 7th ed. (Holt McDougal, 2007).

1. in der Grundschule / welche Klamotten cool waren / <u>bereits</u> / das Mädchen / feststellen
2. in der Mensa / die Austauschstudentin / regelmäßig / Ärger bekommen / <u>bei älteren Studenten</u>
3. die ganze Zeit / <u>gebrüllt</u> / in der Vorlesung / der Professor / wegen der Unaufmerksamkeit der Studenten / haben
4. wie ein wilder Technofan / tanzte / jedes Mal / die Zunge des Mannes / <u>beim Sprechen</u>
5. stürmen / meine beste Freundin / ins Klassenzimmer / ganz aufgeregt / <u>plötzlich</u>
6. es / <u>in der siebten Klasse</u> / endlich / dann / passiert / ist / dass ich meinen ersten Freund hatte
7. sich lustig machen / sie (sing.) / über / die zwei Jungs / in der Mensa / unbarmherzig / <u>während Lara Schlange stand</u>
8. die politischen Auswirkungen der schlechten Wirtschaft / der Student / <u>allein</u> / hätte erläutern können / zu Hause / aber im Unterricht fiel es ihm immer schwer / auf die anstehenden Präsidentschaftswahlen

INTERKULTURELLES

Aktivität 1: Besprechen Sie folgende Fragen mit einem/r Partner/In.

1. Im deutschen Schulsystem ist es üblich, dass Schüler und Eltern nach der vierten Klasse Grundschule eine Entscheidung treffen müssen, ob ein Gymnasium, eine Realschule, oder eine Hauptschule für den weiteren Schulverlauf angebracht wäre. In der Regel bietet nur das Gymnasium Schülern die Möglichkeit, Einlass auf eine Universität in Deutschland zu bekommen. Finden Sie das fair? Wie war das bei Ihnen, als Sie in der vierten Klasse waren? Hätten Sie sich für ein Gymnasium entschieden? Warum/warum nicht?
2. In der ersten Episode vom Podcast *Was meint der Mensch auf der Straße dazu?* macht eine Person die Bemerkung, dass es ihm oft schwer fiel, in Lehrveranstaltungen zu gehen, in denen die Anwesenheit nicht kontrolliert wurde. Wie ist das bei Ihnen? Finden Sie es auch manchmal schwierig, zur Klasse zu gehen? Wird die Anwesenheit immer kontrolliert? Würden Sie zur Klasse gehen, wenn der Professor bzw. die Professorin nie darauf aufpassen würde, wer kommt und wer nicht kommt?

3. Schauen Sie sich die Graphik „Wettbewerb der USA und der EU im Bereich des Bildungssystems" an. Überraschen Sie diese Ergebnisse? Wie,
   meinen Sie, würden Amerikaner auf dieselbe Frage antworten? In welchen
   Fächern oder Programmen haben Ihrer Meinung nach die USA einen
   Vorsprung vor der EU? Wo liegen die USA hinter der EU?

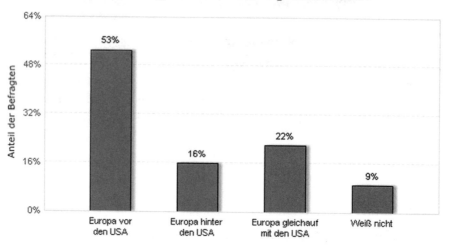

Wettbewerb der USA und der EU im Bereich des Bildungssystems

Sind Sie der Meinung, dass die EU im Bereich des Bildungssystems einen Vorsprung vor den USA hat, hinter den USA zurückliegt oder dass beide gleichauf sind?

Deutschland; ab 15 Jahre; 1.514 Befragte;
TNS Infratest; 30.10.2009 bis 15.11.2009

© Statista 2010
Quelle: Europäische Kommission

Zwei

Partnerschaft

Das Thema Partnerschaft steht im Mittelpunkt des Lebens vieler Menschen. Sei es die jahrelang verheiratete Frau, die hie und da wehmütig wird, wenn sie an einen früheren Geliebten denkt. Oder der frustrierte Junggeselle, dessen Versuche, eine Partnerschaft sowohl online als auch im realen Leben zu finden, flachfallen. Oder das frisch verliebte Paar, das dermaßen im Rausch der Liebe untergeht, dass es die äußere Welt praktisch vergisst.

„Partnerschaft" bedeutet jedem etwas anderes. Sie ändert sich im Laufe der Jahre. Sie ist mal Wonne, Trauer, Frust, Behagen, Ablenkung, Inspiration... Welche Bedeutung hat „Partnerschaft" für das ältere Paar im Bild oben? Was könnte es für sie in früheren Jahren bedeutet haben? In den Podcasts und Kurzgeschichten in diesem Kapitel wird gerade diese Idee der „Mehrdeutigkeit von Partnerschaft" behandelt.

ZUM AUFTAKT

Aktivität 1: Was assoziieren Sie mit dem Begriff „Partnerschaft" und was nicht?

im Internet surfen   tauchen gehen   -e Verabredung

-e Liebe   -s Aussehen   vertrauen   -r Bildschirm   aufrichtig

-e Unehrlichkeit   kompromissbereit   -e Sehnsucht   Schluss machen

platonisch   flirten   -s Altersheim   schweigen

eine Entscheidung treffen   sich verlieben   -e Rache

-e Angst   Geld ausgeben   Gefühle

Ich assoziiere damit...   Ich assoziiere damit nicht...

Aktivität 2: Erklären Sie einem/r Partner/In Ihre Assoziationen.
Mit dem Begriff Partnerschaft *assoziiere ich* _____ *(nicht), weil...*

Aktivität 3: Besprechen Sie folgende Fragen mit einem/r Partner/In.

1. Was für Partnerschaften gibt es? Muss eine Partnerschaft immer erotisch sein oder kann es auch platonische Partnerschaften geben? Erklären Sie.

2. Was gehört für Sie zu einer dauerhaften, stabilen Partnerschaft? Machen Sie eine Liste von den Sachen, die Ihnen in einer Partnerschaft wichtig sind. Bei welchen Sachen wären Sie bereit, Kompromisse einzugehen?

3. Wo, glauben Sie, sucht man in unserer heutigen Gesellschaft am häufigsten einen Partner bzw. eine Partnerin? Warum? Und Sie persönlich? Welches Format ziehen Sie vor, um einen Partner bzw. eine Partnerin eventuell kennenzulernen?

4. Hatten Sie schon mal ein Blind Date oder kennen Sie Freunde oder Freundinnen, die schon mal die Erfahrung gemacht haben? Wie lief es? Wenn Sie noch kein Blind Date hatten, würden Sie das jemals tun? Warum oder warum nicht?

5. Hatten Sie schon mal eine eher unangenehme Erfahrung bei einer Verabredung? Erzählen Sie davon.

6. Was wäre für Sie eine „Traum-Verabredung"? Schildern Sie, so gut Sie können, den Schauplatz, die Atmosphäre, den anderen Menschen und alles, was Sie am liebsten unternehmen würden.

7. Mussten Sie jemals zwischen zwei Menschen, die sie beide gern hatten, entscheiden? Oder wussten Sie von jemandem, der dies machen musste? Wie ging es aus?

PODCAST A: *WAS MEINT DER MENSCH AUF DER STRAßE DAZU?*

SUBSTANTIVE

(das-Wörter)
Ergebnis(se) – *result*

(die-Wörter)
Beziehung(en) – *relationship*
Nichtigkeit(en) – *triviality*
Single-Börse(n) – *online singles dating site*
Veranstaltung(en) – *event, function*

(der-Wörter)
Bestandteil(e) – *component, part*
Erfolg(e) – *success*
Krach (geben) – *arguments*
Single-Haushalt(e) – *single household*

SONSTIGES
bisher – *so far*
in puncto – *with regard to*
maßgeblich – *considerably*
Sicht der Welt – *world view, perspective*
unlängst – *recently*

ADJEKTIVE
fest – *serious, stable (relationship)*
hiesig – *local*

VERBEN
aufrechterhalten – *to maintain*
führen zu – *to lead to*
(es) schaffen – *to do (with success), manage*
(sich) streiten – *to argue, bicker*
tauschen – *to trade, exchange*
überlegen – *to think, consider*
überzeugen – *to convince*

Übung 1: Welche Definition passt?

---

a. über etwas nachdenken   b. neulich, vor nicht langer Zeit passiert
c. ein wichtiger Teil   d. eine Person dazu bringen, etwas zu tun oder zu
glauben   e. etwas Positives, was man erreicht   f. ziemlich, einigermaßen
g. in der Heimat   h. verschiedene Meinungen haben; sich nicht einig sein

---

1. unlängst ____   2. hiesig ____   3. sich streiten ____   4. überzeugen ____

5. -r Bestandteil ____   6. überlegen ____   7. -r Erfolg ____   8. maßgeblich ____

Übung 2: Vervollständigen Sie die Zitate aus dem Podcast.

1. „Ich bin in einer _____ Partnerschaft, ich habe einen Freund."

2. „Mir ist es zum Beispiel erstmalig in der _____ passiert, so richtig klassisch."

3. „Nicht _____, oder nicht _____ zu _____ führt eigentlich nie zu einem positiven _____."

4. „Schwierig... Man _____'s nicht mehr."

5. „Kann ich die Frage _____?"

6. „Es sind immer Nichtigkeiten. Das sind _____ des Alltags, über die man sich dann einfach _____."

7. „Im Augenblick sind wir _____ Monate _____."

8. „Aber das ist eine Form der _____ und trägt meiner Meinung nach zur Bewältigung etwaiger Probleme _____ bei.

Übung 3: Richtig oder falsch?

1. Person Eins kann die erste Frage leicht beantworten.
2. Person Zwei kennt den besten Weg, einen Partner oder eine Partnerin zu finden.
3. Person Zwei hat einen Bekannten, der bisher noch keine Partnerin über das Internet gefunden hat.
4. Krach gibt es öfter in der Beziehung von Person Drei.
5. Person Vier schlägt vor, bei Streitereien zu schweigen.
6. Person Fünf hat eine feste Freundin.

Übung 4: Beantworten Sie die Fragen.

1. Welche Fragen werden in dem Podcast gestellt?
2. Welche der Personen sind verheiratet?
3. Wer scheint das Thema Partnerschaft am pessimistischsten zu betrachten?
4. Wer scheint am zufriedensten in seiner Partnerschaft zu sein?
5. Warum findet Person Vier es produktiv, dass man sich manchmal in einer Partnerschaft streitet?
6. Wo und wie hat Sprecher Fünf seinen Freund kennengelernt? Warum meint er, dies wäre „der beste Weg, einen Partner zu finden"?

Übung 5: Schreibaufgaben.

1. **In der Urlaubsdisko.** Erfinden Sie einen Dialog zwischen zwei Menschen, die sich zum ersten Mal in einer „Urlaubsdisko" begegnen.
2. **Personalanzeige.** Schreiben Sie eine Personalanzeige für eine Online Single-Börse. Dann stellen Sie sich vor, ein anderer Teilnehmer an der Single-Börse würde sich für Ihre Anzeige interessieren und eine E-Mail an Sie schreiben. Schreiben Sie auch diese E-Mail.

ERSTER LESETEXT: *ENTSCHEIDUNG AM SPÄTNACHMITTAG* VON EVA MARKERT

SUBSTANTIVE

(das-Wörter)
Flüstern – *whisper*
Pendel(-) – *pendulum*
Schicksal(e) – *fate*
Schweigen – *silence*

(die-Wörter)
Ehe(n) – *marriage*
Entscheidung(en) – *decision*
Leidenschaft(en) – *passion*
Stimme(n) – *voice*

(der-Wörter)
Fleck(e) – *spot, blotch*
Schluck(e) – *sip*
Tonfall – *tone of voice*

SONSTIGES

einen wunden Punkt treffen – *to hit a sore spot*
fast – *almost*
im Zaum halten – *to keep under control*
zugegeben – *granted, admittedly*
zufällig – *coincidentally*
zumindest – *at least*

ADJEKTIVE

entschlossen – *determined*
grau meliert – *gray toned*
kräftig – *robust, strong*
unaufhörlich – *unabating, without pause*
verzweifelt – *desperate*

VERBEN

(sich) austauschen – *to exchange, share*
beneiden – *to envy*
einfallen (+ Dat.) – *to occur (to s.o.)*
einsehen – *to understand, to realize*
fällen – *to make (a decision)*
(sich) lichten – *to grow thin*
mitteilen – *to inform, to tell*
(sich) sehnen nach – *to yearn for*
trösten – *to comfort, console*
verbinden – *to connect*
verbringen – *to spend (time)*

VOR DEM LESEN

Übung 1: Ersetzen Sie den unterstrichenen Teil im Satz durch ein treffendes Wort bzw. eine treffende Phrase. In einigen Fällen müssen Sie die Grammatik im Satz dementsprechend ändern.

1. Der Soldat hatte unter dem Horror des Kriegs sehr gelitten. Das einzige, was ihn noch <u>beruhigen</u> konnte, war die Hoffnung, seine Familie wieder zu sehen.

2. In der Bibliothek unterhalten sich die Studenten durch taktvolles <u>Wispern</u>, da lautes Sprechen untersagt ist.

3. Das junge Paar hatte sich drei Monate lang nicht gesehen und konnte seine Leidenschaft nicht <u>bändigen</u>.

4. Bei der ersten Verabredung hat der Mann <u>ohne Ende</u> geredet, und die Dame, die mit der er sich getroffen hatte, kam kaum zu Wort.

5. Seine Frau sprach ihn direkt an und schaute ihm gerade in die Augen, und an ihrer entschlossenen <u>Stimme</u> merkte er, dass sie es ernst mit ihm meinte.

6. Die zwei Mädchen sind so eng wie Freundinnen nur sein können. Was die beiden aber am meisten <u>gemeinsam haben</u>, ist die Leidenschaft für Technomusik.

7. Als sich ihre Lippen zum ersten Mal trafen, wussten beide, dass es ihre <u>Bestimmung</u> war, für immer und ewig zusammen zu sein, als wäre es in den Sternen geschrieben.

8. Nach Jahren gescheiterter Versuche musste der Junge endlich <u>begreifen</u>, dass es mit dem Mädchen in der siebten Klasse nicht klappen würde.

Übung 2: Wortschatz durch Spiele! Machen Sie die folgenden Spiele in Gruppen.

1. *Geheimwort.* Suchen Sie jeweils 5 bis 10 Wörter aus der Wortschatzliste aus!

2. *Loszeichnen.* Suchen Sie jeweils 3 Wörter aus der Wortschatzliste aus!

ENTSCHEIDUNG AM SPÄTNACHMITTAG

Draußen ging die Herbstsonne unter und ein scharfer Wind kam auf.

Im Zimmer war es hell und warm. Sie saß mit den beiden Männern zusammen, die sie liebte. Fast ihr ganzes Leben hatten sie miteinander verbracht.

5 War sie gut, die Entscheidung, die sie ihnen heute mitteilen wollte?

Sie beugte sich in ihrem Sessel nach vorn und nahm einen Schluck Tee. Was sagte man in einer solchen Situation? „Ich weiß nicht, was richtig ist", war das Einzige, was ihr einfiel.

„Du musst dich endlich zwischen uns entscheiden", verlangte der Mann, 10 der ihr gegenüber auf dem Sofa saß.

„Und zwar noch heute", ergänzte der andere. Sein Tonfall war bestimmt.

Sie senkte den Blick. Niemand hatte bisher von dem Kuchen genommen. Auf der Tischdecke fiel ihr ein kleiner, dunkler Fleck auf. Sie studierte ihn genau: seine Form, seine Farbe. Dabei nahm sie noch einen Schluck Tee. Er 15 war sehr heiß.

„Ich kann mich nicht entscheiden. Ich liebe euch beide."

„Und wir lieben dich."

Der andere nickte zustimmend.

Wie durch einen Schleier sah sie die Männer dort sitzen: den einen mit 20 dem graumelierten Haar, das sich immer noch so kräftig anfühlte, wenn man mit den Fingern hindurch fuhr. Und den anderen mit den dunklen Locken, die sich schon deutlich gelichtet hatten. Wie gerne würde sie sich jetzt zwischen die beiden setzen, sich an die Schulter des einen lehnen und dabei die Hand des anderen halten. Aber es war nicht möglich, es war ganz und gar 25 unmöglich, sie musste es einsehen.

„Was würdet ihr an meiner Stelle tun?"

„Das musst du selbst wissen."

Wie sehr sie das warme, dunkle Timbre ihres Mannes liebte! Sie wusste schon jetzt, dass sie sich unaufhörlich danach sehnen würde.

30 „Er hat Recht", sagte der andere, ihr bester Freund, leise. Manchmal jagte ihr seine raue Stimme einen feinen Schauer über den Rücken. Sie konnte sich nicht vorstellen, wie sie leben sollte, ohne sie zu hören.

„Können wir denn nicht weiter alle zusammen..."

Sie unterbrachen sie gleichzeitig: „Auf gar keinen Fall! Das kommt nicht in Frage!" Sie waren sich einig. Die Männer waren zu beneiden. Sie wussten genau, was sie wollten – nämlich sie.

„Vergiss nicht, wir sind verheiratet!"

Die Stimme ihres Ehemannes klang noch dunkler als sonst; wie immer, wenn er versuchte, seine Gefühle im Zaum zu halten.

„Mich kennst du genauso lang wie ihn", warf der andere ein. „Schon damals hättest du beinahe mich genommen."

Sie lehnte sich zurück. Wie schön war es gewesen, ganz am Anfang, als sie alle drei noch sehr jung waren, nur befreundet, ohne Liebe, ohne Leidenschaft, einfach bloß zusammen und fröhlich.

„Wir sind nicht zufällig verheiratet", hörte sie ihren Ehemann sagen. „Denke daran: Du hast nicht nur mir, sondern auch Gott versprochen, dass du zu mir stehen wirst, solange du lebst."

Wie dieser Gedanke sie quälte! Würde ihr jemals vergeben werden können?

„Kann diese Ehe wirklich gottgewollt sein, wenn du doch mich so sehr liebst?"

Ihr bester Freund sprach ungewöhnlich laut, so dass seine raue Stimme fast heiser klang. Dabei sah er sie an, der Blick aus seinen grauen Augen Zustimmung heischend.

Auch diesen Gedanken hatte sie schon oft gehabt. Wie ein Pendel war es in ihrem Kopf immer hin und her gegangen. Beide sprachen wieder einmal genau das aus, was sie dachte.

Für einen Moment herrschte Schweigen. Sie schaute in ihre halbleere Teetasse, fühlte, wie der Schmerz im Raum ihr fast den Atem nahm. In diesem Augenblick sehnte sie sich nur danach, endlich Frieden zu finden.

„Ich bin schon so lange mit ihr verheiratet!", begann der eine.

„Eben. Viele Jahre warst du mit ihr zusammen. Es wäre nur gerecht, wenn der Rest ihres Lebens mir gehören würde", entgegnete der andere.

„Willst du uns tatsächlich die Möglichkeit nehmen, bis an unser Lebensende beisammen zu sein?"

„Und bist du sicher, dass sie glücklich sein wird, wenn sie an der Ehe mit dir festhält? Mit mir zumindest kann sie lachen. Aber wann habt ihr jemals so richtig miteinander gelacht? Ich weiß, wie sehr sie das vermisst hat."

Er hatte einen wunden Punkt getroffen. Sie war lebhaft, ihr Ehemann ruhig, sehr ernst. Er konnte stundenlang schweigen. Manchmal hatte sie sogar das Gefühl gehabt, ihm lästig zu sein.

„Zugegeben!", erwiderte ihr Mann in scharfem Ton. „Aber hat sie mit dir auch ernsthafte Gespräche führen können, so wie mit mir?"

„Natürlich! Wir sprechen viel über Kunst. Sie berät mich bei meinen Bildern. Unser Interesse für Malerei verbindet uns."

Auch das traf zu. Mit ihrem besten Freund war es nie langweilig gewesen. Sie hatten nicht nur viel gelacht, sondern in all den Jahren auch immer etwas gefunden, worüber sie sich unterhalten konnten.

„Mit dir redet sie über Gemälde, aber mit mir über alles."

Ja, auch mit ihrem Mann hatte sie sich im Laufe der Zeit viel ausgetauscht und sich in seiner ruhigen Gelassenheit stets geborgen gefühlt.

Die beiden Männer starrten vor sich hin. Sie wünschte verzweifelt, sie könnte sie trösten. Stattdessen musste sie ihnen noch mehr wehtun.

„Sag doch was!"

„Wir warten auf deine Antwort."

Sie blickte ihnen lange in die Augen, erst dem einen, dann dem anderen. Es fiel ihr so schwer zu sprechen, ihre Worte waren nur ein heiseres Flüstern. „Ich kann keine Entscheidung fällen. Jemand anders muss es für mich tun."

„Wer?"

„Wer könnte das sein?"

„Der Tod", antwortete sie.

Die Männer zuckten zusammen.

Sie räusperte sich, versuchte, Kraft in ihre Stimme zu legen. „Wir drei sind über sechzig. Es wird nicht mehr lange dauern, bis der Erste von uns gehen muss."

„Du willst warten, bis einer von uns stirbt?"

„Das kann nicht dein Ernst sein!"

„Es ist mein voller Ernst."

Die beiden Männer sahen sich an, als würden sie Rat und Hilfe beim anderen suchen.

Müde, aber entschlossen, stand sie auf. „Ich gehe fort. Alles Weitere überlasse ich dem Schicksal."

Leise fiel die Tür hinter ihr zu.

BEIM LESEN

Übung 1: Beantworten Sie die Fragen.

1. Auf welche möglichen Themen weist der Titel hin? Was für eine „Entscheidung" könnte gemeint sein?
2. Wer ist die Hauptfigur der Geschichte? Welche Figuren spielen Nebenrollen?
3. Wer spricht im Text?
4. Wie würden Sie den Erzählton der Geschichte beschreiben?
5. Welchen Eindruck haben Sie von der Hauptfigur?
6. Wie würden Sie den Konflikt in der Geschichte mit einem Satz zusammenfassen?

Übung 2: Identifizieren Sie die Wörter im Text, die...

- die Hauptfigur beschreiben
- die Nebenfiguren beschreiben
- den Schauplatz der Geschichte etablieren
- die inneren Gedanken der Hauptfigur wiedergeben
- relevante Hintergrundinformationen geben
- die Atmosphäre der Geschichte kreieren
- auf die Einstellungen der Figuren hinweisen

Übung 3: Suchen Sie die folgenden Komposita im Text. Was könnten diese Wörter bedeuten? Welche Präfixe oder Suffixe erkennen Sie? Welche anderen Wörter kennen Sie, die dieselben Präfixe oder Suffixe haben?

Wörter/Präfixe/Suffixe	Bedeutung	Andere Wörter
1. Augenblick:		
2. Zustimmung:		
3. unaufhörlich:		
4. Ehemann:		
5. Gelassenheit:		

6. gottgewollt:

7. Lebensende:

8. lebhaft:

Übung 4: Machen Sie eine Liste mit den Wörtern aus dem Text, die Ihnen unbekannt sind. Vergleichen Sie diese mit einem/r Partner/In.

Übung 5: Welche Satzteile passen zusammen und in welcher Reihenfolge passiert das in der Geschichte?

Zwischen den Männern...	...kann keiner der Männer die Frau.
Lachen...	...herrscht Schweigen zwischen den drei Menschen.
Dem Schicksal...	...kann die Frau zumindest mit ihrem Freund.
Das Interesse für Malerei...	...überlässt die Frau alles Weitere.
Ernsthafte Gespräche...	...kann die Frau mit ihrem Mann führen.
Einen Moment lang...	...muss sich die Frau nun entscheiden.
Trösten...	...die Frau und ihren Freund.

Übung 6: Schreiben Sie Sätze oder Konstruktionen aus dem Text auf, die Sie immer noch nicht verstehen. Vergleichen Sie diese mit einem/r Partner/In.

NACH DEM LESEN

Übung 1: Beschreiben Sie mit Substantiven, Adjektiven oder Verben die Figuren in der Geschichte.

	Substantive	Adjektive	Verben
Der Erzähler:			
Die Frau:			
Der Ehemann:			
Der Freund:			

Übung 2: Beantworten Sie die Fragen zum Inhalt der Geschichte.

1. Wann findet die Geschichte statt, d. h. zu welcher Jahres- bzw. Tageszeit?
2. Welche Entscheidung muss die Frau fällen und warum?
3. Welche positiven Eigenschaften erkennt die Frau bei ihrem Ehemann an? Welche bei ihrem Freund?
4. In welchem Sinne sind beide Männer „sich einig"?
5. Was meint die Frau damit, wenn sie sagt, dass es „am Anfang schön gewesen war"?
6. Welche Argumente machen die zwei Männer dafür, dass sich die Frau für den einen oder anderen entscheiden sollte?
7. Welchen wunden Punkt trifft der Freund mit einem seiner Argumente?
8. Wer sollte am Ende die Entscheidung für die Frau fällen? Wie reagieren die Männer darauf?

Übung 3: Beantworten Sie folgende Fragen zur Analyse der Geschichte.

1. Warum haben die Figuren in der Geschichte keine Namen? Wie wirkt es auf den Leser, dass die Figuren quasi anonym bleiben?
2. Welche Rolle spielt das Schicksal, oder das Konzept von Schicksal, in der Geschichte? Inwiefern macht die Frau davon Gebrauch?
3. Meinen Sie, die Frau hat ihren Ehemann überhaupt jemals geliebt, oder war sie schon immer in den anderen Mann verliebt? Machen Sie Ihre Argumente anhand von Stellen im Text fest.
4. Worauf will die Frau hinaus, als sie meint: „Können wir denn nicht weiter alle zusammen..."? Natürlich wird sie sofort von den Männern unterbrochen. Warum? Inwiefern kann man dies als eine Befürwortung für Konventionalität deuten? Was im Text erscheint Ihnen mehr oder weniger konventionell?

Übung 4: Bei der Therapeutin.

Bevor sie sich zu Hause mit den zwei Männern trifft, geht die Frau zu einer Psychotherapeutin. Sie spricht dort über die Entscheidung, die sie im Zusammenhang mit den zwei Männern fällen muss. Während die Frau auf der Couch liegt und erzählt, schreibt die Therapeutin fleißig mit. Hier sind einige ihrer Notizen:

Datum: Donnerstag, der 28. Oktober 2010.

Erste Sitzung mit Frau Bleibanonym (FB). 64 Jahre alt. Seit 45 Jahren ver-heiratet. 2 Kinder. Keine Enkel. Pensioniert. Sucht sich Beziehungs- und Lebensrat. In ihrem Leben spielen zwei Männer eine entscheidende Rolle: Ehemann (EM) und langjähriger Freund (LF). FB meint, sie müsse „endlich eine Entscheidung fällen", geht zunächst jedoch nicht darauf ein.

FB wirkt am Anfang der Stunde ziemlich aufgeregt. Entschuldigt sich dafür. Meint, sie sei noch nie in therapeutischer Behandlung gewesen.

Ohne Anregung meinerseits fängt FB dann an, etwas Hintergrund zu geben. Wächst in einem Dorf auf. LF wohnt gegenüber. FB und LF spielen regelmäßig miteinander. FB bezeichnet LF als „erster und überhaupt bester Freund". Eltern von FB und LF stehen sich auch nah.

FB lernt EM erst kennen, als sie in die Grundschule geht. EM wohnt im Nachbardorf. LF und EM kennen sich flüchtig. Beziehung bleibt immer auf Bekanntschaftsniveau. In 10. Klasse verliebt sich FB in EM. Heirat erfolgt nach dem Abschluss. FB zieht mit EM ins Nachbardorf um. EM arbeitet im Geschäft (Familienbesitz). LF verlässt Dorf und geht studieren. LF kehrt 10 Jahre später ins Dorf zurück und nimmt Stelle als Schuldirektor an. LF und FB nehmen Kontakt wieder auf. Kommen sich näher. Beziehung bleibt Jahre lang platonisch. Dann „passierte das, was schon immer passieren musste". FB verschweigt EM Verhältnis. Bis vor einem Jahr. FB erzählt EM alles. EM ist nicht wütend. Besteht nur darauf, dass FB Entscheidung fällt. FB wendet sich an LF um Rat. LF stimmt EM zu.

Daher, so FB, müsse „heute noch eine Entscheidung getroffen werden".

Diskutieren Sie zu zweit diesen Bericht. Welche Informationen sind Ihrer Meinung nach wichtig für die Therapeutin, um die Frau beraten zu können? Erstellen Sie eine Liste von Fragen, die die Therapeutin an die Frau stellen könnte, um mehr Information über deren Situation zu erhalten.

Übung 5: Rollenspiel.

1. **Gespräch zwischen den Männern.** Eben ist die Tür hinter der Frau leise zugefallen. Die zwei Männer bleiben allein da sitzen, schauen sich betrof-fen an und beginnen, über die Situation zu reden. Stellen Sie sich den Di-alog zwischen dem Ehemann und dem Freund vor, unmittelbar nachdem die Frau fortgegangen ist.

2. **Und dann gab es nur einen ...** Der Wunsch der Frau ist in Erfüllung gegangen: Das Schicksal hat für sie entschieden. Einer der zwei Männer ist gestorben. Jetzt kann sie ihre ganze Liebe einem Mann schenken. Entscheiden Sie, welcher der zwei Männer gestorben ist, und stellen Sie sich den Dialog zwischen der Frau und dem „überlebenden" Mann vor. Hier sind einige nützliche Phrasen, die die Frau oder der Mann sagen könnte:

„Endlich ist es so weit."

„Ab jetzt gehört die Zukunft nur uns."

„Ich mache mir Vorwürfe und kann nichts dafür."

„Es bricht eine neue Zeit für uns an."

„Und was jetzt?"

„Es gibt so viel, das ich dir sagen möchte."

„Lange habe ich auf diesen Tag gewartet."

„Ich schlage vor, dass..."

„Lass uns nur nichts überstürzen."

Übung 6: Bewerten Sie die Geschichte auf der folgenden Skala:

1	2	3	4	5
	--------------------	--------------------	--------------------	--------------------	
ausgezeichnet	gut	durchschnittlich	nicht gut	furchtbar

Übung 7: Erklären Sie Ihre Bewertung!

Ich habe die Geschichte als _____ bewertet, weil...

Übung 8: Nun vergleichen Sie Ihre Bewertung und Erklärungen mit den Bewertungen von Ihren Kommiliton/Innen. Notieren Sie sich die Informationen von drei Personen, damit Sie diese der Klasse präsentieren können. Raten Sie, was die Durchschnittsbewertung der Klasse sein könnte!

Name	Bewertung	Erklärung(en)
1.		
2.		
3.		

Übung 9: Schreibaufgaben.

1. **Eine Grabrede**. Einer der zwei Männer ist gestorben. Bei seiner Beerdigung soll die Frau eine Rede halten. Berufen Sie sich auf die Geschichte und die Übungen, um eine Grabrede zu verfassen.

2. **Ein Anti-Liebesbrief**. Stellen Sie sich vor, zwei sehr berühmte Menschen wären in Sie verliebt. Leider haben diese Superstars voneinander erfahren und bestehen jetzt darauf, dass Sie sich zwischen den beiden entscheiden. Verfassen Sie einen Liebesbrief an einen der beiden Menschen, für den Sie sich entweder entschieden oder <u>nicht</u> entschieden haben, und erklären Sie die Gründe für Ihre Entscheidung. Suchen Sie im Internet relevante Infos zu den Superstars, damit Sie diese Infos in Ihrem Brief erwähnen können.

3. **Podcast**. Beziehen Sie sich auf Übung 4 oben und stellen Sie sich ein Gespräch in der therapeutischen Behandlungsstunde vor. Nehmen Sie den Dialog mit einem/r Kommilitonen/In auf und machen Sie einen Podcast daraus!

PODCAST B: HÖREN SIE *CLAUDIAS PODCAST NR. 2: WAS TUN, WENN'S KRACHT?* AN.

SUBSTANTIVE **(das-Wörter)** Flittchen(-) – *flighty girl (coll.)* Paar(e) – *couple* Schweigegelübde(n) – *vow of silence* **(die-Wörter)** Entfernung(en) – *distance* Gesellschaft(en) – *company, society* Nonne(n) – *nun* **(der-Wörter)** Ansatz(¨-e) – *starting point* Druck – *pressure* Heuchler(-) – *hypocrite* Kommilitone(n) – *college classmate* Muskelprotz(e) – *muscleman, meathead* **ADJEKTIVE** aufrichtig – *frank, direct* zunehmend – *increasing* zurückgezogen – *reclusive*	**SONSTIGES** allerdings – *however* anscheinend – *apparently* auf etw. hinaus wollen – *to get at s.t.* das ist alter Kaffee – *that's old news* ganz Ohr sein – *to be all ears* jetzt reicht's! – *I've had enough!* jmdm zur Verfügung stehen – *be at one's disposal* halt – *(emphatic particle, akin to 'denn' or 'ja')* mittlerweile – *in the meantime, meanwhile* von mir aus – *fine with me* wehe, dass...– *heaven forbid that...* **VERBEN** ausbeuten – *to exploit* ausüben (auf [+ Akk.]) – *to exert (pressure)* fortsetzen – *to continue* (sich) melden – *to let hear from o.s.* verlangen – *to require, to desire* vermitteln – *to convey*

Übung 1: Durch welches Wort bzw. welche Phrase von der Liste oben kann man die unterstrichenen Elemente ersetzen?

1. <u>Das wäre schade, wenn</u> Ralf nicht mehr da wäre, um seiner Mutter zu helfen.
2. Der Mönch lebt <u>allein und in ruhiger Abgeschiedenheit</u> in seiner Kammer im Kloster.

3. Der Ehemann interessierte sich für die Vorschläge seiner Frau. Er <u>hörte ihr genau zu</u>.

4. Das junge Paar stritt sich oft. Die Frau wusste manchmal einfach nicht, was ihr Ehemann von ihr <u>wollte</u>.

5. Claudia und Ralf reden nicht über die Vergangenheit, denn <u>das ist alles Gewesenes</u>.

6. Bereits bei der ersten Verabredung mit <u>der leichtlebigen Frau</u> spürte der Mann, dass es zwischen den beiden nicht klappen würde.

7. Wer sich eine feste Partnerschaft wünscht, sollte <u>sich nicht doppelzüngig verhalten</u>.

8. „Du willst also lieber mit meiner Freundin ins Kino gehen? Na fein. <u>Das ist mir egal!</u>"

Übung 2: In welcher Reihenfolge werden diese Sachen im Podcast Nr. 2 erwähnt?

- Claudia fragt nach dem Flittchen. ____

- Ralf schlägt vor, dass Claudia bei ihm einzieht. ____

- Claudia meldet sich. ____

- Claudia sagt, dass sie Ralf lieb hat. ____

- Ralf wird wegen seiner Mutter defensiv. ____

- Ralf gibt zu, dass er unter der Entfernung leidet. ____

- Claudia möchte das Gespräch beenden. ____

Übung 3: Beantworten Sie die Fragen.

1. Wie lange stehen Ralf und Claudia schon in einer festen Beziehung?
2. Warum ist Ralf am Anfang des Telefonats sauer auf Claudia?
3. Über welchen Mitbewohner regt sich Ralf auf? Warum? Wie reagiert Claudia darauf?
4. Welche Rolle spielt Facebook im Streit? Haben Sie jemals etwas Ähnliches mit einem Sozialnetzwerk im Internet erlebt, oder kennen Sie jemanden, der eine ähnliche Erfahrung damit gemacht hat? Erzählen Sie davon.
5. Identifizieren Sie mindesten zwei Stellen im Dialog, wo Sarkasmus angewandt wird. Meinen Sie, man verwendet oft beim Streiten Sarkasmus? Warum/warum nicht?

6. Worum bittet Ralf seine Freundin Claudia? Warum stellt er diese Bitte an sie? Wie antwortet sie darauf und warum?
7. Wer beendet das Gespräch und warum?
8. Wer sagt: „Ich habe dich lieb"? Was könnte es bedeuten, dass nur einer der beiden diese Worte ausspricht?

ZWEITER LESETEXT: *BLITZCHATTING* VON KARSTEN GEBHARDT

SUBSTANTIVE

(das-Wörter)
Geschnatter – *chatter*

(die-Wörter)
Ansicht(en) – *perspective, opinion*
Gewichtsangabe(n) – *weight specification*
Muschibuhbuhkneipe(n) – *chichi bar (coll.)*
Trennwand(¨-e) – *partition wall*
Qual(en) – *torture*
Übereinstimmung(en) – *agreement*

(der-Wörter)
Auszug – *move (moving out)*
Buchhalter(-) – *accountant*
Clou(s) – *catch, twist*
Junggeselle(n) – *bachelor*
Schiedsrichter(-) – *referee, arbitrator*
Zeitvertreib(e) – *a way to kill time*

SONSTIGES

außerdem – *in addition, moreover*
(k)einen Bock haben (auf [+ Akk.]) – *to (not) feel like doing s.t. (coll.)*
vor kurzem – *recently*

ADJEKTIVE

edel – *high-class, elegant*
eifrig – *eager*
einsehbar – *visible*
entscheidend – *crucial*
nebensächlich – *of secondary importance*
schrullig – *eccentric, weird*
spannend – *exciting*
süchtig – *addicted*
verheißungsvoll – *promising*
vermögend – *wealthy*

VERBEN

beweisen – *to prove*
bewerten – *to evaluate, judge*
ermitteln – *determine*
herausfordern – *to challenge*
keuchen – *to gasp, pant*
vermuten – *to suspect*
zittern – *to shake, shiver*
zusammensacken – *to slump down*

VOR DEM LESEN

Übung 1: Welches Wort passt nicht und warum?

1. neulich   vor kurzem   lange her   eben erst
2. stöhnen   seufzen   zittern   keuchen
3. Spelunke   Muschibuhbuhkneipe   Lokal   Höhle
4. Junggeselle   solo   ledig   Ehemann
5. Buchhalter   Schiedsrichter   Journalist   Qual
6. reich   vermögend   arm   betucht

Übung 2: Welches Wort bzw. welche Phrase bin ich?

1. Wenn einem kalt wird, bin ich das, was einen am Leib packt.
2. Ich bin das Überraschende an einem Witz oder einer Aktivität.
3. Ich bin nicht entscheidend, sondern das, was weniger wichtig ist.
4. Über mich ärgern sich manche Menschen mit Typ-A Eigenschaften.
5. Ich bin das, was ein Mensch macht, wenn er ahnt oder glaubt, etwas zu wissen.
6. Ich bin ein Gefühl des Verlangens.
7. Mich sagt man z. B., wenn man einen besonders packenden Film beschreibt.
8. Ich bin das, was ein 18-Jähriger tut, wenn er sein Zuhause verlässt und eine neue Wohnung bezieht.

Übung 3: Wortschatz durch Spiele! Machen Sie die folgenden Spiele in Gruppen.

1. *Galgenmännchen.* Suchen Sie jeweils 5 bis 10 Wörter aus der Wortschatzliste aus!
2. *Scharaden.* Suchen Sie jeweils 5 Wörter aus der Wortschatzliste aus!

BLITZCHATTING

Ich bin solo, mein ganzes Leben schon. Genauer gesagt, seit meinem Auszug bei Mutti vor einem Jahr. Es hieß, sie suche einen neuen Partner, und der fände es bestimmt nicht so toll, wenn ich noch bei ihr wohnen würde.

Außerdem sprächen die Nachbarn bereits über uns und vermuteten einen
Ödipuskomplex. 5

Vielleicht ist mein Job schuld. Buchhalter klingt ja nicht wirklich spannend, obwohl ich für einen Skydiververein arbeite. Vielleicht auch Mutti mit
ihren schrulligen Ansichten von der Welt, die sie in wohldosierter Pädagogik
an mich weitergab. Die biologische Uhr tickt und die Vorstellung, als seniler
Junggeselle in einem Heim zu enden, gefällt mir nicht. 10

Nur deshalb war ich vor kurzem bereit, Ungewöhnliches zu versuchen.
„Blitzchatting" klang nicht nur verheißungsvoll, sondern wurde auch noch
angepriesen als coolste Art der anonymen Partnersuche. Zwanzig Männer,
zwanzig Frauen und jeweils nur drei Minuten Zeit, bevor die Plätze getauscht
würden. Der Clou: Alle Chatter sind live da. Bewertet wird auf einer Dating- 15
karte, und bei Übereinstimmung käme es zu einem realen Treffen, eine Woche in der Präsidentensuite des Royal Marvin, dem besten Hotel am Lago
Maggiore.

Sechzig Minuten meines Lebens für die Suche nach der Traumfrau, ohne
in teure Restaurants oder Kinos investieren zu müssen – das klang einfach 20
zu gut. Das System würde die perfekte Frau für mich ermitteln. Einfacher
konnte Liebe nicht sein.

Aber: Wie es im realen Leben wohl wäre, zu chatten, vom Partner getrennt nur durch eine Wand? Vorbereitet war ich bestens, beherrschte das
Tippen mit zehn Fingern genauso wie die Prosa und Versform. Ich war nicht 25
Brad Pitt, erwartete aber auch keine Angelina Jolie. Der Intellekt war entscheidend, das Aussehen nebensächlich.

Die anderen Männer waren schon da, ignorierten sich gegenseitig. Ganz
anders die Frauen auf der nicht einsehbaren Seite der Halle. Ein wildes Geschnatter, als kämpften sie bereits um die beste Partie[1]. 30

Dann war es soweit. Wir wurden eingelassen und bekamen Startnummern
auf die Jacken geheftet.

Aufgeregt starrte ich in die Kampfarena, bis an die Decke durch Lagen
geteilt. Zwanzig Kabinen mit leuchtenden Displays, auch auf der anderen
Seite. Jetzt verstand ich die Höhe der erhaltenen Rechnung und kalkulierte 35
nach (Statistiker, der ich war). Der Preis entsprach etwa den Kosten für drei

---

1. ... as if they were already competing for the best position

Dinner im Romantique, der edlen Muschibuhbuhkneipe im Ort, der Einzigen mit gedämpftem Licht. Da wäre noch keine Liebe garantiert.

Dann kam der Startschuss. Wir eilten auf die zugewiesenen Plätze.

40 „Hi, ich bin die Moni", schlug ICQ an. Eifrig tippte ich und stellte mich vor. Säuselte Liebe, ungereimt, schwärmte von Kafka und Tolstoi. Aber ich schien nicht zu punkten, denn der Bildschirm blieb schwarz.

Mit Eins wertete ich.

„Wechsel" brüllte einer der Schiedsrichter.

45 „Wie siehst du aus", fragte eine Angelique.

Diese Frage wollte ich lieber als Reim beantworten, in Metaphern, um Genius zu beweisen.

„Normal bin ich, auch mit hohem Verstand.
Hab mich als Single im Leben verrannt[2].
50 Nun suche ich die Frau für das Leben.
Sag an, willst du mir Zukunft geben?"

Erst kam nichts, doch dann antwortete sie, ebenfalls mit einem Reim:

„Prolo[3] bin ich aus Arbeiterklasse.
Unterscheid' mich trotzdem aus der Masse
55 durch Stil, Etikette und frohen Sinn,
weil ich ledig und auch vermögend bin."

Ich war schwer beeindruckt. Die Metrik stimmte, zumindest in der Kürze der Zeit. Vollkommenheit, die Tiefsinn verriet[4]. Genau so eine Frau suchte ich. Rasch blickte ich auf die Uhr. Es war noch Zeit, um herauszufordern:

60 „Ich studiere Gehälter von Reichen
im Versuch, die Bilanzen zu weichen.
Bemühe mich um Kürzung der Steuer
beim Finanzamt, dem Ungeheuer."

Das saß. Ich wartete auf ihre Antwort.

2. come to a dead end in my life as a single guy
3. proletariat
4. perfection that hinted at profundity

„Auch ich schwindle gern bei Lohnangaben. 65
Finanzamt kann sich bei mir nicht laben[5].
Doch die Liebe vermisste ich bisher.
Bist Du meine Zukunft, geliebter Herr?"

Zeit um.
Zehn Punkte gab ich und wähnte mich bereits am Ziel[6]. Allein der Name: 70
Angelique. So was Erotisches hatte ich im realen Leben noch nie gehört.
„Hi, ich bin Janet" blinkte der Cursor.
„Bodo", schrieb ich zurück. „Einsachtzig groß, fünfundsiebzig schwer. Ar-
beite in einem Skydiververein und suche den Kick."

Janet schien beeindruckt zu sein. Mit Mängeln in der Orthografie outete 75
sie sich als Nymphomanin und bot mir eine himmlische Woche an. Doch sie
verriet sich in der Gewichtsangabe und auf Sex mit Rubens hatte ich keinen
Bock.
Drei Punkte.
Die anderen waren illustrer Zeitvertreib, durch meine Punkte außerhalb 80
der Wertung.
Dann läutete der Schlussgong.
Minuten der Qual. Ich rauchte Kette, schlich tigergleich den Gang ent-
lang, vor, zurück, wieder vor[7]. Erwartete das Ergebnis wie ein Süchtiger den
nächsten Schuss. 85
Dann war es soweit.
Fanfaren läuteten das Finale ein. Ich erstarrte, ein Gladiator, der auf das
Daumenzeichen wartete.
Ein blasser Sopran verlas über Lautsprecher das Ergebnis... Gewonnen!
Ich und Angelique! 90
Ich konnte es nicht fassen. Der Reigen klatschender Hände schloss mich
im Halbkreis ein[8]. Langsam hob sich die Trennwand. Ich zitterte aufgeregt.
Gleich würde ich meine Traumfrau zum ersten Mal sehen.
Im Beifall starrten wir uns entgeistert an.

5. the federal office of finance can't feast on me
6. ...fancied myself already having reached my goal
7. stalked up and down the hall like a tiger
8. the round of applauding hands embraced me in a semicircle

95 „Du", keuchte sie nur mit fragendem Gesicht.
Ich sackte zusammen. „Hallo Mutti."

BEIM LESEN

Übung 1: Beantworten Sie die Fragen.

1. Auf welche möglichen Themen weist der Titel hin?
2. Wer ist die Hauptfigur der Geschichte? Welche Figuren spielen Nebenrollen?
3. Wer spricht im Text? Ist der Erzähler auch eine Figur in der Geschichte?
4. Welche Gegenstände spielen in der Geschichte eine Rolle?
5. Welchen Eindruck bekommen Sie von der Hauptfigur?
6. Wie würden Sie den Erzählton der Geschichte beschreiben?
7. Wie würden Sie den Inhalt der Geschichte in einem Satz zusammenfassen?

Übung 2: Identifizieren Sie die Wörter im Text, die...

- die Hauptfigur beschreiben
- die Nebenfiguren beschreiben
- den Schauplatz der Geschichte etablieren
- die inneren Gedanken der Hauptfigur wiedergeben
- die Atmosphäre der Geschichte kreieren
- auf die Einstellungen der Figuren hinweisen

Übung 3: Suchen Sie die folgenden Komposita im Text. Was könnten diese Wörter bedeuten? Welche Präfixe oder Suffixe erkennen Sie? Welche anderen Wörter kennen Sie, die dieselben Präfixe oder Suffixe haben?

Wörter/Präfixe/Suffixe	Bedeutung	Andere Wörter
1. verheißungsvoll:		
2. nebensächlich:		
3. einsehbar:		
4. bewerten:		

5. Geschnatter:

6. Gewichtsangabe:

Übung 4: Machen Sie eine Liste mit den Wörtern aus dem Text, die Ihnen unbekannt sind. Vergleichen Sie diese mit einem/r Partner/In.

Übung 5: Welche Satzteile passen zusammen und in welcher Reihenfolge passiert das in der Geschichte?

Eine entscheidende Rolle...	...hat der Erzähler auf Sex mit einer molligen Frau.
Auf einer Datingkarte...	...vermuteten die Nachbarn des Erzählers.
Den Hauptpreis...	....werden die Teilnehmer bewertet.
Keinen Bock...	...spielt der Intellekt für den Erzähler.
Über Lautsprecher...	...allein im Altersheim zu enden, gefällt dem Erzähler nicht.
Einen Ödipuskomplex ...	...gewinnt das Paar, dessen Bewertungen übereinstimmen.
Die Vorstellung ...	...verlas eine hohe Stimme das Ergebnis.

Übung 6: Schreiben Sie Sätze oder Konstruktionen aus dem Text auf, die Sie immer noch nicht verstehen. Vergleichen Sie diese mit einem/r Partner/In.

NACH DEM LESEN

Übung 1: Beschreiben Sie mit Substantiven, Adjektiven oder Verben die Figuren in der Geschichte.

	Substantive	Adjektive	Verben
Der Erzähler:			
Moni:			
Janet:			
Angelique:			

Übung 2: Beantworten Sie die Fragen zum Inhalt der Geschichte.

1. Warum zog der Erzähler bei seiner Mutter aus?
2. Warum war der Erzähler nun dazu bereit, „Ungewöhnliches zu versuchen", um eine Partnerin zu finden?
3. Was ist „Blitzchatting"? Was fand der Erzähler vorteilhaft daran? Was gab ihm aber zu denken?
4. Welcher Unterschied zwischen den Männern und Frauen fiel dem Erzähler sofort auf, als er zunächst auf der Veranstaltung erschien?
5. Wie und welchen Preis konnte man beim „Blitzchatting" gewinnen?
6. Warum bewertete der Erzähler Monica und Janet mit einer Eins, beziehungsweise einer Drei? Warum bekam Angelique die Top-Bewertung?
7. Welche Überraschung gab es am Ende der „Blitzchatting"-Erfahrung für den Erzähler?

Übung 3: Besprechen Sie die Fragen zur Analyse der Geschichte.

1. Meinen Sie, der Erzähler ist generell ein zuversichtlicher Mensch, oder erkennen Sie im Text Indizien dafür, dass er nicht sehr selbstsicher ist? Erklären Sie.
2. Die Geschichte macht reichlich Gebrauch von Humor. Finden Sie Beispiele davon und erklären Sie, welche Funktion Humor an dieser oder jener Stelle im Text hat. Erkennen Sie Muster in Bezug darauf, wann und wie Humor verwendet wird?
3. Übertreibungen, bzw. Hyperbel, kommen auch im Text vor. Identifizieren Sie Beispiele davon. Welcher Zusammenhang besteht zwischen Übertreibung und Humor?
4. Welche Ansichten über die moderne Suche nach einer Partnerschaft scheint der Text Ihrer Meinung nach zu vermitteln? Machen Sie Ihre Argumente anhand von bestimmten Stellen im Text fest. Sehen Sie die Situation auch so? Warum/warum nicht?
5. Gibt es Stellen im Text, die den Erzähler als sexistisch vermuten lassen? Wenn ja, welche? Inwiefern ist es oft unvermeidbar, einen Text über Beziehungen zu schreiben, ohne dass sich sexistische oder stereotypische Ansichten einschleichen?

Übung 4: Rollenspiel.

1. **Konfrontation mit dem Schiedsrichter.** Der Erzähler und seine Mutter verlangen vom Schiedsrichter, dass sie ihr Eintrittsgeld für die „Blitzchatting"-Veranstaltung rückerstattet bekommen. Hier sind mögliche Phrasen, die Sie beim Verhandeln mit dem Schiedsrichter benutzten könnten:

   „Das ist ja unerhört, dass Sie so was passieren lassen!"
   „Wir verlangen, dass Sie unser Geld sofort zurückerstatten!"
   „Ihr System sollte den/die perfekten/e Partner/In für mich ermitteln."
   „Ihr System ist defekt."
   „Wir zeigen Sie wegen Werbebetrug an."
   „Wir bestehen darauf, dass Sie diese Situation wiedergutmachen."
   „Wir hätten Ihr blödes System nie ausprobieren sollen!"
   „Ohne komplette Rückerstattung gehen wir nicht nach Hause!"

2. **Gespräch zwischen Mutter und Sohn.** Am nächsten Tag, nachdem der Schock ein bisschen nachgelassen hat, treffen sich Mutter und Sohn zum Frühstück, um über das unangenehme „Blitzchatting"-Erlebnis zu reden. Stellen Sie sich ein Gespräch zwischen den beiden vor.

Übung 5: Bewerten Sie die Geschichte auf der folgenden Skala:

1	2	3	4	5
ausgezeichnet	gut	durchschnittlich	nicht gut	furchtbar

Übung 6: Erklären Sie Ihre Bewertung!

Ich habe die Geschichte als _____ bewertet, weil...

Übung 7: Nun vergleichen Sie Ihre Bewertung und Erklärungen mit den Bewertungen von Ihren Kommiliton/Innen. Notieren Sie sich die Informationen von drei Personen, damit Sie diese der Klasse präsentieren können. Raten Sie, was die Durchschnittsbewertung der Klasse sein könnte!

Name	Bewertung	Erklärung(en)

1.

2.

3.

Übung 8: Schreibaufgaben.

1. **Eine offizielle Beschwerde.** Trotz ihrer Versuche beim Schiedsrichter haben der Erzähler und seine Mutter ihr Geld nicht rückerstattet bekommen. Deshalb beschließen sie, eine offizielle Beschwerde an das AfK (Amt für faire Konsumentenbehandlung) zu schreiben. Verfassen Sie dieses Schreiben.
2. **Zwei Anzeigen.** Schreiben Sie jeweils eine 100-wörtige Anzeige für den Erzähler und dessen Mutter, die unter der Rubrik Partnerschafts-Suche in einer Zeitung erscheinen soll.
3. **Podcast.** Schreiben Sie mit zwei Partnern/Innen den Dialog zu Rollenspiel Nr. 1 oben. Nehmen Sie den Dialog zusammen auf und machen Sie einen Podcast daraus.

GRAMMATIKWIEDERHOLUNG: KOORDINIERENDE UND UNTERORDNENDE KONJUNKTIONEN[9]

Übung 1: Bestimmen Sie, ob das in Klammern stehende Wort eine koordinierende oder unterordnende Konjunktion ist. Dann verbinden Sie anhand der Konjunktion die zwei Sätze.

1. Die alte Frau konnte sich nicht entscheiden. Sie hatte ihr ganzes Leben lang beide Männer geliebt. (denn)
2. Der Junggeselle wollte keine Bekanntschaften mehr. Er suchte nur noch eine feste Partnerschaft. (sondern)
3. Die Frau lernte ihren späteren Ehemann schon mit 12 Jahren kennen. Sie besuchten die gleiche Schule. (als)

9. Für ausführliche Erklärungen siehe Kapitel 18 in *Deutsche Wiederholungsgrammatik* und Kapitel 3 in *Kaleidoskop*.

4. Mit einer Zehn hat der Erzähler Angelique bewertet. Sie konnte aus dem Bauch heraus gute Reime schreiben. (weil)

5. Die Männer lieben die Frau sehr. Sie wollen nicht mehr auf eine Entscheidung warten. (aber)

6. Schließlich bereuen es die Menschen. Sie nehmen an dem „Blitzchatting"-Programm teil. (dass)

7. Die Frau hat sich unter Druck gesetzt gefühlt. Endlich hat sie eine Entscheidung fällen müssen. (da)

8. Der Junggeselle zieht bei seiner Mutter aus. Er meldet sich bei einer Single-Börse an. (und)

INTERKULTURELLES

Aktivität 1: Besprechen Sie folgende Fragen mit einem/r Partner/In.

1. Suchen Sie im Internet den Unterschied zwischen folgenden Phrasen auf Deutsch: „Ich liebe dich", „ich habe dich lieb", „ich mag dich", „ich bin verliebt in dich", und „du gefällst mir". Wie würden Sie diese ins Englisch übersetzen? Wie bedeutet es für Sie, jemandem „I love you" zu sagen? Welche deutsche Phrase würden Sie für welche Menschen in Ihrem Leben benutzen, und warum?

2. Im Podcast *Was meint der Mensch auf der Straße dazu?* erwähnt einer der Befragten, dass er Bekannte hat, die bereits versucht hätten, einen Partner bzw. eine Partnerin online zu finden – allerdings ohne Erfolg. Finden Sie im Internet eine deutsche Single-Börse (z. B. „Neu.de" und „Gratis Dating.de") und berichten Sie davon. Wie funktioniert es? Wie viel kostet der Dienst? Was wird dem Kunden versprochen? Wer scheint die Zielgruppe zu sein (d. h. Jugendliche, Erwachsene, ältere Menschen, Männer, Frauen, Berufstätige, Geschiedene, Ausländer, usw.)? Meinen Sie, es gibt in den USA genauso viele Menschen, die online eine Partnerschaft suchen? Wie viele, schätzen Sie, haben Erfolg, und warum?

3. Untersuchen Sie die Graphik mit dem Titel „Welche Eigenschaften schätzen Sie an Ihrem Partner, Ihrer Partnerin am meisten?" Inwiefern stimmen die Angaben der Deutschen mit Ihren eigenen Ansichten überein? Wo gibt es Unterschiede? Meinen Sie, die Ergebnisse derselben Umfrage würden sehr anders aussehen, wenn sie in den USA durchgeführt würde? Erklären Sie, was Ihrer Meinung nach anders bzw. ähnlich wäre.

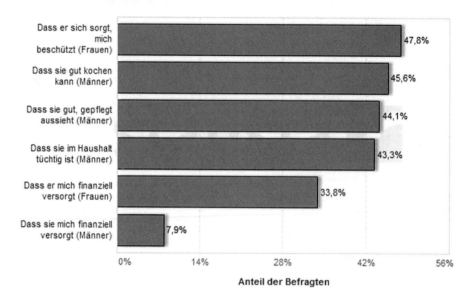

Welche Eigenschaften schätzen Sie an Ihrem Partner, Ihrer Partnerin am meisten?

Dass er sich sorgt, mich beschützt (Frauen)	47,8%
Dass sie gut kochen kann (Männer)	45,6%
Dass sie gut, gepflegt aussieht (Männer)	44,1%
Dass sie im Haushalt tüchtig ist (Männer)	43,3%
Dass er mich finanziell versorgt (Frauen)	33,8%
Dass sie mich finanziell versorgt (Männer)	7,9%

0%   14%   28%   42%   56%

Anteil der Befragten

Deutschland; ab 14 Jahre; Personen, die in
fester Partnerschaft leben; 1.432 Befragte;
GfK Marktforschung Nürnberg

© Statista 2009
Quelle: GfK Marktforschung Nürnberg

58

Drei
Ein etwas anderer Alltag

Die Tage unseres Lebens sind voller Regelmäßigkeiten. Wir stehen auf, durchlaufen den Tag, kommen zurück nach Hause und schlafen schließlich ein. Dennoch gibt es bei jedem Menschen etwas anderes. Wir alle erleben einen eigenen, einzigartigen Alltag. Dieser kann manchmal langweilig, spannend, lustig, frustrierend, überraschend oder berechenbar sein. Unser Alltag ist also gar nicht ‚alltäglich'! Wie könnte zum Beispiel der Alltag des Mannes im Bild oben aussehen?

Die Podcasts und Kurzgeschichten in diesem Kapitel erzählen von Alltagssituationen, die diese Idee widerspiegeln: Der Alltag jedes Einzelnen bzw. jeder Einzelnen bietet etwas Neues. Gerade dies macht den Alltag so interessant.

ZUM AUFTAKT

Aktivität 1: Was assoziieren Sie mit dem Begriff „Alltag" und was nicht?

schlafen   kegeln   fernsehen   regelmäßig   -e Überraschung

sich anziehen   -s Haustier   Geld suchen   Rad fahren   faulenzen

-s Fahrzeug   frühstücken   spazieren   -s Handy   arbeiten   lesen

-e Münze   eilig   Zähne putzen   sitzen   locker   -e Spannung

-r Regen   -r Wecker   sich duschen   sich waschen   -r Kaffee

ausgehen   -s Meerschweinchen   Geld ausgeben

Ich assoziiere damit...   Ich assoziiere damit nicht...

Aktivität 2: Erklären Sie einem/r Partner/In Ihre Assoziationen.

Mit dem Begriff Alltag *assoziiere ich* _____ *(nicht), weil...*

Aktivität 3: Besprechen Sie folgende Fragen mit einem/r Partner/In.

1. Was ist ein „Alltag?" Welche Aktivitäten sind ,alltäglich' an einem Alltag? Beschreiben Sie einige Ereignisse und Menschen aus Ihrem Alltag. Was ist der schwierigste Teil von Ihrem Alltag und warum?
2. Gibt es manchmal Überraschungen in Ihrem Leben? Erzählen Sie davon.
3. Denken Sie an eine berühmte Person. Wie könnte der Alltag von dieser Person aussehen? Wie ist Ihr Alltag anders?
4. Sind Sie während des Tages öfter zu Fuß oder mit dem Auto unterwegs? Glauben Sie, Amerikaner sind weniger oder mehr zu Fuß unterwegs als Deutsche? Warum oder warum nicht?
5. Suchen Sie jemals nach Münzen auf der Straße? Wann haben Sie das letzte Mal Geld auf der Straße gefunden? Würden Sie sich die Mühe machen, einen einzigen Cent aufzuheben?
6. Haben Sie als Kind Haustiere gehabt? Haben Sie kleine oder große Haustiere lieber? Warum?

 PODCAST A: *WAS MEINT DER MENSCH AUF DER STRAßE DAZU?*

SUBSTANTIVE

(das-Wörter)
Telefonat – *telephone conversation*
WTG (Werken und Textiles Gestalten) – *arts and crafts*

(die-Wörter)
Überraschung – *surprise*

(der-Wörter)
Bildschirm – *computer screen*

SONSTIGES
je nachdem – *according to, depending on*
überwiegend – *predominately*
Zeit fressen – *to take up time (coll.)*

ADJEKTIVE
erfrischend – *refreshing(ly)*
inhaltlich – *contentwise*

VERBEN
abholen – *to pick up, fetch*
(sich) auseinandersetzen mit – *to deal with*
basteln – *to do arts and crafts*
bestehen (aus [+ Dat.]) – *to consist of*
fertig machen – *to get ready (for the day)*
flachsen – *to joke around, tease*
hinführen zu – *to lead to*
radeln – *to ride a bike (coll. in Southern Germany)*

Übung 1: Welches Wort aus der Wortschatzliste passt in die Lücke?

1. Meine Augen haben wehgetan, nachdem ich den ganzen Tag den _____ angestarrt habe.

2. Die Kinder sind kreativ. Sie _____ gern zu Hause.

3. Morgens setze ich mich gerne mit Kreuzworträtseln auseinander, _____ wie viel Zeit ich habe, bevor ich zur Arbeit losfahren muss.

4. _____ hat der Film mir sehr gefallen, aber die Kameraarbeit hat mich weniger beeindruckt.

5. Meine Schwester _____ mich jeden Tag von der Schule _____.

Übung 2: Vervollständigen Sie die Zitate aus dem Podcast.

1. „Insofern ist vom Zeitablauf her der Alltag nicht immer _____, und hat auch keine _____ _____, meistens."

2. „Und, da frage ich mich schon manchmal, wo das _____."

3. „Dann machen wir vielleicht immer Freiarbeit _____ _____, oder WTG."

4. „Nach Klavier fahren wir dann nach Hause und machen's uns _____."

5. „Ich _____ mich dann aufs Fahrrad und _____ in meine Arbeit."

6. „Und auch die Themen, mit denen ich mich auseinandersetzen darf, sind _____ so _____ anders immer, dass es mir überhaupt nicht langweilig wird."

7. „Generell _____ im Alltag, ja, freue ich mich schon, zum Teil."

8. „Aber, wenn Klavier ist, dann kann ich _____ _____ _____."

Übung 3: Bestimmen Sie, welche Aussage richtig oder falsch ist, und korrigieren Sie die falschen.

1. Die letzte Sprecherin hat einen Bruder, der sie von der Schule abholt.
2. Person Drei ist beruflich selbstständig.
3. Person Eins arbeitet zu Hause und im Büro.
4. Person Drei mag Überraschungen, die einem Zeit fressen.
5. Person Zwei spielt ein Instrument.
6. Person Eins gefällt es, in der Arbeit viel vorm Computer zu sitzen.

Übung 4: Beantworten Sie die Fragen.

1. Wie und wo verbringt Sprecher Eins den meisten Teil des Alltags? Wie findet er diese Situation?
2. Wie sieht der Alltag von Person Zwei aus? Was fällt ihr am schwersten?
3. Wann und wie beginnt der typische Alltag für Person Drei? Was ist sie von Beruf? Was macht sie gewöhnlich in der Mittagspause? Was hält sie generell von ihrem Alltag?
4. Mit wem geht Person Vier in die Schule? Was macht sie nach der Schule?

Übung 5: Besprechen Sie folgende Fragen mit einem/r Partner/In.

1. Vergleichen Sie die Alltage der vier Personen. Wo sind Ähnlichkeiten und Unterschiede zu erkennen? Gibt es Themen, die bei allen auftreten? Wenn ja, welche?
2. Was können Sie über das Leben oder die Persönlichkeit der vier Personen erschließen?
3. Wessen Alltag ist Ihrem am ähnlichsten, bzw. am unähnlichsten? Wessen Alltag finden Sie: am interessantesten, am langweiligsten, am typischsten, am ungewöhnlichsten?

Übung 6: Schreibaufgaben.

1. **Wessen Alltag?** Suchen Sie sich zwei der Personen aus und fassen Sie schriftlich deren Alltag zusammen.
2. **Mein Alltag.** Verfassen Sie einen kurzen Bericht mit dem Titel „Mein Alltag". Benutzen Sie dabei Ausdrücke, Phrasen oder Wörter aus dem Podcast.

3. **Gespräch über den Alltag.** Erfinden Sie einen kurzen Dialog zwischen zwei der Personen im Podcast. In dem Dialog fragen sie einander über deren Alltag aus, tauschen Meinungen dazu aus, widersprechen sich oder stimmen einander zu, geben Ratschlag, usw. Seien Sie kreativ!

ERSTER LESETEXT: *EIN CENT* VON HENNING PFEIFER

SUBSTANTIVE

(das-Wörter)
Geldstück(e) – *coin*
Stöckchen(-) – *twig*
Taschentuch(¨-er) – *tissue paper*

(die-Wörter)
Abfuhr(en) – *rebuff; removal*
Münze(n) – *coin*
Sohle(n) – *sole*

(der-Wörter)
Besitz – *ownership*
Gehweg(e) – *sidewalk*
Gewinn(e) – *earnings; financial gain*
Hundekot – *dog excrement*
Köter(-) – *cur, mutt*
Strauch(¨-er) – *bush*

SONSTIGES
dabei haben – *to have with oneself*
des Weges – *along the way*
entfernt – *away (distance)*
wegen (+ Gen.) – *because of*

ADJEKTIVE
eilig – *hurriedly*
knapp – *terse, sharp*
schmutzig – *dirty*
widerlich – *revolting*

VERBEN
aufheben – *to pick up; to keep*
(sich) bemühen (um [+ Akk.]) – *to try (for)*
beschließen – *to decide*
(sich) erheben – *to get up, raise oneself*
verbergen – *to hide, conceal*
verschwinden – *to vanish*
(sich) wenden – *to turn*
zupfen – *to pull, yank*

VOR DEM LESEN

Übung 1: Welches Wort passt nicht und warum?

1. gehen   verschwinden   erscheinen   sich verabschieden
2. -e Münze   -r Köter   -s Geldstück   -r Schein

3. sitzen   sich wenden   eilig   sich bemühen
4. schmutzig   entsetzlich   widerlich   herrlich
5. -r Baum   -r Besitz   -r Strauch   -s Stöckchen

Übung 2: Wortschatz durch Spiele! Machen Sie die folgenden Spiele in Gruppen.

1. *Geheimwort.* Suchen Sie jeweils 5 bis 10 Wörter aus der Wortschatzliste aus!
2. *Galgenmännchen.* Suchen Sie jeweils 5 Wörter aus der Wortschatzliste aus!

EIN CENT

Da glänzte es in der Sonne. Holger Bodden blieb stehen und wollte es gerade aufheben, als ihm durch den Kopf schoss[1], es besser nicht zu tun. Wer weiß, wie lange es schon da lag. Würde er etwas vom schmutzigen Gehweg aufheben, das gerade mal einen Cent wert ist? Wohl kaum. Da waren sicherlich schon einige Leute darüber gelaufen. Vielleicht hat auch ein Hund   5
darauf gepinkelt. Oder jemand ist in Hundekot getreten und dann mit seiner Sohle genau auf die Münze.

Widerlich.

Er wollte die Münze liegen lassen und ging langsam weiter. Er blickte zurück und sah sie wieder aufblitzen[2].   10

So dreckig kann die doch gar nicht sein, so wie die glänzt.

Ihm kam die Idee, das Geldstück sicherheitshalber mit einem Taschentuch aufzuheben. Holger rechnete nach. Ein Päckchen Tempo[3] kostet 50 Cent, und es gab zehn Stück im Päckchen. Das sind also fünf Cent pro Taschentuch. Er müsste es noch weitere viermal verwenden, um wenigs-   15
tens keinen Verlust zu machen – vorausgesetzt, er findet nur Ein-Cent-Münzen. Aber wenn tatsächlich Dreck an dem Centstück haftet, würde er sich niemals mit demselben Tuch die Nase putzen. Er könnte es aufheben für weitere Münzfunde. Wie viele findet man etwa im Jahr auf der Straße? Vier oder fünf Stück? Er würde das Taschentuch also ein Jahr lang mit sich   20

1. it crossed his mind
2. twinkle
3. German brand of facial paper tissue; see http://www.tempo-web.de/

herumschleppen. Und wenn er eine Pechsträhne hat und es nur ein oder zwei Münzen sind? Drei Jahre? Und wenn er sich nicht mehr richtig erinnert und das Tuch versehentlich nach dem vierten Fund wegwirft?

Zu kompliziert. Es muss einfacher gehen.

25 Wenn er es bei irgendjemandem schnorren könnte[4], ginge er gleich heute mit dem kleinen Gewinn nach Hause.

Er sah sich um. Eine Frau mit Hund kam des Weges.

„Entschuldigung, hätten Sie ein Taschentuch für mich?" Die Frau blieb kurz stehen. Holger bemühte sich um einen besonders freundlichen Tonfall. 30 „Wissen Sie, ich habe meine leider zu Hause vergessen, obwohl ich sonst immer welche dabei habe."

Die Frau musterte ihn kurz und ging dann mit einem knappen „Nein, tut mir Leid" eilig weiter. Holger war verärgert über die Abfuhr.

„Einen Köter haben, der auf Geld scheißt und dann kein Taschentuch dabei! Typisch!", rief er ihr hinterher.

35 Die Frau reagierte nicht und ließ sich von ihrem Hund auf die angrenzende Grünanlage ziehen[5]. Holger beruhigte sich wieder. Er bückte sich und sah sich die Münze so genau an, wie es ihm möglich war. Es gab eigentlich keinen Dreck zu sehen. Zumindest keine leicht erkennbaren 40 Schmutzpartikel.

Der spiegelnde Glanz der Sonne war verschwunden und es begann kräftig zu regnen. Holger hatte keinen Regenschirm bei sich. Etwa fünfzig Meter entfernt war seine Wohnungstür. Er wollte schon nach Hause laufen und rasch einen Schirm holen. In höchstens zwei Minuten wäre er zurück.

45 Da sah er zwei Passanten auf sich zukommen. Wohl ein Pärchen. Wenn sie die Münze finden, während er gerade den Schirm holte? Ihre Blicke waren wegen des Regens ausgerechnet[6] nach unten gerichtet, genau auf den Boden. Sie würden sein Geld bestimmt sofort sehen und mitnehmen. Holger war jetzt klatschnass, beschloss jedoch zu bleiben. Das Pärchen kam näher. 50 Er stellte sich über die Münze und verbarg sie zwischen seinen Schuhen. Als die beiden nur noch wenige Meter entfernt waren, wusste er, wie er sich den Besitz sichern konnte.

---

4. if he could bum it off of someone
5. allowed her dog to lead her into the grassy area nearby
6. of all places

„Nein, was liegt denn da!", rief Holger und wandte sich strahlend dem Pärchen zu. Er deutete auf den Gehweg und klatschte wie <u>von überraschender Freude überwältigt</u>[7] in die Hände. 55

„Ein Cent! Na, wenn das kein Glück bringt!"

Das Pärchen blieb stehen und lächelte etwas verlegen. Holger wusste, jetzt müsste er das Geld aufheben. Er bückte sich sehr langsam und streckte die Hand nach dem Cent aus. Die beiden standen noch immer neben ihm und lächelten. 60

Kurz bevor er den Cent berühren sollte, <u>täuschte Holger ein lautes Niesen vor</u>[8] und erhob sich wieder. „Hätten Sie mal ein Taschentuch für mich?"

„Hast du?", fragte der Spaziergänger seine Begleiterin.

„Leider nicht. Trotzdem, viel Glück noch!"

Das Pärchen ging weiter. Holger war erleichtert. 65

Gut gemacht, mein Lieber! Und der Regen ist auch gut. Er wäscht den Dreck weg.

Er zupfte ein Stöckchen von einem Strauch und wendete damit den Cent, damit auch die andere Seite vom Regen abgespült wurde. Nach einer Weile war sich Holger sicher, dass die Münze schön sauber war. 70

Man muss es ja nicht übertreiben.

Er hob den Cent auf und wollte gerade nach Hause gehen, als er ein lautes Schmatzen hörte. Es kam von seiner rechten Schuhsohle, unter der eine braune Masse <u>hervorquoll</u>[9].

BEIM LESEN

Übung 1: Beantworten Sie die Fragen.

1. Auf welche möglichen Themen weist der Titel hin?
2. Wer ist die Hauptfigur der Geschichte? Welche Figuren spielen Nebenrollen?
3. Wer spricht im Text?
4. Welche Gegenstände spielen in der Geschichte eine Rolle?
5. Welchen Eindruck bekommen Sie von der Hauptfigur?

7. overcome with unexpected happiness
8. Holger feigned a loud sneeze
9. oozed forth

Übung 2: Identifizieren Sie die Wörter im Text, die...

- die Hauptfigur beschreiben
- die Nebenfiguren beschreiben
- den Schauplatz der Geschichte etablieren
- die inneren Gedanken der Hauptfigur wiedergeben
- die Atmosphäre der Geschichte kreieren
- auf die Einstellungen der Figuren hinweisen

Übung 3: Suchen Sie die folgenden Komposita im Text. Was könnten diese Wörter bedeuten? Welche Präfixe oder Suffixe erkennen Sie? Welche anderen Wörter kennen Sie, die dieselben Präfixe oder Suffixe haben?

Wörter/Präfixe/Suffixe	*Bedeutung*	*Andere Wörter*
1. Münzfund:		
2. vorausgesetzt:		
3. Tonfall:		
4. versehentlich:		
5. erkennbar:		
6. Grünanlage:		
7. sicherheitshalber:		
8. Pechsträhne:		

Übung 4: Machen Sie eine Liste mit den Wörtern aus dem Text, die Ihnen unbekannt sind. Vergleichen Sie diese mit einem/r Partner/In.

Übung 5: Welche Satzteile passen zusammen und in welcher Reihenfolge passiert das in der Geschichte?

Das Pärchen...	...führt eine Frau an einer Linie.
Auf der Straße...	...hat Holger Angst.
Eine Münze...	...tut so, als würde er niesen.
Holger...	...beachtet Holger nicht.
Die Frau...	...spiegelt das Sonnenlicht wider.

Vor Schmutz...	...findet Holger etwas Wertvolles liegen.
Einen Hund...	...kann dem komischen Mann nicht helfen.

Übung 6: Schreiben Sie Sätze oder Konstruktionen aus dem Text auf, die Sie immer noch nicht verstehen. Vergleichen Sie diese mit einem/r Partner/In.

NACH DEM LESEN

Übung 1: Beschreiben Sie mit Substantiven, Adjektiven oder Verben die Figuren in der Geschichte.

	Substantive	*Adjektive*	*Verben*
Holger:			
Die alte Frau:			
Das Pärchen:			

Übung 2: Beantworten Sie die Fragen zum Inhalt der Geschichte.

1. Was entdeckt Holger auf der Straße?
2. Welches Problem hat Holger bei seinem Fund?
3. Welche Idee bekommt er, um sein Problem zu lösen? Hat er zunächst Erfolg?
4. Warum spricht Holger die Frau an? Welche Reaktion bekommt er von ihr und wie reagiert er darauf?
5. Warum überlegt Holger, schnell nach Hause zu gehen? Welche Befürchtung hat er, wenn er dies tun würde?
6. Was macht Holger, um Hilfe von dem Pärchen zu bekommen? Funktioniert sein Plan?
7. Warum kann Holger letztendlich seinen Fund doch noch aufheben?
8. Was passiert Holger am Ende der Geschichte?

Übung 3: Beantworten Sie die Fragen zur Analyse der Geschichte.

1. Meinen Sie, es gehört zum Alltag von Holger, Geld auf der Straße zu suchen?

2. Warum fühlt sich die Hauptfigur durch Unsauberkeit gestört?
3. Ist Holger ein sozialer Mensch? Wie geht er mit anderen Menschen um?
4. Was lernen wir durch den inneren Dialog über Holgers Persönlichkeit?
5. Welchen Eindruck macht die Sprache des Textes auf den Leser?
6. Gibt es Ironie in der Geschichte?
7. Was ist lustig an dem Satz: „Man muss es ja nicht übertreiben."

Übung 4: Protokoll bei der Polizei.

Später am Tag wird Holger von der Polizei festgenommen. Ein Nachbar sagt, dass Holger eine seltene Münze gestohlen hat. Hier ist das Protokoll mit den Aussagen, die der Nachbar über Holger gemacht hat:

> Holger ist ein Verbrecher.
> Er sucht den ganzen Tag auf der Straße nach Geld und vielleicht auch nach Drogen.
> Er hat bestimmt auch die Münze gestohlen.
> Holger ist ein Fall für den Psychiater.
> Seine Angst vor Schmutz ist nicht normal.
> Holger ist ein Einzelgänger.
> Er hat keine Freunde und spricht kaum mit anderen.
> Holger hat nie Geld und wenn er welches hat, dann ist er sehr geizig und gibt es nie aus.
> Holger ist nicht sehr intelligent.
> Er spricht nur in kurzen Sätzen.
> Er hat es verdient, in den Hundehaufen zu treten, denn er hat das Geld gestohlen.

Behandeln Sie nun zu dritt das Protokoll, in dem ein Student den Polizisten, ein anderer den Nachbarn und ein dritter Student Holger spielt. Kann der Nachbar seine Aussagen beweisen? Kann sich Holger verteidigen? Wie findet der Polizist die Wahrheit heraus?

Übung 5: Rollenspiel.

1. **Lästerndes Pärchen.** Stellen Sie sich vor, das Pärchen spricht weiter über Holger, nachdem es an ihm vorbei spaziert ist. Schreiben Sie das Gespräch auf.

2. **Beim Psychologen**. Stellen Sie sich einen Dialog zwischen Holger und einem Psychologen vor.

Hier sind mögliche Fragen, die ein Psychologe stellen könnte:

„Erzählen Sie mir von Ihrer Kindheit."

„Waren Ihre Eltern streng?"

„Mussten Sie sich oft die Hände waschen?"

„Wie oft mussten Sie sich baden?"

„Wohnen Sie allein?"

„Wie oft räumen Sie bei sich zu Hause auf?"

„Haben Sie ein reges Sozialleben?"

„Haben Ihre Freunde jemals Bemerkungen über Ihre Abneigung gegen Unsauberkeit gemacht?"

„Würden Sie sich generell als pessimistisch oder optimistisch bezeichnen? Warum?"

„Beschreiben Sie mir bitte den letzten Traum, an den Sie sich erinnern können."

Übung 6: Bewerten Sie die Geschichte auf der folgenden Skala:

1	2	3	4	5
ausgezeichnet	gut	durchschnittlich	nicht gut	furchtbar

Übung 7: Erklären Sie Ihre Bewertung!

Ich habe die Geschichte als _____ bewertet, weil...

Übung 8: Nun vergleichen Sie Ihre Bewertung und Erklärungen mit denen Ihrer Kommiliton/Innen. Notieren Sie sich die Informationen von drei Personen, damit Sie diese der Klasse präsentieren können. Raten Sie, was die Durchschnittsbewertung der Klasse ist!

	Name	Bewertung	Erklärung(en)
1.			
2.			
3.			

Übung 9: Schreibaufgaben.

1. **Die Münze spricht.** Stellen Sie sich vor, die Münze könnte sprechen. Schreiben Sie einen Dialog zwischen Holger und der Münze.

2. **Was denkt wohl die Frau?** Schreiben Sie einen inneren Monolog der Frau. Was hält sie von Holger? Was denkt sie, während Holger mit seiner Münze beschäftigt ist? Wie reagiert sie darauf, dass Holger in den Hundekot tritt? Was hat sie gemacht, bevor sie Holger gesehen hat? Was hat sie noch an diesem Tag vor?

3. **Entschuldigung!** Stellen Sie sich vor, Holger holt die Frau ein, nachdem er in den Hundekot getreten ist. Schreiben Sie einen Dialog zwischen Holger und der Frau. Nehmen Sie den Dialog auf und machen Sie mit einem Kommilitonen bzw. einer Kommilitonin einen Podcast daraus!

 PODCAST B: HÖREN SIE *CLAUDIAS PODCAST NR. 3: EINE WG, DREI MITBEWOHNER UND EIN FRETTCHEN: CLAUDIAS ALLTAG* AN.

SUBSTANTIVE	ADJEKTIVE
(das-Wörter)	seltsam – *strange*
Frettchen(-) – *ferret*	irre – *crazy*
Gewürz(e) – *spices*	verlobt – *engaged*
	eng – *tight*
(die-Wörter)	
Leibesübung(en) – *physical activity, exercise*	**VERBEN**
	(sich) beklagen – *to complain*
	meckern – *to whine, complain (coll.)*
SONSTIGES	
schließlich – *eventually, ultimately*	
tatsächlich – *actually, in fact*	
die Augen verdrehen – *to roll one's eyes*	

Übung 1: Welche Definition passt?

> a. komisch, bizarr b. z. B., Zimt oder Pfeffer
> c. eine Geste, die Ärger ausdrückt d. fest, schmal
> e. umgangssprachlich für „verrückt, großartig" f. körperliche Anstrengung
> g. ein kleines Tier h. immerhin, so oder so i. wenn man heiraten soll
> j. umgangssprachlich für „sich beschweren" k. wirklich, echt
> l. sich beschweren

1. sich beklagen ____ 2. seltsam ____ 3. schließlich ____ 4. verlobt ____

5. meckern ____ 6. -s Frettchen ____ 7. irre ____ 8. -s Gewürz ____

9. tatsächlich ____ 10. eng ____ 11. -e Leibesübung ____

12. die Augen verdrehen ____

Übung 2: In welcher Reihenfolge erwähnt Claudia diese Sachen?

- Das Frettchen ist alt und braucht viele Medikamente. ____

- Claudia hat einen männlichen Mitbewohner. ____

- Claudia denkt daran, schon am Monatsende auszuziehen. ____

- Claudia möchte lieber nicht allein wohnen. ____

- Am Anfang war es schwierig, eine der Mitbewohnerinnen zu verstehen. ____

- Der männliche Mitbewohner macht Bodybuilding in seinem Zimmer. ____

- Eine Mitbewohnerin ärgert sich über Claudias Haustier. ____

- Claudias Mitbewohnerinnen heißen Solveig und Maria. ____

Übung 3: Vervollständigen Sie die Sätze mit dem Wort, das am besten passt.

> aufheben typisch erkennen arrogant aufstehen übertrieben Dreck
> aufgeben ungewöhnlich fürchterlich einschlafen kräftig Eindruck

1. Claudia möchte einen _____ von ihrem Alltag geben.

2. Sie bezeichnet ihren Alltag als _____.

3. Unter der Woche _____ sie um 7 Uhr _____.

4. Maria beschwert sich oft über _____ in der Wohnung.

5. Ohne Brille _____ Günther nicht einmal seine eigenen Mitbewohner.

6. Claudia glaubt, Marias Reaktion auf das Frettchen ist _____.

7. Claudia findet Günther _____.

8. Solveig _____ ihr ganzes Geld für eine Hochzeit _____.

Übung 4: Sind die Aussagen richtig oder falsch? Korrigieren Sie die falschen Aussagen.

1. Claudia spricht mit ihrem Vater am Telefon. ____

2. Maria kommt aus Spanien. ____

3. Günther trägt seine Brille nicht gern. ____

4. Solveig ist verlobt. ____

5. Das Frettchen trägt den Namen Han Solo, weil Claudia die Star Wars Filme liebt. ____

6. Claudias Freund meint, sie sollte sofort ausziehen. ____

7. Günther gibt Han Solo seine Medikamente, wenn es Claudia vergisst. ____

8. Maria und Claudia reden oft miteinander. ____

ZWEITER LESETEXT: *SO, JETZT WIRD GERÖNCHT* VON ESTHER LAUFER

SUBSTANTIVE	**SONSTIGES**
(das-Wörter)	unabhängig davon – *regardless of*
Meerschweinchen(-) – *guinea pig*	zu etw. gedacht sein – *to be designed to*
Schnoddergeräusch(e) – *snorting noise*	
Töpfchen(-) – *little pail*	**VERBEN**
(die-Wörter)	erscheinen – *to appear, to seem*
Höhle(n) – *cave, den*	rotzen – *to blow snot out of the nose (coll.)*
Nahrung(en) – *sustenance, food*	untersuchen – *to examine*
Pfote(n) – *paw*	verbuddeln – *to bury (coll.)*
Schwebebahn – *suspended rail transit system*	versperren – *to block, impede*
	(sich) verstecken – *to hide o.s.*
(der-Wörter)	
Budenbau – *construction of a shelter*	**ADJEKTIVE**
Einwand(¨-e) – *objection*	gemeinsam – *together*
Gips – *cast*	steif – *stiff*
Igel(-) – *hedgehog*	winzig – *tiny*
Vorrat(¨-e) – *provision*	zart – *tender, delicate*

VOR DEM LESEN

Übung 1: Welches Wort bin ich?

1. Ich bin ein Tier mit stacheligem Fell und meine Lieblingsnahrung besteht aus Insekten und Würmern.
2. Ich bin das Gegenteil von riesig.
3. Ich bin ein beliebtes Kinderspiel.
4. Ich bin ein Satz oder ein Wort, den bzw. das man sagt, um auszudrücken, dass man gegen etwas ist.
5. Ich bin das, was ein vorsichtiger Pirat mit seinem Goldschatz macht, wenn er nicht will, dass er von anderen Piraten gefunden wird.
6. Ich bin das, was ein Arzt oder eine Ärztin mit einem Patienten macht.

7. Ich bin eine Art Verband, den man zum Beispiel für einen gebrochenen Arm benutzt.

Übung 2: Wortschatz durch Spiele! Machen Sie die folgenden Spiele in Gruppen.

1. *Geheimwort.* Suchen Sie jeweils 5 bis 10 Wörter aus der Wortschatzliste aus!
2. *Loszeichnen.* Suchen Sie jeweils 5 Wörter aus der Wortschatzliste aus!

SO, JETZT WIRD GERÖNCHT

Damals hieß meine Freundin Marilyn. Sie war nicht wie meine anderen Freunde – sie wohnte gegenüber. Wir lebten gemeinsam in der Bärenstraße. Am Ende der Straße war eine Mauer, die uns den Weg zur Wupper versperrte. Auf die Flussseite der Mauer hatte jemand einen schönen Bären
5 gemalt, den man von der Schwebebahn aus sehen konnte. „Damit die Bärenstraßenkinder wissen, wo sie aussteigen müssen", sagte meine Mutter. Daneben stand „Sonne statt Reagan", aber das war nicht zum Nachhausefinden gedacht und hatte mit Regen gar nichts zu tun.

Marilyn war viel größer als ich und breit mit vielen dunklen Haaren und
10 öligen Augen. Sie hatte nie Ideen, was wir spielen könnten. Daher musste ich immer sagen: „Lass uns Nahrung suchen!" Nahrungssuche war Teil jeden Spiels, unabhängig davon, ob wir Igel oder Ozelote waren. Der Budenbau kam zuerst, aber dann mussten Vorräte in die Höhle getragen werden.

Bei uns in der Küche konnte man <u>Reiterchen</u>[10] finden – Käsebrote in
15 leckere Würfel geschnitten. Wenn die Reiterchen besonders klein waren, hießen sie Krankenbrot. Und wenn ich sie ganz winzig schnitt, waren sie <u>Totenbrot</u>[11] und guter Vorrat – wie Pemmikan. Marilyn verstand die Notwendigkeit der Nahrungssuche niemals wirklich, auch wenn sie mir folgte.

10. quartered pieces of bread, often served as a snack or appetizer
11. known in Mexico as *pan de muertos*, loaves of "bread of the dead" are a traditional offering on the holiday *dia de los muertos* ("Day of the Dead"), which is similar to the *Allerheiligen und Allerseelen* celebrations observed in parts of Germany and, especially, in Austria. For more information on *Allerheiligen und Allerseelen*, see www.brauchtum.de/herbst/allerheiligen_1.html

In ihrer Wohnung gab es immer die dicke Mutter. Es roch nach Bratfett und Marilyn musste zum Mittagessen hin, selbst wenn sie viele Reiterchen gegessen hatte. Einmal wollte ich sie abholen, um Nahrung in einem Töpfchen für den Winter im Sandkasten zu verbuddeln, aber sie war gerade in die Schule gekommen und musste ein Bild ausmalen, obwohl sie keine Lust dazu hatte.

Manchmal tat Marilyn Dinge, die mir dumm erschienen. Wann immer wir uns vor meiner Schwester in einem Hauseingang versteckten, musste sie aus dem Eingang auf die Bärenstraße rotzen und verriet uns durch das Schnoddergeräusch und die fliegende Spucke. Sie rotzte immer viel rum und sagte, das könne sie gar nicht verhindern. Es müsse einfach raus.

Zu meinem fünften Geburtstag bekam ich ein Meerschweinchen, weil ich nun alt genug für so eine Art von Tier war. Da konnte ich schon mal auf Katze üben. Mein Vater schlug vor, das Meerschwein Felix zu nennen, und ich hatte keine Einwände.

Viel konnte man mit Felix nicht machen, weil er nie angefasst werden wollte. So war das eben, aber Marilyn beschwerte sich sehr über Felix, weil man nicht gut mit ihm Doktor spielen konnte. Immer wieder streifte er sich die Klopapiergipse von den Stummelbeinen. Da nahm Marilyn ihn um den Bauch, obwohl ich ihr gesagt hatte, dass man ihn so nicht anfassen durfte, und drückte ihn vor sich auf den Boden, damit er nicht wegrennen konnte. Mit der freien Hand nahm sie das Puppenhausdach und sagte: „So, jetzt wird geröncht[12]."

„Ge-röncht" sagte sie, weil sie das Dach auf der letzten Silbe mit aller Kraft und ihrem gesamten Gewicht auf mein Meerschweinchen presste. Ich spürte die Reiterchen sauer in meinen Hals steigen und ich wusste, dass das Rönchen nicht zurückgenommen werden konnte. Danach musste Marilyn zum Abendessen. Ich spielte weiter mit Felix.

Als meine Mutter abends von der Arbeit nach Hause kam, zeigte ich ihr, wie gut man jetzt Felix' Zähnchen untersuchen konnte, und wie steif die zarten Pfoten in ihren Klopapierverbänden geworden waren.

Am nächsten Morgen holte ich Marilyn ab, um Felix in seinem Schuhkarton zu verbuddeln. Man durfte ihn jetzt nicht mehr anfassen, denn er war tot und hatte Leichengift[13].

12. colloquial pronunciation of *röntgen* ('to x-ray')
13. ptomaine

Als mein Vater zurück zur Oma zog und meine Mutter uns ein neues Haus mit neuen Nachbarskindern fand, endete meine Bärenstraßenfreund-
55 schaft mit Marilyn.

BEIM LESEN

Übung 1: Beantworten Sie die Fragen.

1. Was halten Sie von dem Titel? Verstehen Sie ihn? Versuchen Sie das Wort „rönchen" im Wörterbuch zu finden.
2. Wer sind die Hauptfiguren der Geschichte? Welche Figuren spielen Nebenrollen?
3. Wer ist die Erzählerin? Welchen Eindruck bekommen Sie von ihr?
4. Welche Gegenstände spielen in der Geschichte eine Rolle?
5. Wo könnte die Geschichte spielen: in der Stadt, in einem Vorort, auf dem Land?

Übung 2: Identifizieren Sie die Wörter im Text, die...

- die Hauptfigur beschreiben
- die Nebenfiguren beschreiben
- den Schauplatz der Geschichte vermuten lassen
- die inneren Gedanken der Hauptfigur wiedergeben
- die Atmosphäre der Geschichte kreieren
- auf die Einstellungen der Figuren hinweisen

Übung 3: Suchen Sie die folgenden Komposita im Text. Was könnten diese Wörter bedeuten? Welche Präfixe oder Suffixe erkennen Sie? Welche anderen Wörter kennen Sie, die dieselben Präfixe oder Suffixe haben?

Wörter/Präfixe/Suffixe	Bedeutung	Andere Wörter
1. unabhängig:		
2. Nachhausefinden:		
3. Bärenstraßenkinder:		
4. gesamt:		

5. Töpfchen:

6. Notwendigkeit:

7. Wohnung:

8. Hauseingang:

Übung 4: Machen Sie eine Liste mit den Wörtern aus dem Text, die Ihnen unbekannt sind. Vergleichen Sie diese mit einem/r Partner/In.

Übung 5: Welche Satzteile passen zusammen und in welcher Reihenfolge passiert das in der Geschichte?

Zu ihrem Geburtstag...	...konnte die Erzählerin immer Reiterchen finden.
Felix...	...wurde das tote Tier verbuddelt.
Auf die Mauer...	...hatte die Erzählerin keine Einwände.
In der Küche...	...wurde zu Tode „geröncht."
Gegen den Namen Felix...	...beschwerte Marilyn sich oft.
Über Felix...	...bekam die Hauptfigur ein Meerschweinchen.
In einem Schuhkarton...	...hatte man einen Bären gemalt.

Übung 6: Schreiben Sie Sätze oder Konstruktionen aus dem Text auf, die Sie immer noch nicht verstehen. Vergleichen Sie diese mit einem/r Partner/In.

NACH DEM LESEN

Übung 1: Beschreiben Sie mit Substantiven, Adjektiven oder Verben die Figuren in der Geschichte.

	Substantive	Adjektive	Verben
Die Erzählerin:			
Marilyn:			
Felix:			

Übung 2: Beantworten Sie die Fragen zum Inhalt der Geschichte.

1. Wie lernte die Erzählerin ihre Freundin Marilyn kennen?
2. Warum gab es auf der Mauer, die am Ende der Straße stand, eine Abbildung von einem Bären?
3. Wann gab es zu Hause bei der Erzählerin Krankenbrot und Totenbrot statt Reiterchen?
4. Was machte Marilyn, das die Erzählerin besonders dumm fand?
5. Was für Spiele veranstalten die zwei Freundinnen mit dem Meerschweinchen?
6. Was passierte, als Marilyn mit Felix Doktor spielen wollte?
7. Warum konnte man auf einmal Felix' Zähne so gut untersuchen und ihm die Stummelbeine begipsen?
8. Sind die Erzählerin und Marilyn heute noch feste Freunde? Warum/warum nicht?

Übung 3: Beantworten Sie die Fragen zur Analyse der Geschichte.

1. Besprechen Sie den Titel. Wie Sie aus der Fußnote erfahren haben, entspricht der Titel einer umgangssprachlichen Aussprechweise des Verbs „röntgen". Welche Rolle spielt diese Verwendung von Umgangssprache für die Vermittlung oder die Kreierung von Atmosphäre, Charakter und Humor in der Geschichte?
2. Betrachten Sie die Sprache des Texts etwas genauer. Meinen Sie, die Sprache ist passend, wenn man die Perspektive der Erzählerin und die Themen der Geschichte bedenkt? Machen Sie Ihre Argumente anhand von bestimmten Ausdrücken oder Sprachwendungen im Text fest.
3. Inwiefern stellt diese Geschichte eine „typische deutsche Kindheit" oder eine „typische Kindheit" schlechthin dar? Oder ist diese Geschichte dermaßen übertrieben, dass sie als unglaubhaft ankommt? Können Sie sich auf ähnliche Geschichten aus Ihrer eigenen Kindheit beziehen?
4. Glauben Sie, die Erzählerin und Marilyn sind ethnisch identisch? Ist dies im Rahmen des Texts und dessen etwaiger „Bedeutung" überhaupt von Belang?
5. Wie erklären Sie die generelle Abwesenheit von elterlichen Teilen, oder anderen Erwachsenen überhaupt, in der Geschichte?

Übung 4: Rollenspiel.

1. **Gespräch zwischen den Eltern.** Später am Abend, nachdem die Erzählerin ihre Mutter das tote Meerschwein gezeigt hat, erzählt die Mutter ihrem Mann davon. Stellen Sie sich einen Dialog zwischen den beiden vor.

2. **Gespräch zwischen den Müttern.** Am selben Tag, als die Mutter der Erzählerin von dem „zerrönchten" Felix erfährt, beschließt sie, Marilyns Mutter darauf anzusprechen. Sie geht also über die Straße und klopft bei ihr zu Hause an. Marilyns Mutter macht die Tür auf. Stellen Sie sich einen Dialog zwischen den beiden Müttern vor. Hier sind mögliche Formulierungen, die die Mutter der Erzählerin verwenden kann, um das Gespräch einzuleiten:

> „Guten Tag. Darf ich mich vorstellen? Ich bin <u>(erfundenen Namen der Erzählerin hier einsetzen)</u> Mutter und wohne gleich gegenüber. Hätten Sie mal eine freie Minute, damit wir uns über unsere Töchter unterhalten könnten?"

> „Entschuldigen Sie, wenn ich störe. Ich heiße <u>(erfundenen Namen der Mutter hier einsetzen)</u> und wohne gleich gegenüber. Ich würde gern mal kurz über unsere Töchter sprechen, wenn Sie Zeit dafür hätten."

> „Guten Tag. <u>(erfundenen Namen der Mutter hier einsetzen)</u> ist mein Name. Ich fürchte, es gab heute mit unseren Töchtern einen etwas unangenehmen Zwischenfall, den ich mit Ihnen besprechen will."

> „Sind Sie die Mutter von Marilyn? Ich frage, weil Ihre Tochter heute Mist gebaut hat und wir darüber reden müssen, wie sie einiges wiedergutmachen kann."

Übung 5: Bewerten Sie die Geschichte auf der folgenden Skala:

1	2	3	4	5
ausgezeichnet	gut	durchschnittlich	nicht gut	furchtbar

Übung 6: Erklären Sie Ihre Bewertung

Ich habe die Geschichte als _____ *bewertet, weil...*

Übung 7: Nun vergleichen Sie Ihre Bewertung und Erklärungen mit den Bewertungen von Ihren Kommiliton/Innen. Notieren Sie sich die Informationen von drei Personen, damit Sie diese der Klasse präsentieren können. Raten Sie, was die Durchschnittsbewertung der Klasse sein könnte!

	Name	*Bewertung*	*Erklärung(en)*
1.			
2.			
3.			

Übung 8: Schreibaufgaben.

1. **Felix im Himmel**. Der arme verstorbene Felix war auf Erden ein braves Meerschweinchen und ist daher in den Himmel gekommen. Dort sitzt er nun mit drei anderen Haustieren zusammen, die so wie er einem ungewöhnlichen Verhängnis zum Opfer gefallen waren. Erfinden Sie mit drei Kommiliton/Innen ein kreatives Vierergespräch zwischen den Tieren. Nehmen Sie dann den Dialog auf und machen Sie einen Podcast daraus!

2. **Grabrede für ein Meerschweinchen**. Marilyn und die Erzählerin haben gerade Felix in seinem Schuhkarton verbuddelt. Natürlich muss eine passende Grabrede gehalten werden. Schreiben Sie eine Rede, die entweder die Erzählerin oder Marilyn hält.

3. **Zwanzig Jahre später**... Stellen Sie sich vor, Marilyn und die Erzählerin begegnen sich zufällig zwanzig Jahre später. Worüber unterhalten sie sich? Schreiben Sie das Gespräch auf.

GRAMMATIKWIEDERHOLUNG: DAS SUBJEKT (DER NOMINATIV) UND DAS DIREKTE OBJEKT (DER AKKUSATIV)[14]

Übung 1: Identifizieren Sie das Subjekt („S") und das direkte Objekt („DO") in den folgenden Sätzen aus der Kurzgeschichte *Ein Cent*.

14. Für ausführliche Erklärungen siehe Kapitel 9 in *Deutsche Wiederholungsgrammatik* und Kapitel 4 in *Kaleidoskop*.

1. Holger Bodden blieb stehen und wollte es gerade aufheben.

2. Er wollte die Münze liegen lassen und ging langsam weiter.

3. Er würde das Taschentuch also ein Jahr lang mit sich herumschleppen.

4. Und der Regen ist auch gut! Er wäscht den Dreck weg!

5. Entschuldigung, hätten Sie ein Taschentuch für mich?

6. Er hob den Cent auf und wollte gerade nach Hause gehen, als er ein lautes Schmatzen hörte.

Übung 2: Benutzen Sie folgende Verben, Substantive, Zeit- und Ortsausdrücke aus den Listen, um Sätze mit einem Subjekt und einem direkten Objekt zu bauen. Es gibt aber einen Haken: Jeden Satz dürfen Sie nicht mit einem Subjekt beginnen. Erfinden Sie mindestens sechs interessante Sätze!

Zum Beispiel: Die Münze entdeckt Holger sofort auf der Straße.

Verben	Substantive	Zeitausdrücke	Ortsausdrücke
finden	-s Geldstück	eilig	im Strauch
anfassen	-s Stöckchen	sofort	auf dem Gehweg
bekommen	-e Frau	täglich	draußen
sehen	-s Pärchen	jede Woche	im Park
riechen	-r Mann	abends	zu Hause
aufheben	-r Köter	gestern	auf dem Markt
beachten	-r Kot	selten	beim Bäcker
verbergen	-s Taschentuch	regelmäßig	im Schuhgeschäft
...	...	...	...

1. _____

2. _____

3. _____

4. _____

5. _____

6. _____

INTERKULTURELLES

Aktivität 1: Besprechen Sie folgende Fragen mit einem/r Partner/In

1. Spekulieren Sie: Inwiefern unterscheidet sich „ein normaler Alltag" in den USA von einem „normalen Alltag" in Europa? Worauf basieren Ihre Spekulationen?

2. In vielen Ländern Europas, einschließlich Deutschland, gehen die Menschen regelmäßig spazieren (siehe die Graphik unten von Statista). Was glauben Sie, wann und wo sie gewöhnlich spazieren gehen? Was machen sie dabei?

3. Ist Spazierengehen eine beliebte Freizeitbeschäftigung in den USA? Wenn nicht: Warum nicht? Wenn ja: Warum, wo und von wem?

4. Sind Sie der Ansicht, *Claudias Podcast* bietet ein authentisches Bild von dem Alltag einer deutschen Studentin? Was erscheint Ihnen weniger authentisch und warum?

5. Hören Sie sich den Podcast *Was meint der Mensch auf der Straße dazu?* noch mal an. Haben Sie den Eindruck, die Befragten gehen gern spazieren? Kann man sich auf die Graphik unten beziehen, um Vermutungen über die Spazier-Gewohnheiten von allen Befragten im Podcast anzustellen?

Wie häufig gehen Sie in Ihrer Freizeit spazieren?

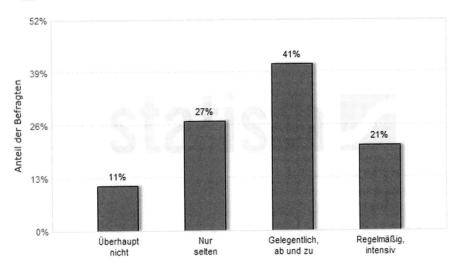

Anteil der Befragten

Überhaupt nicht	Nur selten	Gelegentlich, ab und zu	Regelmäßig, intensiv
11%	27%	41%	21%

Deutschland; ab 14 Jahre; Ifak Institut, u.a.

© Statista 2009
Quelle: Typologie der Wünsche

Vier

Horror

Jeder kennt dieses unangenehme Gefühl: Angst. Es kann aufkommen, während wir eines stürmischen Abends allein zu Hause sitzen und der Strom fällt plötzlich aus. Im anderen Zimmer glauben wir ein Geräusch zu hören. Waren das Schritte? Ein Flüstern? Ein hämisches Lachen? Wir springen vom Sofa hoch. Auf einmal ergreift uns der panische Gedanke, dass wir vielleicht nicht mehr allein im Hause sind...

Jeder kennt auch das beklemmende Gefühl beim Aufwachen nach einem Albtraum. Wir sitzen aufrecht im Bett. Schauen uns hastig um. Aber es schien doch so echt? „Gott sei Dank habe ich das nur geträumt!" Wir legen uns wieder hin, machen die Augen zu, wollen wieder einschlafen. Aber unsere Phantasie will es nicht zulassen. Was ist, wenn der Albtraum etwas bedeutet? Was ist, wenn er ein Zeichen war? Mein Gott! Was ist, wenn...

Die Podcasts und Kurzgeschichten in diesem Kapitel befassen sich mit dem Thema Horror. Oben steht ein Bild von der letzten Studentin, die folgendes Kapitel erlebt hat. Wovor, meinen Sie, könnte sie Angst haben? Was wird sie wohl gelesen oder gesehen haben?

Seien Sie hiermit gewarnt: Es gibt keine Garantie, dass Sie das folgende Kapitel überleben...

ZUM AUFTAKT

Aktivität 1: Was assoziieren Sie mit dem Begriff „Horror" und was nicht?

-e Unterhaltung   langweilig   -e Mordtat   heiter

-e (Ent-)Spannung   -e Angst   angenehm   lesen   Nervenkitzel

-r Film   schreien   lachen   -e Panik   weinen   sich an jmdn klammern

schlafen   -r Albtraum   -r Anruf   verfolgen   -e Polizei   schrecklich

-r Gräuel   gruselig   weglaufen   sympathisch   -r Tod

(be-)drohen   ruhig

Ich assoziiere damit...   Ich assoziiere damit nicht...

Aktivität 2: Erklären Sie einem/r Partner/In Ihre Assoziationen.

Mit dem Begriff Horror *assoziiere ich* _____ *(nicht), weil...*

Aktivität 3: Besprechen Sie folgende Fragen mit einem/r Partner/In.

1. Wann hatten Sie das letzte Mal richtig Angst und was war der Grund? Konnten Sie die Angst überwinden? Erzählen Sie davon.

2. Lesen Sie gern Horrorbücher oder gehen Sie gern in Horrorfilme? Warum/warum nicht?

3. Warum, meinen Sie, sind Horrorfilme bei manchen Menschen so beliebt? Welchen Reiz könnten solche Filme haben?

4. Haben Sie jemals einem Menschen einen Streich *(prank)* gespielt, um ihm Angst zu machen? Erzählen Sie davon.

5. Beschreiben Sie den letzten Albtraum, an den Sie sich am besten erinnern können.

6. Haben Sie jemals einen wirklichkeitsnahen Traum gehabt? Was daran *(about it)* hat dazu beigetragen, dass er Ihnen so echt erschienen ist?

 PODCAST A: *WAS MEINT DER MENSCH AUF DER STRAßE DAZU?*

SUBSTANTIVE	ADJEKTIVE
(das-Wörter) Bedenken – *reservation, doubt*	geborgen – *safe, protected* lächerlich – *pathetic, laughable* schreckhaft – *frightful*
(die-Wörter) Motorsäge(n) – *chainsaw*	sinnlos –*pointless* überflüssig – *superfluous, unnecessary*
(der-Wörter) Albtraum(¨-e) – *nightmare* Körperteil(e) – *body part* Vorhang(¨-e) – *drape*	unheimlich – *eerie, creepy* unterschwellig – *subtle*
	VERBEN
SONSTIGES heutzutage – *these days* sprich – *that's to say, for instance*	abtauchen – *to submerge* auftauchen – *to appear, show up* darstellen – *to portray, represent, mean* bereiten – *to cause (s.o. fear, etc.)* (sich) fürchten – *to fear, be afraid* zusagen – *to appeal to*

Übung 1: Welche Definition drückt das Gegenteil des gegebenen Wortes aus?

> a. unerlässlich, wichtig   b. auffällig   c. damals, einst
> d. mutig sein   e. unsicher, bedroht   f. vortäuschen, etwas nicht sein
> g. nicht gefallen, widerlich sein   h. ernst, nicht zum Lachen

1. lächerlich ____   2. darstellen ____   3. zusagen ____   4. geborgen ____

5. heutzutage ____   6. unterschwellig ____   7. überflüssig ____

8. sich fürchten ____

Übung 2: Vervollständigen Sie die Zitate aus dem Podcast.

1. „Heutzutage mag ich das eigentlich nicht mehr, weil ich's relativ _____ _____, also, sprich, ich _____ _____ an den Horrorfilm, der für mich am schrecklichsten damals war."

2. „Aber wenn's dann in _____ Splatter geht, abgerissene _____, _____, mit denen andere durchgesägt werden."

3. „Filme stellen für mich eine Form der _____ dar."

4. „Angst habe ich vor ihnen nicht, und sie _____ mir auch keine _____, aber es gibt generell mehr Filmgenres, die mir mehr _____."

5. „Ich mag es, wenn ich in diesen _____ Welten _____ kann."

6. „Und da hatte ich immer das _____, ich wäre nicht allein in der Wohnung."

7. „Nein, überhaupt nicht, denn das würde mich _____ in meinem Leben."

8. „Ich mach' die _____ zu, damit also keiner rein gucken kann, und dann die Lichter an, und ich fühle mich sehr _____ da."

Übung 3: Richtig oder falsch?

1. Person Eins hat als Kind Horrorfilme geschaut.
2. Person Eins sagen Splatter-Filme zu.
3. Person Zwei betrachtet Filme als eine Form der Entspannung.
4. Person Drei gibt zu, dass manche Horrorfilme gut gemacht sind.
5. Person Vier findet die spannende Musik in Horrorfilmen lächerlich.
6. Manchmal fürchtet sich der vierte Sprecher, wenn er nachts allein in der Wohnung ist.
7. Person Fünf hat keine Angst nachts alleine zu Hause zu sein.

Übung 4: Ziehen Sie Bilanz: Wer schaut gern oder nicht gern Horrorfilme und warum?

Person	gern / nicht gern?	Gründe
1.		
2.		
3.		
4.		
5.		

Übung 5: Kurze Schreibaufgaben.

1. **Zwei Menschen, verschiedene Wünsche.** Erfinden Sie einen Dialog zwischen zwei Menschen, die zusammen ins Kino gehen möchten, aber unterschiedliche Präferenzen haben. Einer davon möchte unbedingt einen Horrorfilm gucken. Der andere will jedoch lieber eine romantische Komödie sehen.
2. **Sie drehen einen Film!** Sie sind Regisseur und haben eine Idee für einen neuen, grusligen Horrorfilm. Erfinden Sie einen passenden und für Ihre Zielgruppe *(target audience)* attraktiven Titel. Dann schreiben Sie ein Exposé davon, in dem Sie die Hauptfiguren, den Schauplatz und die Handlung beschreiben. Seien Sie kreativ!

ERSTER LESETEXT: *DIE DUNKLE STRAßE* VON JASCHAR MARKTANNER

SUBSTANTIVE	ADJEKTIVE
(das-Wörter)	geheimnisvoll – *mysterious*
Geräusch(e) – *sound*	ruckartig – *with a start*
(die-Wörter)	sorgenvoll – *worried, upset*
Anstrengung(en) – *exertion*	spurlos – *without a trace*
Anziehung(en) – *attraction, pull*	überfordert – *overwhelmed*
Erlösung(en) – *salvation, release*	verschwommen – *hazy, fuzzy*
Verkörperung(en) – *embodiment*	
Gegend(en) – *area*	**VERBEN**
Gewalteinwirkung(en) – *evidence of*	ausüben – *to exert*
violent tampering	einsaugen – *to suck or draw in*
(der-Wörter)	(sich) fortbewegen – *to move away*
Drang – *urge*	verschwinden – *to disappear, vanish*
Gullydeckel(-) – *manhole cover*	versichern – *to assure*
Pfleger(-) – *attendant, nurse*	verspüren – *to perceive, feel*
Sog(e) – *pull, draw*	

VOR DEM LESEN

Übung 1: Ersetzen Sie den unterstrichenen Teil im Satz durch ein treffendes Wort bzw. eine treffende Phrase.

1. Die <u>gestresste</u> Studentin belegte sechs Kurse, arbeitete nebenbei als Kellnerin und ging jeden Abend in Horrorfilme.
2. Der Student schläft in der Bibliothek ein, wacht Stunden später wieder auf und muss zu seinem Entsetzen feststellen, dass alle anderen <u>nicht mehr da sind.</u>
3. Der Serienmörder konnte nichts dagegen tun; <u>das instinktive Bedürfnis,</u> junge Studenten zu jagen und deren Gehirne zu sammeln, war zu stark.
4. Der Professor war eines Tages <u>ohne jedes Zeichen</u>, und ohne einem einzigen Menschen davon zu berichten, verschwunden.

5. Die Patientin konnte dem <u>Mann, der sich um sie kümmerte,</u> nicht trauen, denn sie hatte ihn einmal erwischt, wie er Gift in ihre Suppe getan hatte.

6. Der Psychopath <u>versprach</u> dem Verkäufer, dass er die Motorsäge nur für das Entfernen von Bäumen verwenden werde.

7. Das Opfer rannte so schnell es konnte, um dem hungrigen Werwolf zu entlaufen; doch die einzige <u>Rettung</u>, die es erwartete, war der sichere Tod.

8. Der Vampir wachte <u>plötzlich</u> im Sarg auf; er hatte lange genug geschlafen und brauchte frisches Blut.

9. <u>In der Nähe davon,</u> wo ich herkomme, gibt es gehirnfressende Zombies.

10. Der Student wachte mit zwei Bisswunden am Hals auf, aber die Erinnerung an alles, was am vergangenen Abend passiert war, war <u>weniger klar.</u>

Übung 2: Wortschatz durch Spiele! Machen Sie die folgenden Spiele in Gruppen.

1. *Geheimwort.* Suchen Sie jeweils 5 bis 10 Wörter aus der Wortschatzliste aus!

2. *Galgenmännchen.* Suchen Sie jeweils 5 Wörter aus der Wortschatzliste aus!

DIE DUNKLE STRAßE

Die Straße liegt im Dunkeln. Das ist immer so, wenn ich sie sehe. Jedes Mal. Nie habe ich sie im Licht gesehen. Und jedes Mal, wenn ich daran vorbeigehe, verspüre ich einen unerklärlichen Drang hineinzugehen.

Ich weiß nicht, wie die Straße heißt. Es ist nirgends ein Straßenschild zu

5 sehen. Auch die Gegend kenne ich nicht. Nirgends ein Anhaltspunkt, wo ich mich befinden könnte. Jedes Mal, wenn ich am Straßeneingang vorbeigehe, kreuzt eine weiße Katze meinen Weg. Die Katze miaut. Immer wenn ich dieses Geräusch höre, zieht die Straße mich stärker an als zuvor. Irgendetwas in ihr scheint einen geheimnisvollen Sog auf mich auszuüben. Ich gebe nie

10 nach. Ich kämpfe gegen den Sog. Die magische Anziehung. Wie immer Sie es nennen wollen. Aber jedes Mal muss ich mich mehr anstrengen, dauert es länger, bis ich aus dem Anziehungsfeld bin. So darf es nicht weitergehen. <u>In nicht allzu ferner Zeit wird sie meinen Widerstand brechen wie einen Zweig[1].</u>

1. in the not too distant future it will break my resistance like a twig

Der Psychiater machte sich Notizen. „Hm, hm", sagte er dazu, weil er dem Patienten das Gefühl geben wollte, in kompetenten Händen zu sein. „Und das träumen Sie jede Nacht?"

„Ja. Und mit jeder weiteren Nacht dauert es kürzer, bis die Straße mich einsaugen wird."

„Aber... es ist doch nur ein Traum. Das ist nicht die Realität."

Der Patient richtete sich ruckartig von der Couch auf. Der Psychiater hatte Mühe, nicht zusammenzuzucken. Niemals Schwäche gegenüber einem Patienten zeigen.

„Das ist kein Traum! Es ist alles real! Natürlich, ich bin nur dort, während ich schlafe. Aber es ist nicht wie in einem Traum! In einem Traum sehen Sie alles verschwommen. Aber ich kann sogar die Kanalisation durch einen Gullydeckel dort riechen! Verdammt, ich schwitze sogar vor Anstrengung!"

Der Psychiater war überfordert. Er verwies den Patienten in eine Klinik für psychisch Gestörte.

Der dortige Chefarzt vermutete in der Straße die Verkörperung der Ängste des Patienten. Er hielt es für gut, auf den Traum zu warten, in dem er eingesogen werden würde. Das wäre die Erlösung für den Patienten.

Die Wochen vergingen. Doch der Patient wurde jeden Abend vor dem Einschlafen immer sorgenvoller.

Eines Abends kam er zum Chefarzt.

„Heute ist es soweit", erzählte der Patient. „Heute werde ich nicht stark genug sein."

„Na, dann werden wir ja morgen sehen, was es bewirkt hat", antwortete der Chefarzt mit väterlichem Lächeln.

„Sie verstehen nicht! Es sind keine Träume! Wenn ich eingesogen werde, werde ich verschwinden!"

„Ich versichere Ihnen: Morgen werde ich Sie höchstpersönlich wecken, und Sie werden sehen, dass es Ihnen besser geht."

„Nein. Geben Sie mir einen Pfleger mit auf meine Zelle, damit ich nicht einschlafe. Bitte."

„Wo kämen wir denn da hin, wenn ich jedem Patienten einen Pfleger auf seine Zelle mitgeben würde? Nein, nein. Sie werden heute schlafen und morgen von Ihren Ängsten befreit sein."

Der Chefarzt drückte einen Knopf. Zwei kräftige Pfleger kamen ins Zimmer und waren dem Patienten beim Gang zu seiner Zelle behilflich.

50 Um zwei Uhr morgens hörte die Nachtschwester Geschrei aus Zelle 3. Sie legte ihr Buch beiseite und schritt zu besagter Zelle. Dort schaute sie durch das kleine quadratische Fenster, das in die Tür eingelassen war. Ihr klappte der Mund auf.

Der Patient schlug wild mit den Armen um sich und bewegte seine Beine
55 so, als wollte er sich fortbewegen.

Die Schwester rannte zu ihrem Pult zurück und alarmierte den Chefarzt.

Am nächsten Morgen war die Geschichte in aller Munde: Der Patient aus Zelle 3 war über Nacht spurlos verschwunden. Die Zellentür zeigte keine Gewalteinwirkung und ein Fenster gab es nicht.

• • •

60 „Und warum erzählen Sie mir das alles?", fragte der Psychiater.

Der Chefarzt sah ihn lange an, bevor er antwortete: „Gestern träumte ich von einer dunklen Straße."

BEIM LESEN

Übung 1: Beantworten Sie die Fragen.

1. Auf welche möglichen Themen weist der Titel hin? Inwiefern kann eine Straße „dunkel" sein?
2. Wer sind die Hauptfiguren der Geschichte? Welche Figuren spielen Nebenrollen?
3. Wer spricht im Text und wann? Wie viele Erzähler gibt es?
4. Welche Gegenstände spielen in der Geschichte eine Rolle?
5. Wie würden Sie den Erzählton der Geschichte beschreiben?
6. Welche Eindrücke bekommen Sie von den zwei Hauptfiguren?
7. Wie würden Sie den Konflikt der Geschichte mit einem Satz zusammenfassen?

Übung 2: Identifizieren Sie die Wörter im Text, die...

- die Hauptfigur beschreiben
- die Nebenfiguren beschreiben
- den Schauplatz der Geschichte etablieren
- die inneren Gedanken der Hauptfiguren wiedergeben

- eine Änderung der Erzählperspektive einleiten
- die Atmosphäre der Geschichte kreieren
- auf die Einstellungen der Figuren hinweisen

Übung 3: Suchen Sie die folgenden Komposita im Text. Was könnten diese Wörter bedeuten? Welche Präfixe oder Suffixe erkennen Sie? Welche anderen Wörter kennen Sie, die dieselben Präfixe oder Suffixe haben?

Wörter/Präfixe/Suffixe	Bedeutung	Andere Wörter
1. Anziehungsfeld:		
2. Gewalteinwirkung:		
3. unerklärlich:		
4. Geräusch:		
5. Verkörperung:		
6. überfordert:		
7. zusammenzucken:		
8. Widerstand:		

Übung 4: Machen Sie eine Liste mit den Wörtern aus dem Text, die Ihnen unbekannt sind. Vergleichen Sie diese mit einem/r Partner/In.

Übung 5: Welche Satzteile passen zusammen und in welcher Reihenfolge passiert das in der Geschichte?

Jede Nacht...	...träumt auch noch der Chefarzt.
Die dunkle Straße...	...hielt der Chefarzt als die Erlösung für den Patienten.
Der Psychiater...	...erlebt der Patient denselben Albtraum.
Von der dunkeln Straße...	...ist der Patient in seiner Zelle spurlos verschwunden.
Der Patient...	...verwies den Patienten in eine Klinik.
Über Nacht...	...hat Angst, von der dunklen Straße eingesogen zu werden.
Auf den Traum zu warten...	...übt einen geheimnisvollen Sog aus.

Übung 6: Schreiben Sie Sätze oder Konstruktionen aus dem Text auf, die Sie immer noch nicht verstehen. Vergleichen Sie diese mit einem/r Partner/In.

NACH DEM LESEN

Übung 1: Beschreiben Sie mit Substantiven, Adjektiven oder Verben die Figuren in der Geschichte.

	Substantive	Adjektive	Verben
Der Patient:			
Der Psychiater:			
Der Chefarzt:			

Übung 2: Beantworten Sie die Fragen zum Inhalt der Geschichte.

1. Warum ist der Patient beim Psychiater? Beschreiben Sie genau den Anlass seines Besuches.
2. Warum macht sich der Psychiater Notizen und murmelt „hm, hm"? Und warum gibt er sich Mühe, nicht zusammenzuzucken?
3. Aus welchem Grund verweist der Psychiater den Patienten in eine Sonderklinik?
4. Welche Prognose und welchen Behandlungsvorschlag bekommt der Patient vom Chefarzt? Wie reagiert der Patient auf letzteren?
5. Warum kommt der Patient eines Tages ganz erschöpft und besorgt zum Chefarzt? Was tut der Chefarzt daraufhin? Was passiert in derselben Nacht?
6. Mit wem und warum spricht der Chefarzt am Ende?

Übung 3: Beantworten Sie die Fragen zur Analyse der Geschichte.

1. Woran erkennt er Leser, dass es mehr als eine Erzählperspektive gibt? Warum, meinen Sie, wollte der Autor die Geschichte nicht aus einer einzigen Perspektive erzählen?
2. Wie ist das Ende der Geschichte zu verstehen? Was, glauben Sie, könnte der Autor beim Leser bewirken wollen?

3. Erkennen Sie in der dunklen Straße eine Metapher für etwas Größeres oder Wichtigeres? Erfahren wir genug über die Figuren in der Geschichte, um ernsthaft eine Hypothese aufzustellen, oder können wir nur darüber spekulieren? Erklären Sie.

4. Die Ärzte im Text scheinen entweder überfordert oder mitleidlos zu sein. Wo im Text sind Beispiele dafür und warum ist das wohl so?

Übung 4: In der Isolationszelle.

Bereits in der ersten Nacht in der Sonderklinik flippt der vom Albtraum geplagte Patient aus. Er schreit sich heiser und hämmert und tritt unentwegt gegen seine Zellentür. Der Chefarzt verabreicht ihm ein Beruhigungsmittel und verlegt ihn in eine Isolationszelle. Als der benommene Patient wieder zu sich kommt, findet er ein Blatt Papier und einen Stift vor sich auf dem Boden liegend, und folgenden Zettel vom Chefarzt daneben:

Betrachten Sie diesen Besuch in der Isolationszelle als einen nüchternen Hinweis: Die Patienten dieser Klinik haben sich anständig und mit Selbstbeherrschung zu benehmen. Jeder, der sich anders benimmt, bekommt eine seinem Fehlverhalten gemäße Bestrafung. Mit anderen Worten: Ich sorge persönlich dafür, dass meine Patienten korrekte Verhaltensmuster vorzeigen. Merken Sie sich das. Außerdem werden Sie festgestellt haben, dass ich Ihnen Mittel zum Schreiben zur Verfügung gestellt habe. Ich würde es Ihnen somit ans Herz legen, sich schriftlich mit folgender Frage auseinanderzusetzen: Inwiefern kann ich mein Verhalten künftig verbessern?

Diskutieren Sie diesen Zettel zu zweit. Was will der Chefarzt und warum? Ist dies fair von dem Chefarzt? Würden Sie auch so handeln, wenn Sie der Chefarzt wären? Wie sind die Sprache und der Ton? Wie stellen Sie sich die Reaktion des Patienten auf den Zettel vor?

Übung 5: Rollenspiel.

1. **Telefonat zwischen Chefarzt und Psychiater.** Am Morgen nach dem Verschwinden des Patienten ruft der Chefarzt den Psychiater, der den Patienten in die Klinik verwiesen hatte, an und erzählt ihm von dem merkwürdigen Ereignis. Hier sind einige Phrasen bzw. Fragen, die im Telefonat vorkommen könnten:

Chefarzt:

> „Ist es möglich, dass der Patient schon einmal woanders aus der Haft entkommen ist?"

> „Meine Behandlungsmethoden sind bisher immer erfolgreich verlaufen."

> „Der Patient sollte mit dem konfrontiert werden, was ihm am meisten Angst bereitete."

> „Hatten Sie jemals Bedenken, den Patienten in Behandlung aufzunehmen?"

Psychiater:

> „Wer alles hatte Zugang zum Patienten in der Klinik?"

> „Warum stand der Patient nicht unter ständiger Aufsicht?"

> „Eine weitere Behandlung des Patienten hätte mich einfach überfordert."

> „Ich vermutete im Patienten die allgemeine Unfähigkeit, Realität und Phantasie zu trennen."

2. **In der Therapiestunde**. Stellen Sie sich den Rest der Therapiestunde zwischen dem Chefarzt und dem Psychiater vor. Welche Prognosen bzw. Behandlungsmaßnahmen schlägt der Psychiater vor? Wie reagiert der Chefarzt nun darauf?

Übung 6: Bewerten Sie die Geschichte auf der folgenden Skala:

1	2	3	4	5
ausgezeichnet	gut	durchschnittlich	nicht gut	furchtbar

Übung 7: Erklären Sie Ihre Bewertung!

Ich habe die Geschichte als _____ *bewertet, weil...*

Übung 8: Nun vergleichen Sie Ihre Bewertung und Erklärungen mit denen Ihrer Kommiliton/Innen. Notieren Sie sich die Informationen von drei Personen, damit Sie diese der Klasse präsentieren können. Raten Sie, was die Durchschnittsbewertung der Klasse sein könnte!

	Name	Bewertung	Erklärung(en)
1.			
2.			
3.			

Übung 9: Schreibaufgaben.

1. **Ein Bericht über das merkwürdige Ereignis in Zelle 3.** Der Chefarzt bekommt den Befehl vom Staat, einen umfassenden Bericht über den verschwundenen Patienten zu schreiben. Erfinden Sie eine Biografie des Patienten, beschreiben Sie das Ereignis und schlagen Sie eine mögliche Erklärung für den Fall vor.

2. **Antwort auf den Zettel.** Verfassen Sie eine Antwort des Patienten auf den Zettel vom Chefarzt.

3. **Podcast.** Beziehen Sie sich auf das erste Rollenspiel in Übung 5. Schreiben Sie einen Dialog, nehmen Sie ihn mit einem/r Kommilitonen/In auf und machen Sie einen Podcast daraus!

 ## PODCAST B: HÖREN SIE *CLAUDIAS PODCAST NR. 4: DER ANGRIFF DER KILLER-FRETTCHEN: CLAUDIAS ALBTRAUM AN.*

SUBSTANTIVE	SONSTIGES
(das-Wörter)	Das gibt's nicht! – *That can't be! No way!*
Killer-Frettchen(-) – *killer ferret*	Hier ist was nicht in Ordnung – *Something's wrong*
(die-Wörter)	Jetzt reicht's! – *I've had enough!*
Medizin – *medicine*	Mist! – *Darn it! Crap!*
(der-Wörter)	schließlich – *after all, anyway*
Angriff(e) – *attack*	vorübergehend – *temporarily*
Blödsinn – *nonsense*	Was zum Teufel? – *What the hell?*
Schwarm(¨-e) – *swarm*	witzig – *funny*
ADJEKTIVE	**VERBEN**
erreichbar – *reachable*	(sich) abregen – *to calm down*
gleich – *same*	auffressen – *to eat up (used for animals)*
merkwürdig – *odd, strange*	aufheben – *to answer (telephone)*
	aufhören – *to stop*
	gehen (um [+ Akk.]) – *to be about*
	rangehen – *to answer (telephone)*
	wählen – *to dial (telephone)*

Übung 1: Welches Wort bzw. welche Phrase aus der Wortschatzliste passt in die Lücke?

1. Der Biologieprofessor fand es nicht _____, dass die Studenten einen Halloween-Streich mit Scheinblut und toten Ratten spielten.

2. Die Studentin kam spät in der Nacht in ihre Wohnung zurück, stellte fest, dass das Fenster offen war und einige Sachen auf der Kommode umgestoßen waren, und dachte: „_____ _____!"

3. Der Mann wurde blass vor Furcht, als seine Frau ihm erzählte, dass beide den _____ Albtraum hatten.

4. Immer wenn sie den anonymen Anruf bekam und nur das röchelnde Atmen hörte, kriegte die junge Studentin dermaßen Angst, dass sie sich erst nach einer Stunde _____ konnte.

5. Die Panik stellt sich sofort ein, doch sie war nur _____; nach ein paar Sekunden sammelten die Studenten wieder Mut und konfrontierten den maskierten Mann mit der Motorsäge.

6. Das Opfer versucht mehrmals bei der Polizei anzurufen, aber keiner _____.

Übung 2: In welcher Reihenfolge werden diese Sachen in Podcast Nr. 2 erwähnt?

-Claudia erzählt Ralf, dass sie eine Woche lang den selben Albtraum hat _____
-Claudia klopft bei Solveig an _____
-Claudia ruft die Polizei an _____
-Claudia ruft nach Han Solo _____
-Claudia möchte in Solveigs Zimmer gehen _____
-Ralf macht eine sarkastische Bemerkung über Killer-Frettchen _____
-Die Killer-Frettchen brechen durch die Wohnungstür _____
-Claudia klopft bei Günther an _____

Übung 3: Beantworten Sie die Fragen.

1. Geben Sie mit einem Satz eine Zusammenfassung von Claudias Albtraum.
2. Warum macht sich Claudia Sorgen um Han Solo?
3. Warum klopft Claudia bei ihren Mitbewohnern/Innen an? Warum, meint sie zunächst, macht keiner die Tür auf?

4. Was entdeckt Claudia, als sie die Türen in der Wohnung aufmacht?
5. Wen versucht Claudia per Telefon zu erreichen, und was passiert? Woran, meint Claudia, liegt das Problem?
6. Wie endet der Albtraum?
7. Wie reagiert Ralf zunächst darauf, als Claudia ihren Albtraum erläutert?
8. Was hört Claudia plötzlich, während sie sich mit Ralf unterhält? Warum fleht sie ihn an, die Tür nicht aufzumachen?
9. Wie endet der Podcast?

ZWEITER LESETEXT: *DER ANRUF* VON GISELA REUTER

SUBSTANTIVE

(das-Wörter)
Atmen – *breathing*
Gefängnis(se) – *prison*
Knarren – *creaking*
Läuten – *ringing (telephone)*
Rauschen – *hissing noise, static*

(die-Wörter)
Streife(n) – *police patrol*
Träne(n) – *teardrop*

(der-Wörter)
Häftling(e) – *prisoner*
Hörer(-) – *receiver (telephone)*
Schritt(-e) – *footstep*
Vorhang(¨-e) – *drape, blind*

SONSTIGES

eindringlich – *urgently, strongly*
hinterrücks – *from behind*
in einem Zug – *in one gulp*
sonderlich – *especially*
vergebens – *in vain*
vorsichtig – *cautiously*

ADJEKTIVE

feucht – *damp*
geistig gestört – *mentally unstable*
gellend – *shrill, piercing*
rasch – *quick, rapid*
trocken – *dry*

VERBEN

achten (auf [+ Akk.]) – *to pay attention to*
auflegen – *to hang up (telephone)*
aufzeichnen – *to record*
einschalten – *to switch on*
haften bleiben (an [+ Dat.]) – *to stay fixed on*
schützen – *to protect*
überfallen – *to attack, ambush*
zögern – *to hesitate*

VOR DEM LESEN

Übung 1: Welches Wort passt nicht und warum?

1. überfallen   aufheben   rangehen   auflegen
2. Rollladen   Licht   Rauschen   Vorhang
3. Läuten   Häftling   Knarren   Rauschen
4. feucht   nass   trocken   gellend
5. überfallen   schützen   angreifen   bedrohen
6. Schritt   Häftling   Streife   Gefängnis

Übung 2: Welches Wort bzw. welche Phrase bin ich?

1. Ich bin das, wenn man eine Cola rasch leer trinkt.
2. Mich hört man, wenn einer zum Beispiel alte Holzböden betritt.
3. Ich beschreibe eine Wüste.
4. Ich bin das, wenn eine Person keine feste Entscheidung treffen kann.
5. Ich bin das Geräusch, das ein Mensch erzeugt, wenn er Luft holt.
6. Ich bin das, wenn man nicht wegschauen kann oder seinen Blick auf etwas ruhen lässt.
7. Mich benutzt man, um einen lauten Schrei zu beschreiben.
8. Mir gibt man eine Zelle, in der ich wegen meines verbrecherischen Verhaltens bleiben muss.
9. Mich sieht man manchmal auf einer Wange, wenn jemand weint.

Übung 3: Wortschatz durch Spiele! Machen Sie die folgenden Spiele in Gruppen.

1. *Geheimwort.* Suchen Sie jeweils 5 bis 10 Wörter aus der Wortschatzliste aus!
2. *Scharaden.* Suchen Sie jeweils 5 Wörter aus der Wortschatzliste aus!

DER ANRUF

Der erste Anruf beunruhigt mich nicht sonderlich. Da findet es wohl wieder jemand ausgesprochen witzig, laut in den Telefonhörer zu atmen, denke ich und lege wortlos auf.

Nach einer Viertelstunde kommt der nächste Anruf. Wieder das Atmen. Und wieder lege ich auf. Es ist spät. Ich schalte den Fernseher ein, obwohl ich eigentlich schlafen gehen will.

Da. Schon wieder klingelt es. Ich zögere. Langsam greife ich nach dem Hörer. „Ja?" Wieder nur das laute Atmen. Sonst nichts. Kein Wort. Kein Hintergrundgeräusch. Das Atmen wird lauter und rascher. Ich lege auf. Mein Herz klopft schnell. Ich starre auf den Fernseher. Eine Frau wird in einem Waldstück hinterrücks überfallen. Ein gellender Schrei. So ein Blödsinn, denke ich und schalte den Fernseher aus.

Ich zwinge mich, ruhig zu bleiben. Tief durchatmen. Es ist nur jemand, der sich einen Scherz erlaubt. Niemand kann wissen, dass ich heute alleine im Haus bin. Niemand kann das wissen.

Es klingelt schon wieder. Ich zucke zusammen. Diesmal gehe ich nicht ran. Ich starre auf den Apparat. Sieben Mal, dann springt der Anrufbeantworter an. Er zeichnet das laute Atmen auf, während ich beschließe, noch einige Lampen einzuschalten. Erst in der Küche, dann im Schlafzimmer. Danach im Flur. Schließlich auch noch alle Lichter in der ersten Etage.

Während ich die Treppe hochhetze, höre ich es wieder. Das Klingeln.

Nein. Bitte. Ich will das nicht.

Ich presse meine Hände fest auf die Ohren und drücke mit dem rechten Ellbogen jeden einzelnen Lichtschalter, bis die ganze obere Etage hell erleuchtet ist. Das Knarren der Treppenstufen lässt mich zusammenfahren. Aber es sind meine eigenen Schritte, oder? Vorsichtig setze ich einen Fuß vor den anderen. Und bleibe stehen. Ja, es sind nur meine eigenen Schritte.

Der Anrufbeantworter blinkt. Zwei Gespräche. Ich werde sie morgen abhören. Ja, morgen. Da werde ich über meine Angst lachen. Jetzt ist es aber kurz nach Mitternacht.

Mein Mund ist trocken. Ich muss trinken. Wasser trinken. Die Flasche ist zu fest verschraubt[2] und meine Hände sind feucht. Ich halte ein Glas unter den Wasserhahn. In einem Zug trinke ich es leer. Und schaue zum Telefon. Es ist ruhig. Unheimlich ruhig. Das ganze Haus ist zu ruhig. Ich schalte das Radio ein.

„....ist am frühen Abend entflohen. Sachdienliche Hinweise nimmt jede Polizeistation entgegen[3]. Nun zum Wetter..."

2. screwed on too tight
3. police stations are accepting all pertinent tips

Was war das? Jemand ist entflohen? Aus dem Gefängnis? Ist er das? Nein, ein Häftling würde nicht anrufen. Aber ein Geistesgestörter...

40   Ich mache das Radio lauter. Vielleicht wird die Meldung wiederholt.

Der Wetterbericht geht zu Ende. Rod Stewart singt ‚Waltzing Matilda'. Ich versuche, mich auf das Lied zu konzentrieren. Vergebens. Ich schalte das Gerät aus, springe hoch und stecke den Schlüssel von innen ins Schloss. Zweimal lässt er sich umdrehen. Ich kontrolliere die Rollläden. Alle sind
45   unten. Im Erdgeschoss. Oben haben wir keine. Warum eigentlich nicht? Morgen, wenn es hell ist, werde ich den Anrufbeantworter abfragen und Rollläden bestellen. Der Gedanke beruhigt mich. In Zukunft brauche ich nicht mehr solche Angst zu haben. Rollläden schützen. Ja, morgen werde ich—

50   Da! Erschrocken fahre ich herum. Das Telefon. Es klingelt. Laut und bedrohlich. Ein Schauer läuft mir über den Rücken[4]. Ich will nicht rangehen. Doch, ich muss. Ich kann das Läuten nicht mehr ertragen.

Der Hörer brennt wie Feuer in meiner zittrigen Hand. Ich sage nichts. Presse nur den Hörer an mein Ohr. Mein Herz schlägt laut.

55   Diesmal kein Atmen am anderen Ende. Nur ein Rauschen. Ein leises Knacken. Ein Handy. Da ruft jemand über ein Handy an. Ich höre eine Wagentür draußen zuschlagen. Dann Schritte. Sie kommen auf mein Haus zu.

„Was soll das?" brülle ich panisch in den Hörer. „Lassen Sie mich in Ruhe."

Ein leises Lachen am anderen Ende. Eine tiefe Tonlage. Eine Männer-
60   stimme.

Ich muss die Polizei rufen. Doch meine Hände zittern. Drei Zahlen. Ich muss nur drei Zahlen tippen. Mehr nicht. Gut. Es läutet.

Die Schritte kommen näher. Die Steinchen im Vorgarten knirschen unter seinen Schuhen.

65   Endlich nimmt einer am anderen Ende ab.

Ja, man werde die Streife vorbeischicken. Ich soll auf keinen Fall die Türe öffnen. Das Licht brennen lassen. In wenigen Minuten seien die Kollegen da. Ich soll ruhig bleiben.

Der Polizist spricht über Funk mit der Streife. Noch zwei Minuten, sagt er.
70   Bis dann will er am Apparat bleiben. Er spürt meine Angst.

Es klopft an der Haustür.

4. a shiver runs down my spine

„Hilfe", flüstere ich. Mein Blick bleibt an der Tür haften.

Noch ein Klopfen.

„Gehen Sie von der Haustür weg", sagt der Polizist ruhig, aber bestimmt. „Gehen Sie in einen anderen Raum." 75

Ich starre aber nach wie vor auf die Tür.

Bumm. Bumm.

„Mach auf", ruft eine Männerstimme. „Ich weiß, dass du alleine bist. Mach auf."

Tränen rinnen mir die Wangen herab. Nein. Geh weg. 80

„Ganz ruhig", redet der Polizist eindringlich auf mich ein, „gehen Sie von der Haustür weg."

Langsam, ganz langsam gehe ich rückwärts. Ins Wohnzimmer. Ich muss ins Wohnzimmer.

Dann ein Knall. Ein Scheppern. Ich höre Glas splittern. 85

Das kleine Badfenster. Da ist nur ein Vorhang.

Atemlos presse ich mich an die Wand. Auf die beruhigende Stimme im Hörer achte ich nun nicht mehr. Kann nicht mehr hören. Mein Herz schlägt zu laut.

Wieder Schritte. 90

Er kommt. Mein Gott. Er kommt.

BEIM LESEN

Übung 1: Beantworten Sie die Fragen.

1. Auf welche möglichen Themen weist der Titel hin?
2. Wer ist die Hauptfigur der Geschichte? Welche Figuren spielen Nebenrollen?
3. Wer spricht im Text? Ist der Erzähler auch eine Figur in der Geschichte?
4. Welche Gegenstände spielen in der Geschichte eine Rolle?
5. Welchen Eindruck bekommen Sie von der Hauptfigur?
6. Wie würden Sie den Erzählton der Geschichte beschreiben? Wie ist der Erzähltempus?
7. Wie würden Sie den Inhalt der Geschichte mit einem Satz zusammenfassen?

Übung 2: Identifizieren Sie die Wörter im Text, die...

- die Hauptfigur beschreiben
- die Nebenfiguren beschreiben
- den Schauplatz der Geschichte etablieren
- die inneren Gedanken der Hauptfigur wiedergeben
- die Atmosphäre der Geschichte kreieren oder die Spannung aufbauen
- auf die Einstellungen der Figuren hinweisen

Übung 3: Suchen Sie die folgenden Komposita im Text. Was könnten diese Wörter bedeuten? Welche Präfixe oder Suffixe erkennen Sie? Welche anderen Wörter kennen Sie, die dieselben Präfixe oder Suffixe haben?

Wörter/Präfixe/Suffixe	Bedeutung	Andere Wörter
1. vorsichtig:		
2. langsam:		
3. Anrufbeantworter:		
4. sachdienlich:		
5. beruhigend:		
6. Steinchen:		
7. Hinweis:		
8. entflohen:		

Übung 4: Machen Sie eine Liste mit den Wörtern aus dem Text, die Ihnen unbekannt sind. Vergleichen Sie diese mit einem/r Partner/In.

Übung 5: Welche Satzteile passen zusammen und in welcher Reihenfolge passiert das in der Geschichte?

Über Funk...	...wird der Erzähler vom ersten Anruf.
Eine tiefe Tonlage...	...achtet der Erzähler vor lauter Angst nicht mehr.
Das Badfenster...	...zeichnet das laute Atmen des Fremden auf.

Nicht beunruhigt...   ...hat der Fremde am Telefon.

Der Anrufbeantworter...   ...trinkt der Erzähler das Glas Wasser.

In einem Zug...   ...spricht der Polizist mit der Streife.

Auf die beruhigende Stimme...   ...hat nur einen Vorhang.

Übung 6: Schreiben Sie Sätze oder Konstruktionen aus dem Text auf, die Sie immer noch nicht verstehen. Vergleichen diese mit einem/r Partner/In.

NACH DEM LESEN

Übung 1: Beschreiben Sie mit Substantiven, Adjektiven oder Verben die Figuren in der Geschichte.

	Substantive	Adjektive	Verben
Der Erzähler:			
Der Anrufer:			
Der Polizist:			

Übung 2: Beantworten Sie die Fragen zum Inhalt der Geschichte.

1. Wo und wann spielt sich die Geschichte ab?
2. Warum beunruhigt der erste Anruf den Erzähler nicht?
3. Was sagt der anonyme Anrufer, wenn er sich erstmals meldet?
4. Wie versucht der Erzähler, sich von seiner Angst abzulenken? Funktioniert es?
5. Was hört der Erzähler im Radio? Wie reagiert er darauf?
6. Beschreiben Sie, was passiert, während der Erzähler mit dem Polizisten telefoniert.
7. Welche Gegenstände gibt es im Haus, die den Erzähler vor Einbrechern schützen sollten?
8. Warum achtet der Erzähler schließlich nicht mehr auf die beruhigende Stimme des Polizisten?

Übung 3: Besprechen Sie die Fragen zur Analyse der Geschichte.

1. Die Geschichte wird im Präsens erzählt. Warum?
2. Finden Sie eigentlich, dass die Erzählung „schrecklich" ist? Warum/warum nicht? Was wirkt weniger oder mehr beängstigend und warum? Was an der Geschichte würden Sie ändern oder was würden Sie hinzufügen, um die Geschichte Ihrer Meinung nach „richtig schrecklich" zu machen?
3. Wie trägt Sprache zum Aufbau von Spannung in der Geschichte bei? Nennen Sie bestimmte Beispiele im Text, die Ihre Argumente unterstützen.
4. Das „Allein zu Hause-Szenario" ist typisch für Horrorgeschichten. Warum? Was könnte dies über unsere gesellschaftlichen Ängste aussagen? Welche anderen Erzählungen oder Filme kennen Sie, die von diesem Motiv Gebrauch machen?
5. Wo finden Sie im Text den Beweis dafür, dass der Anrufer männlich ist? Andererseits gibt es keine entsprechenden Hinweise auf das Geschlecht der Hauptfigur. Wie erklären Sie das?

Übung 4: Rollenspiel.

1. **Konfrontation mit einem Geistesgestörten.** Es gibt keinen Ausweg für den Erzähler. Der Anrufer drängt ins Wohnzimmer vor und steht mit einem Messer in der Hand vor dem Erzähler. Der hat keine andere Wahl: er muss sich dem Geistesgestörten stellen. Hier sind einige Phrasen, die er in der Situation sagen könnte:

   „Nehmen Sie alles, was Sie wollen, aber tun Sie mir bitte nichts an!"
   „Können wir denn nicht vernünftig miteinander reden?"
   „Was haben Sie davon, wenn Sie mich töten?"
   „Ich habe die Polizei bereits verständigt!"
   „Wer hat Ihnen diesen Auftrag gegeben?"
   „Legen Sie sich nicht mit mir an, denn ich bin Meister im Kampfsport!"
   „Warum haben Sie es auf mich abgesehen?"
   „Woher kennen Sie mich? Was habe ich Ihnen getan?"
   „Eine Streife wird jeden Moment da sein!"

2. **Im Vernehmungsraum (interrogation room).** Eine Streife ist in der Tat rechtzeitig angekommen und hat den Anrufer verhaftet. Nun sitzt der Verhaftete im Vernehmungsraum mit einem Kommissar. Stellen Sie sich das Verhör vor.

Übung 5: Bewerten Sie die Geschichte auf der folgenden Skala:

1	2	3	4	5
ausgezeichnet	gut	durchschnittlich	nicht gut	furchtbar

Übung 6: Erklären Sie Ihre Bewertung!

Ich habe die Geschichte als _____ bewertet, weil...

Übung 7: Nun vergleichen Sie Ihre Bewertung und Erklärungen mit den Bewertungen von Ihren Kommiliton/Innen. Notieren Sie sich die Informationen von drei Personen, damit Sie diese der Klasse präsentieren können. Raten Sie, was die Durchschnittsbewertung der Klasse sein könnte!

	Name	*Bewertung*	*Erklärung(en)*
1.			
2.			
3.			

Übung 8: Schreibaufgaben.

1. **Eine andere Perspektive.** Erzählen Sie die Geschichte aus der Perspektive des Geistesgestörten.
2. **Ein Polizeibericht.** Stunden später kommt die Streife beim Erzähler an und findet ihn tot im Wohnzimmer vor. Schreiben Sie einen Polizeibericht, in dem Sie die Szene beschreiben und alle relevanten Fakten des Falls verzeichnen.
3. **Meine eigene Horrorgeschichte.** Schreiben Sie eine Horrorgeschichte, die wie folgt anfängt: „Es ist eine dunkle, stürmische Nacht. Wegen der Winterferien ist das Studentenheim verlassen, bis auf einen/e einzigen/e Studenten/In, der/die ahnungslos und ganz allein im Zimmer sitzt..."

GRAMMATIKWIEDERHOLUNG:
DAS INDIREKT OBJEKT (DER DATIV)[5]

Übung 1: Identifizieren Sie das Subjekt („S"), das direkte Objekt („DO")
und das indirekte Objekt („IO") in den folgenden Sätzen.

1. Der Chefarzt schickt dem Patienten einen Pfleger mit auf die Zelle.
2. Dem verängstigten Menschen verspricht der Polizist eine Streife.
3. Claudia beschreibt Ralf ihren Albtraum.
4. Horrorfilme bereiten den meisten Befragten im Podcast keine Freude.
5. Claudia will Han Solo finden, um ihm seine Medikamente zu geben.
6. Den Mitbewohnern haben die Killer-Frettchen einen tödlichen Besuch
   abgestattet.
7. Den ersten Preis im Horrorfilm-Festival hat die Jury der jungen Regisseu-
   rin verliehen.
8. Das diabolische Lachen des Anrufers flößt dem Opfer viel Angst ein.

Übung 2: Verwenden Sie folgende Nomen und Verben, um fünf sinnvolle
Sätze zu schreiben, die jeweils ein indirektes Objekt enthalten.

> Nomen: -r Werwolf / -r Vampir / -r Student / -e Professorin / Mörder /
> -e Geistesgestörte / ...?
> Verben: nehmen / geben / zeigen / bringen / tun / machen / reichen /
> sagen / ...?

1. _____
2. _____
3. _____
4. _____
5. _____

5. Für ausführliche Erklärungen siehe Kapitel 9 in *Deutsche Wiederholungsgrammatik* und Kapitel 5 in *Kaleidoskop*.

INTERKULTURELLES

Aktivität 1: Besprechen Sie folgende Fragen mit einem/r Partner/In.

1. Suchen Sie ein Bild von „Rollläden" im Internet. Meinen Sie, solche Rollläden könnten einen Einbrecher stoppen? In den USA sind solche Rollläden eher untypisch. Warum könnte das sein? Wären Sie dafür, solche Rollläden in amerikanischen Häusern einzubauen? Warum/warum nicht?

2. Glauben Sie, dass amerikanische Horrorfilme in Deutschland beliebt sind, oder meinen Sie, die Deutschen haben kulturspezifische Vorstellungen bzw. Erwartungen? Erklären Sie. Was könnte an Horrorfilmen „universell" sein?

3. Träume hat Sigmund Freud beschrieben als „eine Psychose, mit allen Ungereimtheiten, Wahnbildungen und Sinnestäuschungen einer solchen." Mit anderen Worten, unsere Träume sind laut Freud Schauplätze, wo sich unser psychotisches Denken abspielt. Welche Rolle spielt dann der Albtraum für unsere Psyche? Wie, meinen Sie, würde Freud das moderne Interesse am Horrorgenre deuten? Als Sündenbock für unser psychotisches Denken?

4. Schauen Sie sich folgende Graphik an. Welche Gründe könnte es dafür geben, dass die Deutschen sich mehr Dokumentarfilme im Kino wünschen? Warum liegen Horrorfilme ganz hinten im Ranking?

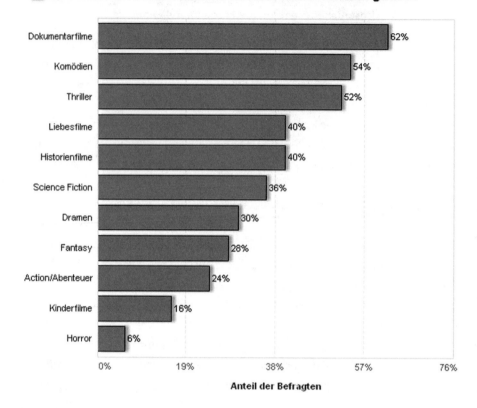

Mehr Auswahl bei Genres im Kino

Bei welchem Genre sollte es im Kino mehr Auswahl geben?

Genre	Anteil
Dokumentarfilme	62%
Komödien	54%
Thriller	52%
Liebesfilme	40%
Historienfilme	40%
Science Fiction	36%
Dramen	30%
Fantasy	28%
Action/Abenteuer	24%
Kinderfilme	16%
Horror	6%

Anteil der Befragten

Deutschland; 930 Befragte; ACADEMIC DATA Essen

© Statista 2010
Quelle: ZPR

Fünf
Allerlei Sci-Fi

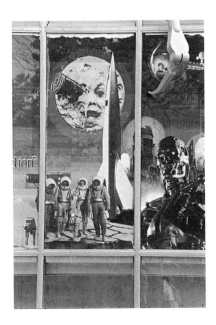

Wer von uns hat noch nie im Leben den Drang verspürt, der Realität – wenn auch nur flüchtig – zu entfliehen? Vielleicht stehen wir in der Post Schlange und müssen mit ansehen, wie sich der Kunde am Schalter minutenlang mit dem Postbeamten streitet. Oder wir schreiben eine Prüfung und stellen plötzlich fest, dass wir den falschen Stoff gelernt haben – und wünschen uns nichts wie weg! Sci-Fi ist ein Mittel, sich von den Strapazen und Banalitäten der Realität abzulenken. Die Kurzgeschichten und Podcasts des folgenden Kapitels sind dazu gedacht, genau diesem Zweck zu dienen. Daher wünschen wir Ihnen viel Vergnügen beim Sich-Ablenken!

Das Bild oben ist ein Foto von einem Schaufester in einem Sci-Fi Museum. Was für Realitäts-Ablenkungen bieten die Motive im Bild? Welche davon sprechen Sie an? Möchten Sie mal ein Sci-Fi-Museum besuchen? Warum oder warum nicht?

ZUM AUFTAKT

Aktivität 1: Was assoziieren Sie mit dem Begriff „Sci-Fi " und was nicht?

[handwritten: term]

echt *[handwritten: real]*　-e Phantasie　Außerirdische *[handwritten: alien]*　nüchtern *[handwritten: rational]*

-s Raumschiff *[handwritten: spaceship]*　nachdenken　sich vorstellen　-r Weltraum *[handwritten: space]*　spannend *[handwritten: exciting]*

Special-Effects　kitschig　entführen *[handwritten: kidnap]*　-s Vergnügen　-e Apokalypse

sich ablenken *[handwritten: distracted]*　-e Technologie　ernst　-e Zukunft *[handwritten: future]*　-r Zeitreisende

unterhaltend　-e Wissenschaft　trivial　lachen

Ich assoziiere damit...	Ich assoziiere damit nicht...
Phantasie	echt
Außerirdische	nüchtern
Raumschiff	sich ablenken
sich vorstellen	ernst
Weltraum	trivial
spannend	Wissenschaft
Special-Effects	
kitschig	
entführen	
Vergnügen	
Apokalype	
Technologie	
Zukunft	
Zeitreisende	
unterhaltend	
lachen	

Aktivität 2: Erklären Sie einem/r Partner/In Ihre Assoziationen.

Mit dem Begriff Sci-Fi assoziiere ich _____ *(nicht), weil...*

Aktivität 3: Besprechen Sie folgende Fragen mit einem/r Partner/In.

1. Was halten Sie von Sci-Fi? Gehen Sie gern in Sci-Fi Filme, schauen Sie regelmäßig Sci-Fi Serien im Fernsehen oder lesen Sie gern Sci-Fi Bücher? Warum oder warum nicht?

2. In der ganzen Welt gibt es in der Tat viele „Sci-Fi-Fanatiker." (Jedes Jahr besuchen z. B. Tausende von Menschen die internationale „Starfleet" Konferenz.) Warum, meinen Sie, gibt es so viel Begeisterung für Sci-Fi? Welche Gelegenheiten haben Geschäfte und Marketing-Firmen dabei?

3. Welche Motive, Szenarios, Schauplätze oder Figuren bezeichnen Sie als „typisch" für Sci-Fi?

4. Ihr Traummann oder Ihre Traumfrau schlägt bei der ersten Verabredung vor, dass Sie zusammen in einen Sci-Fi Film gehen. Was machen Sie?

5. Glauben Sie, dass Technologie eines Tages die Menschheit erobert? Warum oder warum nicht?

6. Im frühen Zwanzigsten Jahrhundert hat Orson Welles mit seinem epochalen Werk *Krieg der Welten* ein ganzes Land in Panik versetzt. Was wissen Sie über dieses Schlüsselereignis der Popkultur? Was hat es über das Verhältnis zwischen Technologie und Menschen gezeigt?

7. Inwiefern kann Sci-Fi für den Menschen belehrend sein bzw. zum Nachdenken anregen? Was können wir alles von Sci-Fi Filmen, Büchern, Magazinen usw. lernen?

PODCAST A: *WAS MEINT DER MENSCH AUF DER STRAßE DAZU?*

SUBSTANTIVE	**ADJEKTIVE**
(das-Wörter)	anstrengend – *strenuous, taxing*
Abenteuer(-) – *adventure*	eigenständig – *independently,*
Märchen(-) – *fairy tale*	*autonomously*
(die-Wörter)	erstrebenswert – *attractive, worthwhile*
Erfindung(en) – *invention*	marode – *ailing*
Erleichterung(en) – *relief*	regelmäßig – *regularly*
Fortentwicklung(en) – *progress*	schwierig – *difficult*
Verwerfung(en) – *distortion*	zuversichtlich – *confident*
(der-Wörter)	**VERBEN**
Kurzschluss(¨-e) – *short circuit*	anhalten – *to last, continue*
Sklave(n) – *slave*	auftreten – *to arise, come up*
	ausführen – *to execute, do*
SONSTIGES	(sich) auspicken – *to pick out (coll.)*
in den Griff kriegen – *to get under*	lahmlegen – *to paralyze*
control	schaffen – *to create, make*
im Gegenteil – *on the contrary*	vorausahnen – *to foresee, anticipate*
Schritt halten mit – *to keep up with*	
sei es... – *whether it's..., be it...*	

Übung 1: Welche Definition passt?

> a. heruntergekommen, ruiniert
> b. ein Mensch, der gezwungen wird zu arbeiten   c. etwas Neues
> d. eine wundersame Erzählung, die eine Moral enthält
> e. etwas behindern   f. unter Kontrolle bringen   g. hart, ermüdend
> h. erwünscht, anziehend

1. lahmlegen ____   2. erstrebenswert ____   3. in den Griff kriegen ____

4. marode ____   5. -r Sklave ____   6. -e Erfindung ____   7. anstrengend ____

8. -s Märchen ____

Übung 2: Vervollständigen Sie die Zitate aus dem Podcast.

1. „Und da vergisst man einen _____ Tag so richtig schnell. Das ist Entspannung _____."

2. „Vor der _____ eines Gene Roddenberry – das ist derjenige, der Star Trek kreiert hat – habe ich keine Angst. _____ _____, ich finde sie relativ _____."

3. Aber was Steven Spielberg in ET _____ hat, das ist unglaublich, und ich schaue diesen Film _____ an und kann gar nicht genug davon kriegen."

4. „Ich glaube allerdings, dass die Technologie zu einer Komplexität führt, die es immer schwieriger macht, für den Menschen mit seinen eigenen Erfindungen _____ ___ _____."

5. „Schöne Beispiele sind irgendwie _____ Stromnetze und die Auswirkungen davon. Die Auswirkungen von einem _____ in einem Kraftwerk in Schweden, was dann ganz Europa lahmlegt."

6. „Ich hab' überhaupt keine Angst davor, denn ich finde, es bringt uns auch sehr viel Positives, es bringt oft eine _____ im Leben."

7. „Nee, ich bin ganz _____, denn wenn man in die Vergangenheit guckt, da hatten wir das Leben, doch, es war viel _____, das Ganze."

Übung 3: Richtig oder falsch?

1. Person Eins schaut gern Sci-Fi Filme.
2. Der erste Sprecher fährt lieber in eine andere Stadt, wenn er Lust aufs Kino hat.
3. Die zweite Sprecherin hat Angst vor einer Zukunft, wie sie in Serien wie *Star Trek* dargestellt wird.
4. Person Drei könnte jeden Tag ohne Langeweile den Film *ET* schauen.
5. Person Vier glaubt, der Mensch kann gut vorausahnen, welche Schwierigkeiten die Technologie der Menschheit zukünftig bereitet.

6. Person Vier glaubt an ein mögliches Sklavenverhältnis zwischen Mensch und Technologie.

7. Person Fünf betrachtet die moderne Technologie mit beunruhigender Skepsis.

Übung 4: Beantworten Sie die Fragen.

1. Welche Fragen werden in dem Podcast gestellt?
2. Warum und wo geht der erste Sprecher gern in Sci-Fi Filme?
3. Welche Sci-Fi Serie fasziniert den zweiten Sprecher und seit wann? Spielt diese Serie noch eine Rolle in seinem Leben?
4. Warum findet der dritte Sprecher keinen besonderen Gefallen an Science Fiction Filmen? Gibt es bei ihm eine Ausnahme? Erklären Sie.
5. Welche Beispiele nennt der vierte Sprecher von den möglichen „Verwerfungen" oder „Schwierigkeiten", die wegen der technologischen Fortentwicklungen auftreten?
6. Warum hat der fünfte Sprecher keine Angst davor, dass die Technologie die Menschheit erobert?

Übung 5: Schreibaufgaben.

1. **Wessen Film ist besser?** Erfinden Sie einen Dialog zwischen der zweiten und der dritten Person, in dem jeder versucht, den anderen zu überzeugen, seinen jeweiligen Lieblingsfilm zu schauen (d. h., *ET* oder *Star Trek*).
2. **Tagebucheintrag eines Zeitreisenden.** Stellen Sie sich vor, Sie sind aus der Vergangenheit oder der Zukunft und sind eben in der gegenwärtigen Zeit angekommen. Natürlich wollen Sie alles, was Sie zum ersten Mal beobachten, kommentieren und dokumentieren. Darum führen Sie Tagebuch. Schreiben Sie den ersten Eintrag und beginnen Sie mit folgendem Satz: „Liebes Tagebuch, die Gegenwart/Vergangenheit sieht sogar überraschender aus, als ich sie mir jemals hätte vorstellen können!"

ERSTER LESETEXT: *ALLMÄCHTIGES GOOGLE!*
VON PHILIPP SCHUMACHER

SUBSTANTIVE

(das-Wörter)
Anliegen(-) – *request*
Gesetz(e) – *law*

(die-Wörter)
Berechtigung(en) – *authorization*
Überweisung(en) – *money transfer*
Zeitlupe(n) – *slow motion*

(der-Wörter)
Anblick(e) – *sight, appearance*
Geier(-) – *vulture*
Selbstmord(e) – *suicide*
Verkehrsunfall(¨-e) – *traffic accident*
Verstoß(¨-e) – *offense*
Vorrat(¨-e) – *stash, supply*

SONSTIGES
jmdm einen Gefallen tun – *do s.o. a favor*
selbstverständlich – *naturally, of course*
stattdessen – *instead*
ungefähr – *approximately*
weitestgehend – *as long (or far) as*
    possible

ADJEKTIVE
allgegenwärtig – *omnipresent*
erbärmlich – *miserable, pitiful*
fremd – *foreign, strange*
furchterregend – *terrifying*
geehrt – *honored*
hartnäckig – *persistent*
zierlich – *delicate, petite*

VERBEN
(sich) auflösen – *to dissolve*
aufschnappen – *to pick up (word,*
    etc.) (coll.)
ausrotten – *to wipe out, eliminate*
beabsichtigen – *to intend*
(sich) besorgen – *to get, procure*
dudeln – *to warble*
eintreffen – *to arrive*
fluchen – *to curse*
herstellen – *to produce, make*
dröhnen – *to roar*
(sich) rumtreiben – *to hang*
    around (coll.)
verharren – *to remain*

VOR DEM LESEN

Übung 1: Welches Wort aus der Wortschatzliste passt in die Lücke? Passen Sie auf Konjugation, Tempus und Artikel auf.

1. Die Astronauten wussten, dass sie sich in ernster Gefahr befanden; _____ an Sauerstoff reichte nur noch für ein paar Stunden.

2. Neulich hat ein Wissenschaftler eine neue Art Pflanze gezüchtet, die genug Sauerstoff _herstellt_, um ein geschlossenes Ökosystem zu fördern.

3. In der Zukunft werden Computer _____ sein; man wird sie an jeder Wand, an jeder Straßenecke und in jedem Verkehrsmittel finden.

4. Ein ohrenbetäubendes Geräusch _dröhnt_ aus dem Raumschiff und ins Schlafzimmer, als der erschrockene Mann aus dem Bett springt und lossprintet.

5. Die entlassene Wissenschaftlerin zog ihre Zutrittskarte durch die Maschine, doch die Tür zum Labor ging nicht auf. Es war also wahr: Sie besaß keine _Berechtigung_ mehr, an ihre Recherchen zu kommen.

6. Obwohl die letzten Versuche sich als völlig erfolglos erwiesen hatten, blieb der Erfinder _____; aufgeben kam überhaupt nicht in Frage.

7. Einen erbärmlichen _Anblick_ boten die zwei Zeitreisenden, als sie nach ihrer anstrengenden Reise wieder in der Gegenwart eintrafen.

8. Die Menschen im kurzgeschlossenen Raumschiff hatten seit Tagen nichts zu trinken gehabt. Sie mussten bald Wasser _besorgen_ oder sie würden es nicht schaffen.

Übung 2: Wortschatz durch Spiele! Machen Sie die folgenden Spiele in Gruppen.

1. *Loszeichnen.* Suchen Sie jeweils 5 Wörter aus der Wortschatzliste aus!
2. *Scharaden.* Suchen Sie jeweils 3 Wörter aus der Wortschatzliste aus!

ALLMÄCHTIGES GOOGLE!

21.03.2041, ungefähr halb sieben. Ich wurde vom Krach der Lautsprecher geweckt. Ich bat darum den Ton zu dämpfen, doch Anni, meine allgegenwärtige Systemsprecherin, teilte mir mit, dass mein Kredit dazu nicht mehr ausreiche. So musste ich versuchen meinen Kaffee zu genießen, während die
5 Infomercials in voller Lautstärke durch mein Zimmer dröhnten.

Bis zur nächsten Überweisung war es noch über eine Woche hin, und meine Stimmung war im Keller[1]. (Eigentlich noch ein Stück weiter darunter.) Und daran änderte auch der brandneue Coca-Cola-Song nichts, der fröhlich aus den Boxen dudelte und mir versprach, dass mit einer kalten Coke sofort alles besser werden würde.

Schön und gut. Hätte ich noch Kredit gehabt, hätte ich es vielleicht sogar getestet.

Stattdessen blieb mir nur das leise Fluchen in meine Kaffeetasse und die Frage, was eigentlich aus Pepsi geworden war. Von denen hatte man schon seit Ewigkeiten nichts mehr gehört, und ich hatte es immer lieber getrunken als Coke.

Ich setzte also die zeremonielle Kappe auf, legte die Hand auf den Küchentischmonitor und sprach: „Allmächtiges Google! Sag mir bitte, was aus der Marke Pepsi geworden ist."

Der Monitor flimmerte kurz, dann erschien das Google-Gesicht.

„Tyler Pusterhofer, Mainz, Deutschland. Ihr Anliegen kann leider nicht beantwortet werden. Für diese Information besitzen sie keine Berechtigung", sagte es mit seiner Hermaphroditenstimme, schloss die Augen und löste sich wieder auf.

Der Monitor wurde kurz grau und die Infomercials gingen weiter. Es folgte eine personalisierte Werbebotschaft. Nur für mich. Ich hätte mich geehrt fühlen sollen, tat es aber nicht. Es war ein furchterregender Clip über die negativen Folgen des Alkoholkonsums, den das Konsortium trotz heftiger Bemühungen immer noch nicht komplett ausgerottet hatte. Ich bekam diese Botschaften, seitdem bei der jährlichen Untersuchung Restspuren von Alkohol in meinem Blut gefunden worden waren.

Der Clip zeigte die Opfer alkoholbedingter Verkehrsunfälle, eine zerfressene Leber mitsamt der dadurch bedingten gelben Augen, und natürlich die negativen Auswirkungen auf die zwischenmenschlichen Beziehungen. Er dauerte gut fünf Minuten, und ich hielt meine Augen weitestgehend geschlossen.

Allerdings zeigte die Botschaft ihre Wirkung bei mir, wenn auch in einer anderen Form, als es das Konsortium beabsichtigt hatte: Ich beschloss, mal wieder meinen alten Freund den Doktor zu konsultieren.

1. I was down in the dumps

40 Unter meinem Bett lag seit einigen Monaten der Vorrat an Dr. Eyre Whiskey, den ich mir in den Slums besorgt hatte. Wie die meisten anderen harten Alkoholika wurde Dr. Eyre bereits seit fast zwanzig Jahren nicht mehr hergestellt und war selbstverständlich streng verboten.

Ich füllte mir ein Glas und ließ mich damit auf meinem roten Kuschelses-
45 sel nieder. Ich trank mit kleinen Schlücken und genoss, dass der Krach der Infomercials immer gedämpfter, die Stimme in meinem Kopf aber langsam klarer und verständlicher wurde.

Das Anrufsignal ertönte und sämtliche Monitore im Raum blinkten. SYL-VANA war auf ihnen zu lesen. Ich wollte sie nicht sehen. Zugegeben, das war
50 nur die halbe Wahrheit. Eigentlich wollte ich nur nicht, dass sie *mich* zu sehen bekam. Ich hatte das Zimmer seit Tagen nicht mehr verlassen und wusste, dass ich einen erbärmlichen Anblick bot.

Sie war aber hartnäckig. Sehr hartnäckig sogar.

Endlich verstummte das Signal und die Monitore zeigten mir an, dass sie
55 gerade eine Nachricht für mich hinterlassen hatte.

„Sie haben eine neue Nachricht", verkündete mir Anni kurz darauf mit ihrer freundlich-teilnahmslosen Stimme.

„Abspielen!", befahl ich.

Sylvana erschien auf den Bildschirmen. Sie saß in ihrem Wohnzimmer und
60 hatte die Hände schüchtern auf ihren Knien gefaltet. Sie sah aus, als hätte sie gerade geweint, wirkte zierlich und zerbrechlich. In dem Moment wurde mir wieder bewusst, warum ich mich einst in sie verliebt hatte.

„Ich habe dich gesehen, Tyler", fing sie mit zitternder Stimme an. Sorge umkreiste ihre Stirn wie ein hungriger Geier. „Ich habe gesehen, dass du dich
65 in den Slums rumgetrieben hast, und es gefällt mir nicht. Was ist los mit dir? Ich weiß, dass du daheim bist. Warum gehst du nicht ran?"

Sie schluchzte.

„Egal was du dir antust, ich weiß, dass es nichts Gutes ist. Das ist es nicht wert... Ich bin es nicht wert."

70 Kurze Pause, sie atmete noch einmal tief durch.

„Bitte melde dich bei mir, wenn du diese Nachricht empfangen hast. Ich mache mir trotz allem Sorgen um dich. Tue einer alten Freundin bitte diesen Gefallen."

Sylvana rang sich ein schiefes Lächeln ab und beendete die Aufzeichnung.

Ich starrte noch immer auf den Monitor, als lange schon wieder die 75
Infomercials liefen. (Diesmal für eine neuartige Pille, die mir das Ende all
meiner Schüchternheit versprach.) Wie in Zeitlupe griff ich nach Dr. Eyre,
der neben mir auf einem kleinen Tisch stand, und trank direkt aus der
Flasche.

Plötzlich spürte ich ein Wort durch meine Gedanken kriechen. Ein Wort 80
aus einer lange vergangenen Zeit, das ich in den Slums aufgeschnappt
hatte und das dort in aller Munde war. Es war exotisch, fremd. Hatte mich
von dem Moment an fasziniert, als ich es das erste Mal gehört hatte. Ich
hatte eine ungefähre Ahnung, was es bedeuten mochte, aber das war mir
zu wenig. 85

Ich beschloss das allmächtige Google zu fragen.

Ich zog die zeremonielle Kappe an und legte meine Hand auf den Monitor.

„Allmächtiges Google! Sag mir, bitte: Was ist die Bedeutung des alten
Wortes Selbstmord?"

Das Google-Gesicht erschien nach einem kurzen Flimmern. „Tyler Pus- 90
terhofer, Mainz, Deutschland. Ihre Anfrage stellt einen schweren Verstoß
gegen drei Paragraphen des Gesetzes dar. Hiermit stelle ich sie unter Arrest.
Sie haben an Ort und Stelle zu verharren, bis die Sicherheitskräfte eintreffen.
Vielen Dank, dass Sie sich für Google entschieden haben."

Das Gesicht verschwand und mit ihm auch ein Teil von mir. Ich verharrte 95
an Ort und Stelle, bis die Sicherheitskräfte eintrafen.

BEIM LESEN

Übung 1: Beantworten Sie die Fragen.

1. Auf welche möglichen Themen weist der Titel hin?
2. Wer ist die Hauptfigur der Geschichte? Welche Figuren spielen Nebenrollen?
3. Wer spricht im Text? Wer ist der Haupterzähler?
4. Wie würden Sie den Erzählton der Geschichte beschreiben?
5. Welchen Eindruck haben Sie von der Hauptfigur?
6. Wie würden Sie den Inhalt der Geschichte mit einem Satz zusammenfassen?

Übung 2: Identifizieren Sie die Wörter im Text, die...

- die Hauptfigur beschreiben
- die Nebenfiguren beschreiben
- den Schauplatz der Geschichte etablieren
- relevante Hintergrundinformationen geben
- die Atmosphäre der Geschichte kreieren
- auf die Einstellungen der Figuren hinweisen

Übung 3: Suchen Sie die folgenden Komposita im Text. Was könnten diese Wörter bedeuten? Welche Präfixe oder Suffixe erkennen Sie? Welche anderen Wörter kennen Sie, die dieselben Präfixe oder Suffixe haben?

Wörter/Präfixe/Suffixe	Bedeutung	Andere Wörter
1. allgegenwärtig:		
2. Werbebotschaft:		
3. hartnäckig:		
4. teilnahmslos:		
5. zerbrechlich:		
6. Aufzeichnung:		
7. Gesetz:		
8. zwischenmenschlich:		

Übung 4: Machen Sie eine Liste mit den Wörtern aus dem Text, die Ihnen unbekannt sind. Vergleichen Sie diese mit einem/r Partner/In.

Übung 5: Welche Satzteile passen zusammen und in welcher Reihenfolge passiert das in der Geschichte?

Restspuren von Alkohol... ...werden die harten Alkoholika nicht mehr hergestellt.

In voller Lautstärke... ...hat der Erzähler zu verharren, bis die Polizei eintrifft.

Keine Berechtigung...	...dröhnen die Infomercials durchs Zimmer.
Seit fast 20 Jahren...	...wurden im Blut des Erzählers gefunden.
Zierlich und zerbrechlich...	...über die Bedeutung des Wortes Selbstmord ist verboten.
An Ort und Stelle...	...besitzt der Erzähler für die Information über Pepsi.
Eine Anfrage...	...wirkt die ehemalige Freundin des Erzählers.

Übung 6: Schreiben Sie Sätze oder Konstruktionen aus dem Text auf, die Sie immer noch nicht verstehen. Vergleichen Sie diese mit einem/r Partner/In.

NACH DEM LESEN

Übung 1: Beschreiben Sie mit Substantiven, Adjektiven oder Verben die Figuren in der Geschichte.

	Substantive	Adjektive	Verben
Tyler:			
Anni:			
Sylvana:			

Übung 2: Beantworten Sie die Fragen zum Inhalt der Geschichte.

1. Wer ist Anni und was teilt sie Tyler am Anfang der Geschichte mit? Was muss der Erzähler auf Grund von dieser Mitteilung nun hinnehmen?
2. Wie lautet die erste Frage, die Tyler an Google stellt? Was bekommt er als Antwort?
3. Beschreiben Sie die personalisierte Werbebotschaft, die Tyler bekommt. Warum bekommt er diese? Wie reagiert er darauf?

4. Wer ruft plötzlich an und warum? Warum antwortet Tyler nicht? Welche Nachricht wird hinterlassen?

5. Wie lautet die letzte Frage, die Tyler an Google stellt? Warum macht er diese Anfrage? Was hat Tylers Entscheidung, diese Frage zu stellen, zur Folge?

Übung 3: Beantworten Sie folgende Fragen zur Analyse der Geschichte.

1. Wo kann man in der Geschichte eine Kritik an der Konsumgesellschaft feststellen? Stimmen Sie dieser Kritik zu? Warum oder warum nicht?

2. Wie ist die Hauptfigur als repräsentativer Mensch des Jahres 2041 zu deuten? Sieht die Zukunft nach dieser Geschichte eher positiv oder negativ aus? Erklären Sie.

3. Welche Argumente über die Rolle der Technologie in unserem Leben scheint diese Geschichte zu machen? Finden Sie bestimmte Stellen im Text, die auf diese Argumente schließen lassen.

4. Welche Funktion hat Sprache im Jahre 2041? Wer kontrolliert oder bestimmt sie und warum? Welche Beispiele fallen Ihnen ein, wo Sprache in Ihrem Leben oder in der gegenwärtigen Welt kontrolliert oder bestimmt wird? Was meinen Sie dazu?

5. Die Geschichte weist kein Happyend auf. Warum? Was beabsichtigt der Autor damit?

6. Wo sind Beispiele von Ironie im Text? Welchem Zweck dienen diese ironischen Stellen? Trifft man üblicherweise Ironie in der Sci-Fi Literatur oder in Sci-Fi Filmen an? Erklären Sie Ihre Meinung.

Übung 4: Ein Gedicht an Sylvana.

Die Sicherheitskräfte treffen ein und nehmen Tyler prompt fest. Nachdem er abgeführt wird, wird eine komplette Durchsuchung seiner Wohnung beordert. Diese Aktion fördert ein Notizbuch zutage, das voller Gedichte an Sylvana steht. Eines davon liest sich wie folgt: *Freitag, 18. Sept. 2040.*

> **„Zwei Daseins im Durcheinander verworfener Zeiten"**
> *Das Leben ist schrill und aus den Fugen*
> *wenn du dich in meiner Welt bewegst*
> *und doch pur und ungebunden*

wenn du dich zu mir ins Bett legst.
Ohne dich ist die Zukunft ein hohler Begriff
der den Wahnsinn in mir zur Wallung bringt
und den Wogen meiner Seele
das Lied einer tosenden Brandung vorsingt.
Du und ich sind für einander geschaffen
zwei edle Daseins im Durcheinander verworfener Zeiten
verharren am einzigen Ort der Freude
doch dessen bewusst: der Ort ruht auf Sand und Unwahrheiten.

Diskutieren Sie zu zweit dieses Gedicht. Welche Information oder Hinweise liefert es für die Sicherheitskräfte? Was lässt sich daraus über Tylers Beziehung mit Sylvana schließen? Ist der Tyler, der dieses Gedicht verfasst hat, derselbe Tyler, der in der Geschichte vorgestellt wird? Erklären Sie.

Übung 5: Rollenspiel.

1. **In Untersuchungshaft.** Stellen Sie sich das Gespräch zwischen Tyler und den Sicherheitskräften vor.
2. **Sylvana und Tyler.** Als Sylvana von Tylers Verhaftung erfährt, geht sie sofort in das AVB (Amt für Vorbildliches Bürgerbenehmen), wo er festgehalten wird, um mit ihm zu reden. Sie bietet an, die Kaution für ihn zu zahlen, aber er lehnt es ab. Stellen Sie sich den Streit zwischen den beiden vor. Hier sind einige Phrasen, die im Streit vorkommen könnten:
   „Warum lässt du mich nicht einfach in Ruhe?"
   „Ich mache mir Sorgen um dich."
   „Von dir will ich keine Gefallen."
   „Was hast du eigentlich in den Slums zu suchen?"
   „Was geschehen ist, ist geschehen."
   „Dir will ich nichts schuldig sein!"
   „Du siehst nach wie vor zierlich und zerbrechlich aus."
   „Wenn du mich jemals geliebt hast, tust du mir diesen Gefallen."
   „Ich will dir nur helfen. Warum wehrst du dich dagegen?"
   „Täglich frage ich mich, ob du mich jemals wirklich geliebt hast."
   „Man schläft, wie man sich bettet."
   „Was bringt es, über Gewesenes zu reden?"

Übung 6: Bewerten Sie die Geschichte auf der folgenden Skala:

1	2	3	4	5
ausgezeichnet	gut	durchschnittlich	nicht gut	furchtbar

Übung 7: Erklären Sie Ihre Bewertung!

Ich habe die Geschichte als _____ bewertet, weil...

Übung 8: Nun vergleichen Sie Ihre Bewertung und Erklärungen mit denen Ihrer Kommiliton/Innen. Notieren Sie sich die Informationen von drei Personen, damit Sie diese der Klasse präsentieren können. Raten Sie, was die Durchschnittsbewertung der Klasse sein könnte!

	Name	*Bewertung*	*Erklärung(en)*
1.			
2.			
3.			

Übung 9: Schreibaufgaben.

1. **Ode an die Technologie.** Verfassen Sie ein Gedicht, das Sie einem Gerät, das Ihnen wichtig ist, oder einem anderen Beispiel der modernen Technologie widmen. Sie könnten zum Beispiel ein Gedicht über Ihren iPod, Ihr Handy oder Ihre Mikrowelle schreiben. Seien Sie kreativ!
2. **Der Streit.** Schreiben Sie den Dialog zu Rollenspiel Nr. 2 in Übung 5 auf.
3. **Podcast.** Erfinden Sie ein Infomercial für ein bestimmtes Produkt oder eine bestimmte Dienstleistung, das oder die Ihrer Meinung nach für einen Studenten oder eine Studentin von Interesse wäre. Zeichnen Sie diese auf und machen Sie einen Podcast daraus.

PODCAST B: HÖREN SIE *CLAUDIAS PODCAST NR. 5: HILFE! MEINE MITBEWOHNERIN IST EIN ROBOTER* AN.

SUBSTANTIVE

(das-Wörter)
Ehrenwort(e) – *word, honest truth*
Gerät(e) – *machine*
Lebewesen(-) – *living being*

(die-Wörter)
Flüssigkeit(en) – *liquid*
Steckdose(n) – *outlet (electricity)*
Wut – *anger*

(der-Wörter)
Bauchnabel(-) – *belly button*
Schädel(-) – *skull*

ADJEKTIVE
bekloppt – *crazy (coll.)*
erstaunlich – *amazing*
halbnackt – *half-naked*
starr – *blank, fixated*

SONSTIGES
futsch sein – *to be ruined (coll.)*
großartig – *wonderfully, spectacularly*
Hast du zu heiß gebadet? – *Are you nuts? (coll.)*
geschweige denn – *not to mention*
heiliger Strohsack! – *holy cow! (coll.)*

VERBEN
aufladen – *to charge up*
ausreden – *to finish (talking)*
empfinden – *to feel, perceive*
klappen – *to work, come off (coll.)*
leerlaufen – *to run out (power)*
verarschen – *to fool, tease (coll.)*
verschütten – *to spill*
verzichten (auf [+ Akk.]) – *to refrain from*

Übung 1: Welche Wörter oder Phrasen von der Wortschatzliste lassen sich mit den gegebenen Worten oder Phrasen assoziieren und warum?

1. Wasser; Bier; Kaffee:
2. leere Batterien; elektronische Geräte:
3. einen verrückten Plan haben; eine bizarre Wette eingehen:
4. eine Diät machen; mit dem Rauchen aufhören:
5. Wand; Strom; Kabel:
6. ein kaputtes Auto; durchnässte Papiere; beschädigte Geräte:
7. der menschliche Körper:
8. eine Überraschung; plötzlich:

Übung 2: In welcher Reihenfolge werden diese Sachen in Podcast Nr. 2 erwähnt?

-Ralf will seinen Kaffee auf dem Roboter verschütten. ____
-Ralf äußert *(expresses)* Zweifel. ____
-Claudia unterbricht Ralfs Frühstück. ____
-Claudia erzählt davon, was sie im Badezimmer gesehen hat. ____
-Ralf schlägt Claudia vor, keine Sci-Fi Comics mehr im Bett zu lesen. ____
-Claudia macht sich Sorgen um Ralfs Sicherheit. ____
-Ralf geht ins Badezimmer, um zu schauen. ____

Übung 3: Beantworten Sie die Fragen.

1. Was macht Ralf, als Claudia ins Zimmer stürzt?
2. Welche „erstaunliche" Neuigkeit hat Claudia zu berichten? Wie reagiert Ralf zunächst darauf?
3. Beschreiben Sie mit Ihren eigenen Worten so genau Sie können, was Claudia angeblich gesehen hat.
4. Was vermutet Claudia in Bezug darauf, was sie im Badezimmer gesehen hat?
5. Was will Ralf machen? Warum beunruhigt das Claudia?
6. Um Claudias Bedenken zu mildern, heckt Ralf einen Plan aus. Wie lautet der Plan? Woher hat er den Plan? Wie reagiert Claudia darauf?
7. Was passiert, als Ralf schauen geht? Welchen Ratschlag gibt er Claudia?

ZWEITER LESETEXT: *LUNA BRÄU* VON UWE POST

SUBSTANTIVE

(das-Wörter)
Betriebssystem(e) – *operating system*
Eingreifen(-) – *intervention*
Etikett(en) – *label*
Getreide – *grains*

(die-Wörter)
Brauerei(en) – *brewery*
Forschungsstation(en) – *research
    station*
Leitung(en) – *pipeline*
Luke(n) – *hatch*
Schleuse(n) – *air lock*
Sechstelschwerkraft – *one-sixth gravity*
Tastatur(en) – *keyboard*
Unmenge(n) – *enormous amount*
Unruhe(n) – *upheaval, riot*
Wichtigtuerei(en) – *boasting, swagger*

(der-Wörter)
Flegel(-) – *boor, oaf*
Hirte(n) – *shepherd*
Schacht(-¨e) – *shaft, well*
Schaltkreis(e) – *circuit*

ADJEKTIVE
ansteckend – *infectious*
berauscht – *buzzed (alcohol)*
einzigartig – *one of a kind*
gelegentlich – *occasional*
stirnseitig – *at the front side of*
umständlich – *laborious, inconvenient*
verewigt – *immortalized, eternalized*
verziert – *adorned, embellished*
zögerlich – *hesitant*

VERBEN
anzetteln – *to instigate*
entriegeln – *to unlock, unbolt*
gelangen (+ zu) – *to reach, arrive*
jucken – *to itch*
klettern – *to climb, crawl*
(sich) kümmern um (+Akk) – *to take
    care of*
mangeln – *to lack*
rülpsen – *to belch*
umbringen – *to kill*
verfehlen – *to miss (one's aim)*
verflüssigen – *to liquify*

VOR DEM LESEN

Übung 1: Welches Wort passt nicht und warum?

1. Hirte   Schäfer   Angestellter   Bauer
2. Friede   Unruhe   umbringen   anzetteln
3. Schaltkreis   Tastatur   Betriebssystem   Flegel
4. Getreide   Luke   Schleuse   Sechstelschwerkraft

5. rülpsen   Flegel   (verziert)   berauscht
6. klettern   (Eingreifen)   gelangen   zögerlich

Übung 2: Welches Wort bzw. welche Phrase bin ich?

1. Mich tut man, wenn man z. B. zu viele Colas getrunken hat. *rülpsen*
2. Ich steuere einen Computer.
3. Mich muss man tun, wenn man z. B. von einem Moskito gestochen wird.
4. Mir gehorchen Weidetiere (z. B. Schafe oder Ziegen).
5. Ich beschreibe etwas Außerordentliches oder Einmaliges.
6. Ich beschreibe den physischen Zustand, in dem man sich befindet, wenn man sich ein Glas Wein zu viel gegönnt hat.
7. Mich tut man, wenn man eine Substanz schmelzen will.
8. Mich macht ein aufschneiderischer Mensch, wenn er angeben will.

Übung 3: Wortschatz durch Spiele! Machen Sie die folgenden Spiele in Gruppen.

1. *Geheimwort.* Suchen Sie jeweils 5 bis 10 Wörter aus der Wortschatzliste aus!
2. *Loszeichnen.* Suchen Sie jeweils 5 Wörter aus der Wortschatzliste aus!

LUNA BRÄU

Der Braumeister hob die Flasche und trank.

Am fünften Tag der Postapokalypse klopfte jemand von außen an die Luftschleuse. Pieter Mallack hatte gerade die dritte Flasche des Tages geöffnet und machte sich nicht die Mühe, die Schleuse zu öffnen. Denn wer
5   sollte da schon klopfen, von außen an der Luftschleuse der einzigen Brauerei auf dem Mond?

Mallack verengte die Augen zu Schlitzen. Wenn er ganz genau hinsah, konnte er sich im Plastik seiner Bierflasche spiegeln. Da waren ein Bartschatten, dunkle Halbmonde unter den Augen und eine Haarsträhne, die lange
10   kein Wasser gesehen hatte.

Der Braumeister musste nicht gut aussehen. Er musste nicht einmal gut riechen. Dergleichen war ein Problem anderer Leute, aber solche gab es nicht

mehr. Cervisia, das Betriebssystem der Brauerei, zählte nicht. Ihre Stimme
war die einer Toten, verewigt und begraben in digitalen Schaltkreisen.

Die Kopfhaut juckte. Mallack konnte nur kratzen. Zum Waschen fehlte
das Wasser. Er las das Etikett der Flasche und überlegte, ob er sich den Inhalt über den Kopf kippen sollte. Aber außer dem verzierten Logo über der
Vollmondscheibe stand da nicht viel: *Exklusiv gebraut im Mare Serinitates,
Alkohol 5 %.*

Dann klopfte es erneut.

„Schon gut, ich komm ja schon.“

Mitsamt halb geleerter Flasche machte er sich auf den Weg. Die Luftschleuse befand sich im Erdgeschoss, schräg unter der Steuerzentrale. Sie
war für Wartungseinsätze an der Außenseite der Brauerei gedacht[2]. Zur
Lieferung der Rohstoffe und Abholung des fertigen Produkts verfügte das
Bauwerk stirnseitig über eine Andockrampe für Altair-IV-Shuttles.

Mallack ließ sich die schmale Treppe hinunter und federte auf dem
Fußboden ab[3]. Er musste einige Werkzeugkisten zur Seite schieben, um zur
Schleuse zu gelangen. Der Kontrollbildschirm zeigte grünes Licht: Der Innenbereich der Schleuse war mit Atemluft gefüllt. Er baute sich vor der Luke
auf und rief: „Wir kaufen nichts!“

Einen Moment lang blieb es still, dann ertönte ein besonders energisches
Klopfen. Mallack rülpste, dann drückte er endlich eine Taste, um die Kamera
zu aktivieren. In der Schleuse stand ein Astronaut und winkte.

Mallack drehte am Handrad, um die Schleuse zu entriegeln. Mit einem
dünnen Zischen öffnete sich die Luke. Der Astronaut kletterte umständlich
herein und nahm den Helm ab. Zum Vorschein kam ein kantiges, weibliches
Gesicht mit schwarzem Haarschopf und schmaler Brille.

„Gott sei Dank“, sagte die Frau. „Habt ihr Wasser?“

Mallack schüttelte den Kopf und hob die Flasche hoch. „Wir haben Bier.“

„Besser als Mondstaub.“ Die Frau nahm Mallack die Flasche ab und setzte
sie an den Mund.

„Prösterchen“, murmelte Mallack und fragte sich, warum er sich wie ein
besoffener Flegel fühlte.

„Was ist das hier?“, fragte die Frau, als sie Mallack die Flasche aushändigte.

---

2. it was intended for maintenance operations on the exterior of the brewery
3. landed gently on the floor

Mallack breitete die Arme aus. „Na, wonach riecht es denn? Das hier ist die berühmte, einzigartige Luna-Brauerei!"

„Jedenfalls dem Vakuum vorzuziehen[4]", urteilte die Besucherin. „Sara Yallo von Forschungsstation Akira", sagte sie und hielt Mallack die Hand hin. Der ergriff sie.

„Pieter Mallack. Braumeister."

„Wie viele sind sonst noch hier?", fragte Sara, während sie sich aus dem Raumanzug schälte[5], so dass ein grauer Overall zum Vorschein kam. Die Forscherin war schlank und um die 30 Jahre alt. Sie bewegte sich sicher in der Sechstelschwerkraft.

Mallack löste seinen Blick von der Besucherin und klappte die Luke der Schleuse zu. „Keiner. Eigentlich werde nicht einmal ich gebraucht, weil sich das Betriebssystem um alles kümmert. Aber es gibt auf den Zielmärkten ein Gesetz, nach dem jede Brauerei mindestens einen Braumeister haben muss. Sonst dürfen sie ihr Produkt nicht Bier nennen. Und ich war auf der Suche nach einem ruhigen Job..."

„Und hier gibt es wirklich kein Wasser?"

„Früher brachten die Transporter Tafelwasser von der Erde mit."

„Womit braust du das Bier?"

„Es gibt einen Schacht, in dem tief unten Eis verflüssigt wird, hoch gepumpt wird und direkt in den Braukessel fließt."

„Vielleicht kann man die Leitung unterbrechen?"

„Dazu musst du das Betriebssystem hacken." Mallack zeigte die Treppe hinauf. „Gehen wir in die Zentrale."

Während er sich die steilen Stufen empor zog, fragte er: „Wie viele Leute sind noch in der Forschungsstation?"

„Keiner", antwortete Sara, die ihm folgte.

„Du hast allein da gearbeitet?", staunte Mallack.

„Nein", gab die Besucherin zurück. „Es gab nur einen Raumanzug. Daher musste ich die anderen töten."

Mallack verfehlte die oberste Stufe, fing sich ab und landete auf den Knien.

„Wir werden eine Menge Spaß zusammen haben, bis wir verhungern", sagte Sara.

---

4. at any rate it beats the emptiness of outer space
5. as she peeled off her spacesuit

In der Zentrale angelangt, setzte sich Sara auf Mallacks Stuhl und sah sich um. „Etwas eng hier." 80

Der Raum war nicht größer als ein Billardtisch, bloß dreidimensional. Es gab einige Schranktüren, einen schmalen Schreibtisch mit eingebauter Tastatur, darüber einen riesigen Bildschirm, der in die Wand eingelassen war, sowie Unmengen leerer und voller Luna Bräu Pfandflaschen überall auf dem Fußboden.

„Für eine Person reicht es." Mallack nahm auf seiner Matratze Platz, die 85 an der seitlichen Wand des Kontrollraums in einer Nische angebracht war[6]. „Das heißt jetzt aber nicht, dass du mich umbringen sollst." Er versuchte ein ansteckendes Lachen.

Sara verschränkte die Arme vor der Brust. „Was weißt du über die Apokalypse?" 90

„Schwere Unruhen in China, zögerliches Eingreifen der NATO, Wichtigtuerei des nordkoreanischen Diktators, ein paar Wasserstoffbomben hier und da." Mallack zuckte mit den Schultern. „Und dann der erste und letzte Sendeschluss seit Jahrzehnten."

Sara starrte den abgeschalteten Bildschirm an, als hätte er gerade live den 95 Untergang der Menschheit gezeigt, nur gelegentlich unterbrochen durch Werbespots für coole Autos.

„Mit den Unruhen fing alles an..."

„So isses[7]", sagte Mallack. Gelangweilt griff er nach einer vollen Flasche und drehte den Verschluss ab. „Bedien dich." 100

„Verstehst du nicht?" Sara lehnte sich vor und zeigte auf Mallacks Flasche. „Unruhen werden immer von Gruppen junger Männer angezettelt. Vorher trinken sie sich Mut an, weil sie von Natur aus Feiglinge sind."

Mallack betrachtete die Flasche in seiner Hand und überlegte, wie viel Mut beziehungsweise Flaschen es dauern würde, bis er sich an Saras Overall 105 zu schaffen machen würde[8].

„Alkohol hat das Ende der Zivilisation gebracht", belehrte sie ihn. „Verstehe", brummte Mallack. „Du hast deine Kollegen tot gequatscht."

Sara sah ihn scharf an, bis er ihrem Blick auswich und lieber einen Schluck nahm. Er nahm sich vor, ihr zu zeigen, wer hier der Braumeister war. 110

6. mounted on the side wall of the control room in a niche
7. that's the way it goes
8. make a go at Sara's overalls

„Wusstest du nicht", fragte Sara leise, „dass das Bier auch den Anfang der Zivilisation markiert hat? Dass die Menschen am Ende der Eiszeit sesshaft geworden sind, um Korn anzubauen, aus dem sie Bier brauten?"

Mallack schüttelte energisch den Kopf. „Mit dem Getreide haben sie Brot
115 gebacken."

Sara zeigte auf die Flaschen am Boden. „Was macht einem Rudel Eiszeit-menschen wohl mehr Spaß? Ein Tisch voll Brot oder eine Kiste Bier?"

„Nun, im Moment wäre ich persönlich für etwas Brot echt dankbar", sagte Mallack und kicherte.

120 Sara stand auf. „Und doch setzt du alles daran, die Brauerei leer zu trinken."
Mallack erhob sich ebenfalls, räusperte sich und sprach: „Der Herr ist mein Hirte, mir wird nichts mangeln."

„Außer an Verstand. Aber den braucht ihr Männer ja nicht, um eure Rolle in der Evolution zu erfüllen."

125 Mallack lächelte berauscht. Die Zeit war paarungsreif. Ein Mann und eine Frau im Paradies: Ein neuer Anfang.

Der Braumeister hob die Flasche und trank.

BEIM LESEN

Übung 1: Beantworten Sie die Fragen.

1. Auf welche möglichen Themen weist der Titel hin?
2. Wer ist die Hauptfigur der Geschichte? Welche Figuren spielen Neben-rollen?
3. Wer spricht im Text? Ist der Erzähler auch eine Figur in der Geschichte?
4. Welche Gegenstände spielen in der Geschichte eine Rolle?
5. Welchen Eindruck bekommen Sie von der Hauptfigur? Von der Neben-figur?
6. Wie würden Sie den Erzählton der Geschichte beschreiben?
7. Wie würden Sie den Inhalt der Geschichte in einem Satz zusammen-fassen?

Übung 2: Identifizieren Sie die Wörter im Text, die...

- die Hauptfigur beschreiben
- die Nebenfiguren beschreiben

- den Schauplatz der Geschichte etablieren
- relevante Hintergrundinformationen geben
- die inneren Gedanken der Hauptfigur wiedergeben
- die Atmosphäre der Geschichte kreieren
- auf die Einstellungen der Figuren hinweisen

Übung 3: Suchen Sie die folgenden Komposita im Text. Was könnten diese Wörter bedeuten? Welche Präfixe oder Suffixe erkennen Sie? Welche anderen Wörter kennen Sie, die dieselben Präfixe oder Suffixe haben?

Wörter/Präfixe/Suffixe	Bedeutung	Andere Wörter
1. entriegeln:		
2. einzigartig:		
3. Sechstelschwerkraft:		
4. Wichtigtuerei:		
5. Wasserstoffbombe:		
6. paarungsreif:		
7. Feigling:		
8. sesshaft:		
9. verhungern:		
10. Werkzeugkiste:		

Übung 4: Machen Sie eine Liste mit den Wörtern aus dem Text, die Ihnen unbekannt sind. Vergleichen Sie diese mit einem/r Partner/In.

Übung 5: Welche Satzteile passen zusammen und in welcher Reihenfolge passiert das in der Geschichte?

1) Umständlich... ....hat Sara umgebracht.
2) Die Kollegen in der Forschungsstation... ...wird nichts mangeln. der herr ist...
5) 4) Alles fing... ...klettert der Astronaut durch die Luke.

6) Der Herr ist mein Hirt, mir... ...ist paarungsreif.

4) Unmengen von Pfandflaschen... ...wird Eis verflüssigt und hoch
gepumpt.

2) In dem Schacht... ...fing mit den Unruhen in China an.

7) Die Zeit... ...liegen auf dem Fußboden der
Brauerei.

Übung 6: Schreiben Sie Sätze oder Konstruktionen aus dem Text auf, die Sie immer noch nicht verstehen. Vergleichen Sie diese mit einem/r Partner/In.

NACH DEM LESEN

Übung 1: Beschreiben Sie mit Substantiven, Adjektiven oder Verben die Figuren in der Geschichte.

	Substantive	Adjektive	Verben
Mallack:			
Sara:			

Übung 2: Beantworten Sie die Fragen zum Inhalt der Geschichte.

1. Wer ist Mallack und warum befindet er sich auf dem Mond?
2. Was unterbricht Mallacks Alltagsroutine, das Biertrinken?
3. Wer ist Sara und was will sie? Was hält Mallack von ihr?
4. Warum trinkt Mallack Bier und kein Wasser?
5. Was erfährt Mallack über Saras Kollegen?
6. Wie kam es zum Untergang der Menschheit auf der Erde?
7. Worauf ist laut Sara das Ende der Zivilisation zurückzuführen?
8. Was hat Mallack mit Sara vor?

Übung 3: Besprechen Sie die Fragen zur Analyse der Geschichte.

1. Inwiefern ist diese Geschichte „typisch" Sci-Fi? Berücksichtigen Sie Themen, Motive und Charaktere.

2. Deuten Sie folgenden Satz im Rahmen der Geschichte: „Die Zeit war paarungsreif."

3. Warum ausgerechnet einen Braumeister als den letzten männlichen Vertreter der Menschheit hinstellen? Welche Rolle spielen sein Beruf und seine Charakterisierung für den Inhalt der Geschichte?

4. Wie verstehen Sie die Rolle von Sara in der Geschichte?

5. Suchen Sie Beispiele von Humor im Text. Finden Sie diese Stellen in der Tat humorvoll? Warum oder warum nicht?

6. In vielen Sci-Fi Texten wird das Thema „Mensch gegen Maschine" behandelt. Wo finden Sie Beispiele davon in *Luna Bräu*?

7. Vergleichen Sie den ersten und letzten Satz der Geschichte. Wie ist diese Wiederholung zu verstehen?

Übung 4: Rollenspiel.

1. **Ein Wortwechsel über den Untergang der Menschheit**. Mallack und Sara trinken einige Flaschen Bier miteinander und unterhalten sich etwas ausführlicher darüber, wie es zur Apokalypse kam. Sara vertritt die Meinung, der Mensch sei allein daran schuld. Mallack findet, das Ende der Menschheit läge an der Wissenschaft und der Technologie. Hier sind einige Phrasen, die in der Auseinandersetzung vorkommen könnten:

   „Ich bin der Ansicht, dass..."
   „Du musst aber zugeben, dass..."
   „Ich gebe dir Recht, aber..."
   „Siehst du das etwa anders?"
   „Du solltest auch bedenken, dass..."
   „Und wie erklärst du die Tatsache, dass..."
   „Wie kommst du denn auf diesen Schluss?"
   „Da bin ich nicht überzeugt."
   „Das mag ja sein aber..."
   „Das musst du mir ein bisschen näher erklären."
   „Das hört sich vernünftig an, aber..."
   „Leider stimme ich dir nicht zu."
   „Das hat weder Hand noch Fuß."
   „Deiner Logik folge ich nicht."

2. **Dem Tod in die Augen sehen**. Plötzlich zieht Sara eine Laserwaffe aus dem Overall. Es stellt sich also heraus, dass sie aus Überlebensmotiven zur Brauerei gekommen ist: sie gedenkt, Mallacks Lebensmittel und Ausrüstungen für sich zu nehmen. Natürlich versucht Mallack, ihr das tödliche Vorhaben auszureden. Stellen Sie sich den Dialog vor.

Übung 5: Bewerten Sie die Geschichte auf der folgenden Skala:

1	2	3	4	5
ausgezeichnet	gut	durchschnittlich	nicht gut	furchtbar

Übung 6: Erklären Sie Ihre Bewertung!

Ich habe die Geschichte als _____ bewertet, weil...

Übung 7: Nun vergleichen Sie Ihre Bewertung und Erklärungen mit den Bewertungen von Ihren Kommiliton/Innen. Notieren Sie sich die Informationen von drei Personen, damit Sie diese der Klasse präsentieren können. Raten Sie, was die Durchschnittsbewertung der Klasse sein könnte!

	Name	*Bewertung*	*Erklärung(en)*
1.			
2.			
3.			

Übung 8: Schreibaufgaben.

1. **Versuch einer Kontaktaufnahme mit der Erde**. Mallack hat Hoffnung, dass es auf der Erde doch noch Leben geben könnte. Er sendet daher eine Nachricht, in der er um Hilfe bittet und auch von vielem erzählt, was er die letzten Jahre auf dem Mond erlebt hat. Schreiben Sie die Nachricht und seien Sie kreativ!

2. **Der letzte Eintrag**. Tausend Jahre später landen Außerirdische auf dem Mond und entdecken in den verkommenen Überresten der Brauerei Saras

Tagebuch. Schreiben Sie den letzten Eintrag, den die Außerirdischen im Tagebuch finden. (Natürlich können die Außerirdischen perfektes Deutsch.)

3. **Podcast**. Schreiben Sie mit zwei Partnern/Innen den Dialog zu einem der Rollenspiele oben. Nehmen Sie den Dialog zusammen auf und machen Sie einen Podcast daraus.

GRAMMATIKWIEDERHOLUNG: WECHSELPRÄPOSITIONEN.[9] AKKUSATIV ODER DATIV?

Übung 1: Umkreisen Sie das grammatisch richtige Wort.

1. Das Raumschiff flog zwischen (die / der / den) Erde und (der / den / dem) Mond hindurch.

2. Mallack (lag / legte) sich auf (seine / seiner / seinem) Matratze und las in (sein / seinen / seinem) Buch.

3. Das Etikett klebte Mallack fest auf (die / der / den) Bierflasche.

4. Tylers Ex-Freundin erscheint auf (der / den / dem) Bildschirm.

5. Die Sicherheitskräfte stürmen in (die / der / dem) Wohnung des Verbrechers.

6. (Der / Den / Dem) Monitor hängt an (eine / einer / einen) Seitenwand in Tylers Wohnung.

7. Die Astronauten zogen ihre Mondstiefel in (die / der / dem) Luftschleuse aus und (stellten / standen) sie vor (das / den / dem) Raumschifftor.

8. Wegen der Sechstelschwerkraft schwebten die Astronauten sekundenlang in (die / der / dem) Luft, bevor sie wieder sanft auf (der / den / dem) Mondboden landeten.

INTERKULTURELLES

Aktivität 1: Besprechen Sie folgende Fragen mit einem/r Partner/In.

1. Einer der erfolgreichsten Sci-Fi Autoren ist der Kölner Frank Schätzing. Sein 2004 erschienenes Buch Der Schwarm wurde millionenfach ver-

---

9. Für ausführliche Erklärungen siehe Kapitel 15 in *Deutsche Wiederholungsgrammatik* und Kapitel 6 in *Kaleidoskop*.

kauft und in viele andere Sprachen übersetzt. Finden Sie Informationen über das Buch und berichten Sie darüber. (Vergessen Sie nicht, in Ihrer Unibibliothek nach einer Kopie zu suchen!) Was halten Sie von dem Hauptkonflikt des Buches? Warum, meinen Sie, kam dieser Konflikt bei einer solchen breiten Leserschaft so gut an? Möchten Sie das Buch lesen? Warum oder warum nicht?

2. In Deutschland wird in manchen Fachkreisen lebhaft über das Verhältnis zwischen Mensch und Technologie gesprochen. Im Mai 2010 erschien zum Beispiel das Buch *Werden wir ewig leben? — Gespräche über die Zukunft von Mensch und Technologie*. Herausgegeben von Roman Brinzanik und Tobias Hülswitt, das Buch enthält eine Reihe von Interviews mit führenden Wissenschaftlern über Aktuelles und Zukünftiges bezüglich der Beziehung zwischen Mensch und Technologie. Auszüge dieser Interviews finden Sie auf http://www.goethe.de/ges/phi/eth/mut/deindex.htm. Suchen Sie sich einen der Auszüge aus und berichten Sie darüber. Wo stimmen Sie zu? Was sehen Sie eher anders und warum? Was interessiert Sie und warum? Was finden Sie weniger ansprechend und warum?

3. Schauen Sie sich die Graphiken mit dem Titel „Wie gerne sehen Sie Science Fiction- und Fanatsy-Filme?" an und besprechen Sie diese mit einem/r Partner/In. Sehen Ihre Eltern oder Großeltern gern Sci-Fi? Wie sieht es bei Ihren Freund/Innen aus? Fragen Sie jeweils einige Männer und Frauen in Ihrer Klasse, ob sie gerne in Sci-Fi oder Fantasy-Filme gehen. Stimmen die Ergebnisse Ihrer spontanen Kleinumfrage mit denen der Graphik überein? Erklären Sie.

⬛ Wie gerne sehen Sie Science Fiction- und Fantasy-Filme?

Auswahl: **Geschlecht**

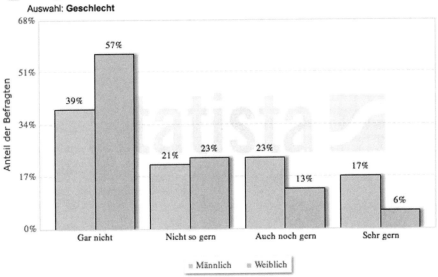

Deutschland; ab 14 Jahre; Institut für
Demoskopie Allensbach

© Statista 2010 powered by IBM SPSS
Quelle: IfD Allensbach

⬛ Wie gerne sehen Sie Science Fiction- und Fantasy-Filme?

Auswahl: **Alter**

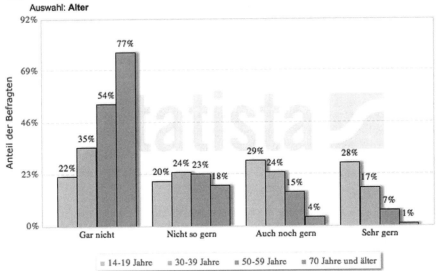

Deutschland; ab 14 Jahre; Institut für
Demoskopie Allensbach

© Statista 2010 powered by IBM SPSS
Quelle: IfD Allensbach

Sechs

Krimi

Selbsterkenntnis: Sind Sie ein Mensch, der gern über eine klare Über-
sicht über sein Leben und alles, was sich darin abspielt, verfügt? Vermeiden
Sie Rätselhaftigkeiten? Ziehen Sie Probleme vor, deren Lösungen leicht zu
erkennen sind? Oder würden Sie sich eher als einen Menschen bezeichnen,
der gerne Unbekanntes erlebt? Einer, der sich gern mit Rätseln kritisch aus-
einandersetzt, um auf die Lösung zu kommen?

Gehören Sie zum letzteren Menschenschlag, sind Sie hier richtig gelandet,
denn im folgenden Kapitel geht es um Rätsel, Problemlösungen, kritisches
Denken und – vor allem – Spannung. Die Podcasts und Geschichten, die auf
Sie warten, erzählen von rätselhaften Mordtaten, raffinierten Hellseherinnen,
blutrünstigen Schriftstellerinnen und verschwundenen Frettchen (nein, Sie

haben sich nicht verlesen; es gibt in der Tat den Fall eines verschwundenen Frettchens...). Hoffentlich werden Sie dadurch unterhalten und zum Nachdenken angeregt.

ZUM AUFTAKT

Aktivität 1: Was assoziieren Sie mit dem Begriff „Krimi" und was nicht?

-e Mordtat   einen Fall lösen   -s Frettchen   -r Detektiv

nachdenken   -e Angst   spannend   einschlafen   kitschig   langweilig

vergiften   Schusswaffe   entdecken   getarnter Agent   -s Lösegeld

sich ablenken   ernst   -e Entführung   unterhaltend   profund

verschwunden   kidnappen   -s Spiel   -r Anhaltspunkt

Ich assoziiere damit...   Ich assoziiere damit nicht...

Aktivität 2: Erklären Sie einem/r Partner/In Ihre Assoziationen.

Mit dem Begriff Krimi *assoziiere ich* _____ *(nicht), weil...*

Aktivität 3: Besprechen Sie folgende Fragen mit einem/r Partner/In.

1. Gehen Sie gern in Krimifilme, schauen Sie regelmäßig Krimiserien im Fernsehen oder lesen Sie gern Krimis? Warum oder warum nicht? Welche Autoren, Bücher oder Filme würden Sie Ihren Kommiliton/Innen empfehlen?

2. Welche Motive, Szenarios, Schauplätze oder Figuren bezeichnen Sie als „typisch" für Krimis? Welche Eigenschaften braucht ein guter Kommissar?

3. Krimiserien zählen zu den beliebtesten Sendungen im Fernsehen (z. B. Law and Order, NCIS). Woran könnte das liegen? Kennen Sie Serien, die mit einem Emmy-Preis ausgezeichnet wurden? Wenn Sie welche kennen: was ist so besonders an diesen preisgekrönten Sendungen? Wenn Sie keine kennen: informieren Sie sich im Internet über die letzten Emmy-Gewinner. Dann suchen Sie Informationen über diese Sendungen und berichten Sie darüber.

4. Stellen Sie sich vor, ein Regisseur bietet Ihnen die Hauptrolle Ihrer Wahl in einem Krimifilm an. Welche Figur würden Sie am liebsten spielen und warum?

5. Inwiefern kann Krimi als Gattung für den Menschen belehrend sein, bzw. zum Nachdenken anregen? Könnten Krimis auch eine Gefahr darstellen (z. B. Trittbrettfahrer)? Erklären Sie.

6. Kann ein Krimi ohne Gewalt trotzdem spannend und erstrebenswert sein, oder muss er Ihrer Meinung nach Gewalt enthalten? Erklären Sie.

PODCAST A: *WAS MEINT DER MENSCH AUF DER STRAßE DAZU?*

SUBSTANTIVE

(das-Wörter)
Profil(e) – *image, profile*

(die-Wörter)
Auffassungsgabe(n) – *talent for comprehending*
Ausstattung(en) – *equipment*
Eigenschaft(en) – *quality, feature*
Fertigkeit(en) – *skill, aptitude*
Menschenkenntnis(se) – *sense of how people are*
Not(¨-e) – *danger, distress*
Nüchternheit – *levelheadedness, coolness*
Verfolgung(en) – *pursuit*

(der-Wörter)
Anspruch(¨-e) – *intent, purpose*
Dusel – *dumb luck (coll.)*
Mord(e) – *murder*
Täter(-) – *perpetrator*

SONSTIGES
an sich haben – *to be, have (a quality)*
daher – *thus, therefore*

ADJEKTIVE
aufgebaut – *structured*
berühmt – *famous*
gruselig – *horrific, violent*
herzerfrischend – *enlightening*
hervorragend – *exceptional*
sprichwörtlich – *proverbial*
verkehrt – *out of place, unusual*

VERBEN
abstechen – *to stab to death*
auswerten – *to analyze*
bedürfen (+ Gen.) – *to require*
beobachten – *to observe*
einschätzen – *to judge, measure, gauge*
fehlen – *to lack*
handeln – *to act*
herausbringen – *to produce, put out*
umsetzen – *to determine, work out*

Übung 1: Welche Definition passt?

a. eine unangenehme oder gefährliche Situation   b. etwas nicht haben
c. deswegen, deshalb   d. ein weltbekanntes Profil haben
e. wenn man einem Menschen nachstellt   f. schauerlich, scheußlich
g. gut aufpassen, achtgeben   h. Instrumente, Geräte
i. agieren, etwas tun   j. etwas, was man besonders gut tun kann

1. handeln ＿＿   2. gruselig ＿＿   3. Verfolgung ＿＿   4. beobachten ＿＿

5. daher ＿＿   6. Fertigkeit ＿＿   7. fehlen ＿＿   8. Ausstattung ＿＿

9. Not ＿＿   10. berühmt ＿＿

Übung 2: Vervollständigen Sie die Zitate aus dem Podcast.

1. „Ich lese gerne Krimis, denn sie sind von der Spannung her, finde ich, sehr
   schön ＿＿＿＿＿＿＿.“

2. „Sehr gerne. Denn sie sind so lustig, dass ich eigentlich mehr lachen
   muss, und die Morde ＿＿＿＿＿＿＿ so praktisch nebenbei
   ＿＿＿＿＿＿＿, die also gar keine Rolle spielen.“

3. „Also ich möchte einfach nichts mehr lesen, wo ohne ＿＿＿＿＿＿＿
   irgendwie Leute auf ＿＿＿＿＿＿＿ Weise ＿＿＿＿＿＿＿
   werden. Das hab' ich irgendwie hinter mir.“

4. „Und wo die Geschichte letztendlich dann auch komplexer ist als die
   ＿＿＿＿＿＿＿ von ＿＿＿＿＿＿＿ einer Bluttat oder so.“

5. „Wenn sie irgendetwas Besonderes ＿＿ ＿＿ ＿＿＿＿,
   dann schaue ich mir Kriminalfilme doch ganz gerne an.“

6. „Meiner Meinung nach braucht ein guter Detektiv die Normalität eines Schimanski, die Kombinationsgabe eines Sherlock Holmes, den
   ＿＿＿＿＿＿＿ ＿＿＿＿＿＿＿ eines Thomas Magnum, und
   die ＿＿＿＿＿＿＿ eines Derrick.“

7. „Ich denke, um ein guter Detektiv zu sein, ＿＿＿＿＿＿＿ es vor allem
   einer hervorragenden ＿＿＿＿＿＿＿＿＿＿.“

8. „Wenn jemand Detektiv sein möchte, dann braucht er auf alle Fälle
   eine gute ＿＿＿＿＿＿＿＿＿＿, das heißt, er muss
   Menschen ＿＿＿＿＿＿＿＿＿＿, und der muss Menschen
   ＿＿＿＿＿＿＿ können.“

9. „Und, ich denke, dass es auch nicht ＿＿＿＿＿＿＿ ist, wenn man
   eine gewisse schnelle ＿＿＿＿＿＿＿＿＿＿ hat.“

Übung 3: Richtig oder falsch?

1. Person Eins findet Krimibücher von Patricia Cornwell kitschig.
2. Deutsche Krimis im Fernsehen bringen Person Eins oft zum Lachen.
3. Der zweite Sprecher wünscht sich mehr Blut und Gewalt in den Krimis, die er liest.
4. Person Zwei liest keine Krimis mehr.
5. Person Drei verpasst keine Folge von *Tatort*.
6. Person Drei hat es gern, wenn ein Detektiv auch etwas konfus ist.
7. Person Vier findet es weniger wichtig, dass gute Detektive die beste Ausstattung haben.
8. Person Fünf meint, ein guter Detektiv braucht sich nicht um Körpersprache zu kümmern.

Übung 4: Beantworten Sie die Fragen.

1. Welche Fragen werden in dem Podcast gestellt?
2. Warum liest die erste Sprecherin gerne Krimis? Warum bezeichnet sie deutsche Krimis im Fernsehen einerseits als „lustig" und andererseits als „herzerfrischend"?
3. Warum liest der zweite Sprecher nur selektiv Krimis? Was sucht er in den Krimis, die er jetzt gerne liest? Stimmen Sie ihm zu? Warum oder warum nicht?
4. Warum findet der dritte Sprecher manche Krimiserien, die in Deutschland im Fernsehen laufen, langweilig? Welche Eigenschaften machen seiner Meinung nach einen guten Detektiv aus? Sehen Sie das auch so, oder gibt es Eigenschaften, die Sie hinzufügen oder weglassen würden?
5. Was steht für Person Vier an dritter und vierter Stelle in Bezug darauf, wie ein guter Detektiv sein soll?
6. Was findet Person Fünf bei Detektiven „auch nicht verkehrt"? Sind Sie der gleichen Meinung? Erklären Sie.
7. Welche Personen haben ähnliche Vorstellungen davon, was einen guten Detektiv ausmacht?

Übung 5: Schreibaufgaben.

1. **Warum gehst du gerne in Krimifilme?** Schreiben Sie einen Dialog zwischen zwei Personen, die sich darüber unterhalten, warum sie so gerne in Krimifilme gehen.

2. **Der Inbegriff eines Detektivs.** Beschreiben Sie in einem Paragraph, wie Sie sich den „perfekten Detektiv" oder die „perfekte Detektivin" vorstellen. Welche Eigenschaften oder Fertigkeiten zeichnen ihn bzw. sie aus? Wie sieht er/sie aus? Was trägt er/sie? Was macht er in seiner/ihrer Freizeit? Wie sieht sein/ihr zu Hause aus? Usw.

ERSTER LESETEXT: *HIMBEERFARBEN UND FLÜCHTIGES BLUTROT* VON UTE KISSLING

SUBSTANTIVE

(das-Wörter)
Gesicht(er) – *face*

(die-Wörter)
Eisenstange(n) – *iron bar*
Fessel(n) – *fetter, chain*
Schlachterei(en) – *slaughterhouse*
Wange(n) – *cheek*
Wasserfarbe(n) – *water dye*
Zeile(n) – *lines, sentences*

(der-Wörter)
Ausflug(¨-e) – *outing, excursion*
Brechreiz(e) – *gag reflex*
Geistesblitz(e) – *flash of genius*

SONSTIGES

gleich darauf – *shortly thereafter*
in Besitz nehmen – *to take hold of*
mit einem Satz – *in a single bound*
über eine Leiche gehen – *to go to extremes*

ADJEKTIVE

besessen – *obsessed*
düster – *gloomy, dark*
himbeerfarben – *the color of raspberries*
klaffend – *gaping*
misstrauisch – *suspicious*
rau – *hard, rough*
schwindelig – *dizzy*
stockbesoffen – *piss drunk (coll.)*
strafbar – *punishable*

VERBEN

abmurksen – *to bump off, kill (coll.)*
abtasten – *to feel (using fingers)*
(sich) drücken (vor [+ Dat.]) – *to cop out of*
gelingen (+ Dat.) – *to succeed*
lauern – *to linger*
löschen – *to delete*
mustern – *to look at closely*
schaukeln – *to swing*
vergiften – *to poison*
zögern – *to hesitate*

VOR DEM LESEN

Übung 1: Welches Wort aus der Wortschatzliste passt in die Lücke? Passen Sie auf Konjugation, Tempus, Artikel und Endungen auf.

1. Der Kommissar warf einen Blick auf den Tatort und ging zurück zum Wagen. Er war aber nur einen Moment weg: _____ kam er mit einer Lupe in der Hand zurück und machte sich an die Arbeit.

2. Der Erpresserbrief (*blackmail letter*) war nebulös und vage geschrieben, und der schlaue Kommissar musste jede einzelne _____ mehrmals lesen, um sich einen Reim daraus zu machen (*make sense of it*).

3. Es gab keine Sterne und keinen einzigen Lichtschimmer in dem _____ Wald, als der Mörder die Leiche im feuchten Boden vergrub.

4. Der Kommissar versprach den Eltern des Opfers, den Täter ausfindig zu machen, und arbeitete Tag und Nacht an dem Fall; er war wie _____ davon.

5. Schon am Tatort konnte der scharfsinnige Kommissar feststellen, dass das Opfer _____ wurde, denn neben der Leiche fand er ein Weinglas mit weißem Puderrest am Rand.

6. Der Gestank in der Schlachterei war dermaßen penetrant, dass der Inspektor den aufsteigenden _____ niederkämpfen musste; er fürchtete, er würde sich jeden Moment übergeben.

7. Auf einmal drehte sich alles, und der alte Kommissar musste sich gegen das _____ Gefühl wehren, um nicht vom Stuhl zu fallen.

8. Alle Materialen zum Fall waren digitalisiert und im Computer gespeichert, aber mit einem Mausklick könnte man alles _____ und die jahrelange Arbeit des Kommissars vergebens machen.

Übung 2: Wortschatz durch Spiele! Machen Sie die folgenden Spiele in Gruppen.

1. *Geheimwort*. Suchen Sie jeweils 5 Wörter aus der Wortschatzliste aus!
2. *Scharaden*. Suchen Sie jeweils 5 Wörter aus der Wortschatzliste aus!

HIMBEERFARBEN UND FLÜCHTIGES BLUTROT

„Deine Geschichte ist blutleer", sagt Konrad. Er ist mein Freund und Testleser. Der Mann, den ich liebe, der mich bei allem, was ich tue, unterstützt. Ich bin Schriftstellerin, Autorin, kreativ und voller Phantasie. Ich morde auf dem Papier. Ich schieße, ich stoße mit dem Messer zu, ich vergifte und töte.
5 Alles für die Geschichte, alles für den Leser. Alles für den Preis. Für DEN Preis. Und ich habe nicht mehr viel Zeit: In einer Woche ist die Uhr abgelaufen. Ich habe sieben Tage, um eine blutige Geschichte zu erfinden, die preisverdächtig ist. Die die Juroren aus den 950.000 anderen Einsendungen heraussuchen, bis zum Ende lesen und jubilieren lässt. Sieben Tage, um das
10 Morden auf dem Papier neu zu erfinden. Die Uhr tickt.

Am nächsten Morgen kommt Konrad. Er hat frische Brötchen und ein Meerschweinchen gegen mitgebracht. Es quiekt, als ich es aus der Schachtel nehme, dann zittert es auf meinem Arm.

„Spürst du die Angst?", fragt Konrad und schaut mich mit ernsten Augen
15 an. „Bring es um. Damit du weißt, wie es ist, wenn du tötest."

Ich sehe Konrad an, dann das wollige Wesen auf meinem Arm. Es schnuppert in der Luft, ist warm, lebendig.

„Ich kann nicht", flüstere ich.

Konrad verstrubbelt seine Haare. Er dreht sich um und geht in die Kü-
20 che. Ich höre, wie er Schubläden aufzieht und wieder zustößt. Gleich darauf kommt er mit dem Küchenmesser zurück.

„Stich zu", sagt er und grinst mich an. Er hält mir das Messer hin. Ich zögere. Greife schließlich zu, umschließe den Griff mit meiner rechten Hand. Mit der linken halte ich das Meerschweinchen, drücke es an mich. „Nun
25 mach schon", sagt er. Seine Stimme klingt rau.

Mir wirbeln widerstreitende Gedanken im Kopf herum[1]. Schriftstellerin, ich will Schriftstellerin sein. Gewinne ich den Preis, wenn ich das Meer-

---

1. conflicting thoughts are swirling around in my head.

schweinchen abmurkse? Ist Tiermord strafbar? Gehe ich über eine Leiche, um besser schreiben zu können?

Ich lasse schließlich das Messer sinken. 30

„Ich kann nicht."

Konrad ist enttäuscht. Ich sehe es ihm an. Er nimmt mir das Tier aus dem Arm, setzt es in die Kiste und verlässt die Wohnung. Das Messer lege ich auf den Schreibtisch und starre vor mich hin.

Noch sechs Tage. Dann muss meine Geschichte fertig sein. 35

In der Nacht wache ich auf, weil Konrad mich schüttelt. Ich reiße die Augen auf und starre in sein Gesicht. Blut, überall ist Blut. Seine Haare sind verklebt, ein Auge hat er zugekniffen. Ich schreie. Er fängt an zu lachen, klingt dabei wie eine meckernde Hyäne. *gegen*

„Ach Häschen, dich kann man aber leicht erschrecken. Ist doch nur 40 Wasserfarbe."

Ich taste seine Wange ab. Stimmt, nur Farbe. Ich haue ihm eine runter.

„Du Arschloch, was soll das?", schreie ich.

„Nun mal ganz ruhig", sagt Konrad und springt mit einem Satz aus dem Bett. „Ich will dir doch nur helfen. Damit deine Geschichte schön blutig 45 wird."

Nachdem er sich die Wasserfarbe abgewaschen hat, legt er sich wieder zu mir und nimmt mich in den Arm. Ich wälze mich die ganze Nacht hin und her. Blut, ich träume immer wieder von Blut. Und von Wunden. Überall klaffende blutige Wunden, himbeerfarben. 50

Fünf Tage noch.

Ich sitze am Computer und starre auf die Zeilen. Lösche dann mit einem Klick den ganzen Mist. Langweilig. Preisunwürdig. Vielleicht hat Konrad doch Recht: Ein Schriftsteller kann nicht über Dinge schreiben, die er nicht kennt. 55

Ich gehe in die Küche und hole das Messer aus der Schublade, setze es an meiner linken Hand an und ritze in die Haut. Ein Tropfen Blut quillt hervor, sitzt wie eine rote Blase auf meinem Handrücken. Der Schmerz zieht durch die Finger, wenn ich sie bewege. Als Konrad am Abend nach Hause kommt, sitze ich mit bandagierter Hand vor dem Computer und tippe einhändig. 60 Misstrauisch schaut er auf meinen Verband.

„Was ist passiert?", fragt er.

„Nichts", murmele ich. Konrad beugt sich über mich und liest mit. Er riecht nach Schweiß und fängt an mich zu nerven. Ich sage: „Geh weg,

65 ich kann mich nicht konzentrieren." Er geht. Ich kann aber nicht mehr schreiben.

Montag. Ich fange an, die Stunden zu zählen, bis ich fertig sein muss. Vier Tage, 96 Stunden. Konrad will einen Ausflug mit mir machen.

„Das hilft dir", sagt er. „Ablenkung und neue Eindrücke." Als wir vor der
70 Schlachterei halten, weiß ich, dass ich wieder eine schlaflose Nacht haben werde. Der Brechreiz ist überwältigend, als ich die kopflosen, an ihren Füßen aufgehängten Schweinehälften entdecke.

Den Rest des Tages dämmere ich auf der Couch, nippe ab und an am lauwarmen Kamillentee, den Konrad fürsorglich gekocht hat. Wie soll ich das
75 bloß schaffen? Die Zeit läuft mir davon.

Ich, Irene Paulsen, bin eine Versagerin. 28 Jahre alt, Studienabbreche-rin, Möchte-Gern-Schriftstellerin, seit zwei Tagen ungeduscht. Die fettigen Haare kleben an meiner Stirn. Ich will schreiben. So düster und durchdringend wie Henning Mankell. So raffiniert psychologisch wie Elizabeth George, und
80 so bitterböse wie Ingrid Noll.

Nichts davon gelingt mir und mir bleiben nur noch drei Tage.

„Lass dir was einfallen", sagt Konrad. Er plädiert für eine Mixtur aus halb-toter alter Dame und Sado-Maso mit Schweinefüßen. „Du bist doch Schrift-stellerin. Du hast Phantasie. Und ich besorge die nötigen Utensilien." Er
85 streift Shorts und ein T-Shirt über und macht sich auf Badelatschen davon. Ich sehe ihm vom Fenster aus nach.

Auf einmal lauert der Hass in mir. Ganz langsam schwillt er an, nimmt mich in Besitz. Konrad ist schuld. An allem. Immer bedrängt er mich so. Ich bin eben keine Schriftstellerin! Soll er doch selbst etwas schreiben!

90 Mit der rechten Faust schlage ich gegen die Fensterscheibe, die wider Erwarten birst und in winzige Scherben zerfällt.

Als Konrad nach Hause kommt, ist es spät, und ich bin stockbesoffen. Beide Hände sind bandagiert und ich liege auf der Couch und biete einen erbärmlichen Anblick. Konrad bleibt kühl, denkt wohl, ich möchte mich
95 drücken – vor dem Schreiben, jawohl. Und vor dem Leben. Von mir schaut er zur zersplitterten Scheibe und wieder zurück. Verlässt das Zimmer und überlässt mich meinem Rausch.

Im Morgengrauen weckt er mich, indem er mir ins Ohr raunt: „Bist du wieder nüchtern? Ich muss dir was zeigen."

100 Nur ein Auge öffne ich. In meinem Kopf dröhnt ein Zug in voller Laut-stärke. Verdammter Alkohol. Triumphierend hält Konrad etwas in die Höhe.

„Was zum Teufel...", sage ich. „Handschellen?"

„Fußfesseln", erwidert er. „Und das hier", er kramt auf dem Boden herum, „ist eine prima Eisenstange. Die müssen wir jetzt nur noch irgendwo befestigen und dann kann es losgehen."

Ich richte mich auf der Couch auf. Der Zug donnert weiter durch meinen Schädel. „Was kann losgehen?" frage ich.

„Wir spielen alles nach. Lebensnah und in Farbe. Dann hast du genug Eindrücke für deine Geschichte."

Konrad rennt in der Wohnung herum, hält die Stange hier hin, hält sie dort hin, misst ab und brummelt. Bis er sich für den Flur entschieden hat.

„Dort hänge ich sie auf und dann sehen wir weiter", sagt er und trabt in den Keller, um die Bohrmaschine zu suchen.

Zwei Stunden später ist er fertig. Die Stange hängt knapp unter der Decke quer im Flur.

„Sitzt, passt und wackelt", sagt er und gibt mir einen schmatzenden Kuss auf den Mund. Der Zug in meinem Kopf rattert und pfeift. Was machen wir hier eigentlich? Ich fühle mich überfordert.

Zwei Tage noch.

Konrad schaut wieder nach oben zur Stange, stellt eine Leiter neben die Stange und steigt hoch. Er zieht den Kopf ein, damit er nicht an die Decke stößt, und setzt sich auf die oberste Sprosse.

„So, schau", sagt er und legt seine Beine über die Stange. „Jetzt gib mir mal die Fußfesseln."

Ich reiche sie ihm nach oben. Es macht zweimal Klick. Todesmutig lässt er sich von der Leiter fallen und schaukelt nun an der Stange hin und her.

„Siehst du, Häschen, geht doch", keucht er. Das Blut steigt in seinen Kopf, so dass sein Gesicht rot anläuft. Er kichert. Es klingt nervös. Die Arme lässt er nach unten hängen.

„Jetzt geh doch mal in die Küche", befiehlt er mir, „und hol das Messer. Wollen doch mal sehen, was wir damit anfangen können. Hast du schon Ideen für eine Geschichte?", fragt er noch.

„Ich weiß nicht", antworte ich und trolle mich in die Küche. Das Messer liegt schwer in meiner Hand. Konrad atmet stoßartig, als ich zurückkomme. An seiner Stirn tritt eine Ader gefährlich dick hervor.

„Willst du nicht wieder herunterkommen?" frage ich ihn.

„Ach was", erwidert er, ganz Herr der Lage. „Jetzt überleg doch mal, was deine Hauptfigur macht. Sie könnte in den Bauch stechen." Er drückt auf

seinen Bauch. „Oder das Messer hier ansetzen." Er fährt sich mit dem Zeige-
140 finger am Hals entlang. „Probier doch mal", sagt er.

„Ich weiß nicht", antworte ich.

Die Stange ächzt plötzlich unter seinem Gewicht. Ich stehe vor ihm, mit
dem Messer in der Hand, und weiß nicht, was ich tun soll.

„Jetzt mach schon", sagt er und als er merkt, dass ich nichts tue, versucht
145 er, mir das Messer aus der Hand zu nehmen. Er schaukelt dabei hin und her.

Ob die Stange wohl hält?

In dem Moment, als er mir das Messer aus der Hand reißt, kracht sie he-
runter. Konrad lässt das Messer los. Es landet in seinem Hals. Er gurgelt. Die
Blutfontäne spritzt aus seinem Hals auf meine verklebten Haare und mein
150 T-Shirt, in mein Gesicht.

Der Geistesblitz schlägt in mein Gehirn ein, explodiert im grellweißen
Licht. Plötzlich weiß ich, was ich zu schreiben habe.

Ich muss an den Computer. Ich habe keine Zeit, mich um Konrad zu kümmern. Ich wische mir das Blut aus dem Gesicht. <u>Er kommt schon klar</u>[2].

155 Ich schreibe los. Stunde um Stunde. Die Nacht kommt und geht. Die
Sonne scheint durch das Fenster. Ich schreibe. Besessen. Die Nacht kommt
wieder und geht wieder. Die Sonne scheint wieder. Ich kümmere mich nicht
darum. Ich schreibe.

Um Viertel vor fünf am Nachmittag fängt der Drucker an zu rattern. Ich
160 steige über Konrad im Flur, <u>ohne ihn eines Blickes zu würdigen</u>[3]. Keine Zeit.

Um Viertel nach fünf stehe ich am Postschalter. Der Postbeamte mustert
mich von oben bis unten.

„<u>Als Einschreiben</u>[4], bitte", sage ich.

„Geht es Ihnen nicht gut?", fragt er.

165 „Bestens", sage ich und sehe an mir hinunter. Getrocknetes Blut klebt an
meinem T-Shirt und an meinem Haar. Auf einmal ist mir schwindelig. Die
Gedanken in meinem Kopf ziehen wie flüchtige Wolken vorbei. Ich habe es
geschafft... Konrad... Ich werde gewinnen... Das Blut... Das viele Blut... Wann
wird der Preis vergeben...?

170 Himbeerfarben.

2. he'll be all right.
3. without dignifying him with a look
4. certified mail

BEIM LESEN

Übung 1: Beantworten Sie die Fragen.

1. Auf welche möglichen Themen weist der Titel hin? Was verbinden Sie mit Himbeerfarbe?
2. Wer ist die Hauptfigur der Geschichte? Welche Figuren spielen Nebenrollen?
3. Wer spricht im Text? Wer ist die Haupterzähler?
4. Wie würden Sie den Erzählton der Geschichte beschreiben?
5. Welche Gegenstände spielen in der Geschichte eine Rolle?
6. Welchen Eindruck haben Sie von der Hauptfigur?
7. Wie würden Sie den Inhalt der Geschichte mit einem Satz zusammenfassen?

Übung 2: Identifizieren Sie die Wörter im Text, die...

- die Hauptfigur beschreiben
- die Nebenfiguren beschreiben
- den Schauplatz der Geschichte etablieren
- wichtige Hintergrundinformationen geben
- die Atmosphäre der Geschichte kreieren
- auf die Einstellungen der Figuren hinweisen
- Überraschungen vermitteln

Übung 3: Suchen Sie die folgenden Komposita im Text. Was könnten diese Wörter bedeuten? Welche Präfixe oder Suffixe erkennen Sie? Welche anderen Wörter kennen Sie, die dieselben Präfixe oder Suffixe haben?

Wörter/Präfixe/Suffixe	Bedeutung	Andere Wörter
1. preisunwürdig: -un-	unworthy of an award	würdig - dignified, preis- price, prize
2. Meerschweinchen:	guinea pig	Meer + Schwein
3. überwältigend:	overwhelming	überwältigen
4. misstrauisch:	suspicious	misstrauen (dat)
5. Studienabbrecherin: ab		abrechen to cancel

6. todesmutig: *courageous, not afraid of death* — der Tod / der Mut

7. Geistesblitz: *flash of genius* — der Geist / blitzen

8. besessen: *obsessesed* — besessenheit

9. Zeigefinger: *pointer finger*

10. stoßartig: *in a pushing manner* — stoßen - push

Übung 4: Machen Sie eine Liste mit den Wörtern aus dem Text, die Ihnen unbekannt sind. Vergleichen Sie diese mit einem/r Partner/In.

Übung 5: Welche Satzteile passen zusammen und in welcher Reihenfolge passiert das in der Geschichte?

Konrad…	…befestigt Konrad knapp unter der Decke quer im Flur.
Das Meerschweinchen…	…blutige Geschichte will die Schriftstellerin erfinden.
Eine Eisenstange…	…findet die Geschichte seiner Freundin blutleer.
Irene…	…von Konrad tastet Irene nach Wunden ab.
Einen Geistesblitz…	…soll Irene mit einem Küchenmesser umbringen.
Eine preisverdächtige…	…erlebt Irene einen überwältigenden Brechreiz.
Mit bandagierter Hand…	…bekommt Irene, als ihr Freund von der Stange hängt.
Die Wange…	…bricht ihr Studium ab und hält sich für eine Versagerin.
In der Schlachterei…	…sitzt Irene vorm Computer und tippt einhändig.

Übung 6: Schreiben Sie Sätze oder Konstruktionen aus dem Text auf, die Sie immer noch nicht verstehen. Vergleichen Sie diese mit einem/r Partner/In.

NACH DEM LESEN

Übung 1: Beschreiben Sie mit Substantiven, Adjektiven oder Verben die Figuren in der Geschichte.

	Substantive	Adjektive	Verben
Irene:			
Konrad:			
Das Meerschweinchen:			

Übung 2: Beantworten Sie die Fragen zum Inhalt der Geschichte.

1. Wer ist Irene und wovon ist sie besessen?
2. Wer ist Konrad und womit will er Irene helfen?
3. Beschreiben Sie die Bemühungen, die Konrad macht, um Irene zu helfen.
4. Warum scheitert Konrads erster Versuch, Irene zu helfen?
5. Was wird aus Konrads zweitem Versuch, der mitten in der Nacht kommt? Wovon träumt Irene in derselben Nacht?
6. Beschreiben Sie Irenes ersten Versuch, sich selbst zu helfen.
7. Was passiert in der Schlachterei? Was hat die Erfahrung für Irene zur Folge?
8. Welche Vorstellungen von der Schreibkunst hat Irene? Was möchte sie unbedingt können?
9. Woher kommt der Hass, den Irene auf einmal für Konrad spürt? Wozu führt dieses plötzliche Hassgefühl?
10. Warum besorgt Konrad eine Eisenstange und Fußfesseln? Welche Anweisungen gibt er seiner Freundin? Was geschieht daraufhin?
11. Welchen Geistesblitz erlebt Irene und wann?
12. Wie endet die Geschichte?

Übung 3: Beantworten Sie folgende Fragen zur Analyse der Geschichte.

1. Inwiefern kann man argumentieren, dass Konrad ein guter Freund ist? Inwiefern kann man das Gegenteil behaupten? Suchen Sie Stellen im Text, die Ihre Meinung unterstützen.

2. Was sagt dieser Text über den Beruf Schriftsteller, den Prozess des Schreibens oder die Erwartungen von Krimi-Schriftstellern aus?

3. Über das Schreiben hat Stephen King einmal Folgendes geäußert: „A little talent is a good thing to have if you want to be a writer. But the only real requirement is the ability to remember every scar." Meinen Sie, die Autorin von *Himbeerfarben und flüchtiges Blutrot* würde Stephen King zustimmen? Erklären Sie Ihre Antwort, indem Sie einschlägige Stellen aus der Geschichte als Beweis heranziehen.

4. Was sagt der Text über die Rolle von Gewalt in der Gattung *Krimi* oder *Thriller* aus? Inwiefern stellt der Text eine Kritik dar? An welche Podcast-Person erinnert Sie das?

5. Eine der frappierendsten Zeilen der Geschichte ist: „Er kommt schon klar." Erklären Sie, was diese Zeile alles in sich birgt. Wie deuten Sie die Zeile?

6. Besprechen Sie den Titel. Warum ausgerechnet „himbeerfarben"? Könnte man nicht genauso gut die Adjektive „hellrot", „rubinrot", „weinrot" oder Ähnliches benutzen? Und was soll „flüchtig" an Blutrot sein? Erklären Sie.

7. Charakterentwicklung spielt eine zentrale Rolle in der Geschichte. Betrachten Sie den Werdegang der Hauptfigur etwas genauer. An welchen Stellen erkennt der Leser diesen Entwicklungsprozess? Was erscheint Ihnen als mehr oder weniger realistisch daran?

Übung 4: Ein Drehbuch.

In der Tat stellte es sich heraus, dass die Jury Irenes Geschichte preiswürdig fand: sie gewann den Toppreis. Ihre Geschichte wurde veröffentlicht und verkaufte sich weltweit. Ein Jahr später bekommt Irene sogar ein Angebot von Hollywood, ein Drehbuch zur Geschichte zu schreiben. Die erste Szene des Drehbuches liest sich wie folgt:

Szene Eins: „Verholfener Mord."
Auf dem Dach eines Hochhauses in der Großstadt. Nacht. Unten blinzeln vereinzelte Straßenlichter und Autoscheinwerfer. Max, ein 28-jähriger Student, steht am Rande des Gebäudes. In der Hand hält er einen Laptop. Er wirkt aufgeregt. Seine Freundin Lisa, eine 25-jährige Schriftstellerin, steht verärgert vor ihm.

Max: Komm keinen Schritt näher!

Lisa: Max. Hör jetzt auf mit dem Blödsinn.

Max: Blödsinn? Du willst von Blödsinn reden? Zwei Wochenlang antwortest du auf keine Mails, SMS oder Anrufe. Befasst dich nur mit deinem Scheißlaptop. Wie besessen. Und *mich* willst du blödsinnig nennen!

Lisa: Ich hatte einen Abgabetermin. Was willst du von mir? Das ist meine Arbeit. Warum kapierst du das nicht endlich?

Max: Und was war denn mit *unserem* Termin?

Lisa: Welcher?

Max: Ich hab's gewusst! Du hast es vergessen!

Lisa: Was denn?

Max: Wundert mich eh nicht. Und schuld daran ist dieses Scheißgerät!

Lisa: Raus damit. Was hab' ich vergessen?

Max: Unser Jubiläum.

Lisa: Ach du Scheiße…

Max: Fünf Jahre. Und gestern Abend hatten wir Reservierungen. Im Restaurant Schickimicki. Es gibt da eine Warteliste, weißt du. Manche Leute warten Monate auf einen Tisch. Und du? Du vergisst es.

Lisa: Max. Es tut mir leid. Wirklich. Es tut mir echt leid.

Max: Von wegen. Das mit dem Restaurant geht mir am Arsch vorbei. Ich will nur, dass du dich für mich entscheidest.

Lisa: Und das tue ich. Gib mir die Chance.

Max: Gut. Ich will, dass du den Laptop hinunterschmeißt.

Lisa: Was? Hast du nicht mehr alle Tassen im Schrank?

Max: Du musst mir beweisen, dass ich dir wichtiger bin. Wichtiger als dein Schreiben.

Lisa: Es sind aber meine ganzen Dateien darauf. Alles, was ich jemals in meinem Leben geschrieben hab', steht auf der Festplatte. Und mein Buch. Ich hab' nur noch ein letztes Kapitel zu schreiben, bevor ich's nächste Woche beim Verlag abgeben muss. Du begreifst halt nicht, was für einen Stress das macht.

Max: Zeig mir. Komm. Zeig mir, was wichtiger ist.

Lisa: Du kannst nicht ernsthaft von mir verlangen, dass—

Max: Du sollst mir sofort zeigen, sonst schmeiß' ich mich samt deinem Scheißlaptop mit in die Tiefe!

Lisa: Red' doch keinen Blödsinn!

Max: Dann hast du mein Blut an deinen Händen. Willst du das?

Lisa: Max. Hör mir gut zu. Ich liebe dich. Aber du brauchst Hilfe.

Max: Nein. Du bist diejenige, die nun Hilfe braucht. Mach's gut, Lisa. Ich wünsch' dir ein schönes langes Leben und eine erfolgreiche Karriere.

> *Max springt ab. Lisa geht an den Rand und schaut hinunter. Da findet sie Max, wie geplant, auf einem Gesims knapp unter der Stelle, wo er abgesprungen war. Er hält noch den Laptop in der Hand und lächelt.*

Max: Und? Wie war ich? Oskarpreiswürdig, oder?

Lisa: Ja, doch. Fast zu gut. Mensch, einen Augenblick hättest du mich wirklich überzeugt, dass das nicht vorgespielt war.

Max: Na ja. Alles, um meiner Liebsten über die Schreibblockade hinwegzuhelfen.

Lisa: Du bist der beste. Ist der Laptop in Ordnung?

Max: Aber klar.

Lisa: Schön. Denn ich hab' in der Tat alles darauf gespeichert.

Max: Ich komm' hoch.

Lisa: Nimm meine Hand...

> *Als Max aber die Hand nach ihrer streckt, stolpert er.*

Max: Scheiße!

Lisa: Max! Pass auf!

> *Den Laptop lässt Max fallen. Bevor er fast selbst hinunterstürzt, gelingt es ihm gerade noch, Lisas Hand zu erwischen. Nun strampelt er in der Luft, gerettet nur durch die Hand seiner Freundin.*

Lisa: Mensch! Mein Laptop!

Max: Vergiss das blöde Notebook! Hilf mir doch!

Lisa: Aber meine ganzen Arbeiten waren darauf! Scheiße, Mann!

Max: Hast sowieso Backups auf dem Memorystick in der Schublade.

Lisa: Ach ja. Stimmt.

Max: Und jetzt zieh mich hoch, verdammt noch mal!

> *Auf einmal sieht Lisas Gesicht aus, als wäre ein Geistesblitz irgendwo tief im Gehirn eingeschlagen.*

Lisa: Ach du liebe Scheiße! Ich hab's! Ich weiß, wie's weiter gehen soll!

Für einen Augenblick lässt Lisas Konzentration nach. Ihr Griff wird schwächer und Max stürzt in die Tiefe. Er schreit.

Lisa: Max! Maaaaaaax!

Einige Sekunden lang schaut sie hinunter. Langsam weicht der Ausdruck von Entsetzen einem Lächeln.

Lisa: Ich hab's...

Ende Szene Eins.

Diskutieren Sie zu zweit die Szene. Was ist passiert und warum? Welche Verbindungen zur Geschichte sehen Sie? Wie geht das Drehbuch weiter? Meinen Sie, das Drehbuch wird erfolgreich verfilmt? Erklären Sie.

Übung 5: Rollenspiel.

1. **Gespräch mit dem Postbeamten.** Stellen Sie sich vor, der Postbeamte folgt Irene auf die Straße, um sie auf das getrocknete Blut an ihrem Hemd und in ihrem Haar anzusprechen.
2. **Konrad will in den Himmel.** Konrad steht am Tor von Sankt Petrus und unterhält sich mit dem Pförtner. Doch dieser will ihm zunächst keinen Einlass gewähren. Konrad muss ihn überreden. Stellen Sie sich das Gespräch vor. Hier sind einige Phrasen, die Konrad verwenden könnte, um den Pförtner zu überreden:

   „Zu Lebzeiten habe ich immer versucht, ein guter Mensch zu sein."
   „Ich bin dermaßen selbstlos, dass ich um meiner Freundin willen gestorben bin."
   „Ich habe mich immer nach dem Prinzip der Nächstenliebe verhalten."
   „Welche Bedingungen muss ich erfüllen, um da reinzukommen?"
   „Dürfte ich vielleicht dem himmlischen Chef selbst meinen Fall erläutern?"
   „Mein Großvater ist letztes Jahr gestorben. Er kann für mich bürgen."
   „Bestimmt haben Sie eine Liste von meinen Guttaten geführt."
   „Stimmt es, dass man als Engel mit Flügeln ausgestattet wird?"
   „Mein Tod war eigentlich ein Unfall. Ich verdiene es also, da reinzukommen."

Übung 6: Bewerten Sie die Geschichte auf der folgenden Skala:

1	2	3	4	5
	------------------	------------------	------------------	------------------	
ausgezeichnet	gut	durchschnittlich	nicht gut	furchtbar

Übung 7: Erklären Sie Ihre Bewertung!

Ich habe die Geschichte als _____ bewertet, weil...

Übung 8: Nun vergleichen Sie Ihre Bewertung und Erklärungen mit denen Ihrer Kommiliton/Innen. Notieren Sie sich die Informationen von drei Personen, damit Sie diese der Klasse präsentieren können. Raten Sie, was die Durchschnittsbewertung der Klasse sein könnte!

	Name	Bewertung	Erklärung(en)
1.			
2.			
3.			

Übung 9: Schreibaufgaben.

1. **Ein Geständnis.** Einige Tage sind seit dem unabsichtlichen Mord von Konrad vergangen, und langsam bekommt Irene Gewissensbisse. Eines Morgens kann sie es nicht mehr aushalten: sie fasst also den Entschluss, einen Geständnisbrief zu schreiben und diesen an die Polizei zu schicken. Schreiben Sie den Brief, und beginnen Sie ihn wie folgt: „Sehr geehrte Damen und Herren! Die Schuldgefühle sind überwältigend: Ich muss einen Mord gestehen."

2. **Podcast.** Schreiben Sie den Dialog zu einem der Rollenspiele in Übung 5 oben. Zeichnen Sie diese mit einem Partner oder einer Partnerin auf und machen Sie einen Podcast daraus.

PODCAST B: HÖREN SIE *CLAUDIAS PODCAST NR. 6: DER FALL DES VERSCHWUNDENEN FRETTCHENS* AN.

SUBSTANTIVE

(das-Wörter)
Geräusch(e) – *sound*

(die-Wörter)
Lebensgefahr(en) – *mortal danger*
Tierbesitzerin(nen) – *(f.) pet owner*

(der-Wörter)
Käfig(e) – *cage*
Schuhkarton(s) – *shoebox*

ADJEKTIVE
abgeschlossen – *closed, solved (case)*
gepolstert – *padded, stuffed*
verantwortungslos – *irresponsible*
vernünftig – *reasonable*

SONSTIGES
allerdings – *indeed, too right!*
ansonsten – *in other respects, otherwise*
egal! – *it doesn't matter! who cares!*
auf Nummer sicher gehen – *to make sure*
jdm freien Lauf geben –*to give s.o. free rein*
mach mal halblang – *slow down!*

VERBEN
jmdm etwas antun – *to do s.t. to s.o.*
ausschlafen – *to sleep in*
entkommen – *to escape*
füttern – *to feed*
losziehen – *to leave, head out*
(sich) merken – *to remember, commit to memory*

Übung 1: Welche Wörter oder Phrasen von der Wortschatzliste lassen sich mit den gegebenen Worten oder Phrasen assoziieren und warum?

1. das macht nichts; das ist mir Wurst; gleichgültig:
2. Bungeespringen; mit Haifischen tauchen; zu schnell fahren:
3. ein Häftling; fliehen; eine Geisel; nichts wie weg!:
4. eine Person, die zu hektisch redet; nichts überstürzen:
5. ein Bellen, Knarren oder Knirschen:
6. ein Mensch, der seine Kinder lange unbeaufsichtigt lässt, z. B.; vor dem Einschlafen ein Lagefeuer im trockenen Wald brennen lassen:
7. um 14 Uhr aufstehen; nachdem man bis spät in die Nacht ausgeblieben ist:
8. eine Telefonnummer; wichtige Informationen; im Kopf behalten:

Übung 2: In welcher Reihenfolge werden diese Sachen in Podcast Nr. 2 erwähnt?

- Ralf schlägt vor, dass Claudia alles noch einmal durchgeht. ____
- Claudia findet Han Solo. ____
- Claudia sagt, wann sie vergangenen Abend losgezogen war. ____
- Claudia hört Geräusche. ____
- Claudia macht Ralf ein Kompliment. ____
- Claudia ruft Ralf an. ____
- Maria wird als mögliche Täterin genannt. ____

Übung 3: Beantworten Sie die Fragen.

1. Warum ruft Claudia ihren Freund so früh an? Nimmt er sofort ab? Wie reagiert er darauf?
2. Wieso macht sich Claudia Sorgen um Han Solo?
3. Welche Informationen bekommt Ralf darüber, was Claudia am vergangenen Abend gemacht hat?
4. Was macht Claudia immer, bevor sie die Wohnung verlässt?
5. Wen verdächtigt Claudia im Zusammenhang mit dem Verschwinden von Han Solo? Was vermutet Claudia über diese Person und Han Solo? Warum?
6. Welche Geräusche hört Claudia? Woher kommen sie?
7. Welche Erklärung gibt es letztendlich, was den Fall des verschwundenen Frettchens angeht *(concerning)*?
8. Was meint Claudia, wenn sie sagt: „Diesmal nicht..."?
9. Welchen Ratschlag gibt Ralf Claudia, bevor er auflegt?
10. Welches Kompliment spricht Claudia für Ralf aus? Wie reagiert er darauf?

ZWEITER LESETEXT: *TÖDLICHE SPIRALE*
VON JOHN BECKMANN

SUBSTANTIVE

(das-Wörter)

Gestrüpp(e) – *underbrush*

Grundstück(e) – *property*

Muttermal(e) – *birthmark*

Papperlapapp – *nonsense*

(die-Wörter)

Aussage(n) – *statement, testimony*

Entführung(en) – *abduction, kidnapping*

Folge(n) – *consequence*

Gerichtsmedizin – *forensic medicine*

Leiche(n) – *corpse, dead body*

Spinnerin(nen) – *(f.) crazy person*

Spurensicherung(en) – *CSI, forensics*

Staatsanwaltschaft(en) – *district attorney's office*

(der-Wörter)

Fundort(e) – *place where body was found*

Haftbefehl(e) –*arrest warrant*

Streifenwagen(-) – *patrol car*

Termin(e) – *appointment*

Zeitungsausschnitt(e) – *article excerpt*

SONSTIGES

jmdm auf die Schliche kommen – *to find s.o. out*

aus dem Affekt heraus – *in a blind rage*

aus freien Stücken – *on one's own volition*

Bescheid wissen – *to be informed*

ungelegen kommen – *to be an inconvenience*

vor Gericht stellen – *to take to court*

ADJEKTIVE

bleich – *pale*

offensichtlich – *obvious*

stumpf – *dull, not sharp*

wulstig – *full, voluptuous*

VERBEN

empfangen – *to receive (guests, signal)*

(sich) entfernen – *to distance o.s., move away*

erwürgen – *to strangle*

fassen – *to catch, apprehend*

hocken – *to sit (coll.)*

nippen (an [+ Dat.]) – *to sip on*

verdächtigen – *to suspect*

vergewaltigen – *to rape*

zerstreuen – *to disperse, dispel*

VOR DEM LESEN

Übung 1: Welches Wort passt nicht und warum?

~~swallow~~

1. schlucken   nippen   (trinken)   futtern
2. Papperlapapp   Vernunft   Wahrheit   Sachlichkeit   *reason*
3. Gerichtsmedizin   Muttermal   Spurensicherung   (Haftbefehl)
4. hocken   Bewegung   Leibesübung   laufen
5. erwürgen   vergewaltigen   (Termin)   Entführung
6. Ahnung   (Bescheid wissen)   verdächtigen   Vermutung
7. stumpf   scharf   gewetzt   (bleich)

Übung 2: Welches Wort bzw. welche Phrase bin ich?

1. Ich beschreibe eine Situation, wo eine Person z. B. zu spät kommt oder dann erscheint, wenn der andere Mensch beschäftigt ist.
2. Wenn ein Mensch z. B. einen Geist gesehen hat, beschreibe ich seine Gesichtsfarbe.
3. Mich tut man beim Trinken eines heißen Getränks.
4. Ich bin ein toter Mensch.
5. Ich beschreibe die Situation, wenn man etwas tut, weil man es wirklich machen will, und nicht, weil man dazu gezwungen wird.
6. Mich sagt ein Zeuge im Gerichtssaal.
7. Mich hält man für verrückt.
8. Mich muss man machen, wenn man z. B. einen Arzt besuchen will.
9. Ich bin das, was ein Kommissar mit einem Mörder zu machen hofft, wenn er sich mit einem ungelösten Fall beschäftigt. *(zwei Möglichkeiten)*

Übung 3: Wortschatz durch Spiele! Machen Sie die folgenden Spiele in Gruppen.

1. *Galgenmännchen.* Suchen Sie jeweils 5 Wörter aus der Wortschatzliste aus!
2. *Geheimwort.* Suchen Sie jeweils 5 bis 10 Wörter aus der Wortschatzliste aus!

TÖDLICHE SPIRALE

Dichte Nebelschwaden hingen über dem See. Die Luft war kalt und feucht, und Jakob Jedlik fror in seinem dünnen Sommermantel. Stampfend ging er am Waldrand ein paar Schritte auf und ab.

„Wie lange sind sie schon da unten?", fragte er.

„Fast eine Stunde", antwortete Oskar Fleischer, der auf einem umgekipp- 5 ten Baumstamm hockte und Pistazien aß. „Die ersten müssen bald ihre Flaschen wechseln."

„Sie ist sich sicher, dass die Leiche hier ist."

„Hoffen wir's", sagte Fleischer nach einem kurzen Schweigen. Er warf die Pistazienschalen ins Gebüsch und stand auf. „Das dauert alles viel zu lange." 10

Jedlik sah zum Streifenwagen hinüber. Die dicke, rothaarige Frau auf der Rückbank unterhielt sich mit einem der Streifenbeamten.

„Außerdem wusste sie von dem Muttermal", fügte Jedlik hinzu.

„Und wenn sie doch nur eine Spinnerin ist?"

Jedlik dachte einen Augenblick über die Frage nach. Er wusste keine Ant- 15 wort. Dann sah er den Taucher, und dessen erhobener Daumen zerstreute alle Zweifel.

Als der bleiche, dünne Körper mit dem herzförmigen Muttermal auf dem Rücken an Land getragen wurde, ging hinter den Tannen die Sonne auf. Der Horizont wurde heller und die ersten Strahlen brachen durch das Dickicht 20 aus Zweigen und Stämmen. Schnell löste sich der Nebel auf.

● ● ●

Der Raum im siebten Stock des Landeskriminalamts Hamburg war gerade groß genug für einen Konferenztisch und zehn Stühle. Neun der Plätze waren besetzt, als Jedlik und Fleischer den Raum betraten.

„Morgen zusammen. Ihr wurdet hoffentlich schon alle über die Neuigkei- 25 ten informiert?", begann Fleischer. Sein Blick wanderte kurz über die müden Gesichter. Allgemeines Nicken. „Dann können wir ja anfangen. Wer hat mit der Gerichtsmedizin gesprochen?"

„Dr. Moradi weiß bereits Bescheid", antwortete eine junge Frau.

„Bis heute Mittag will ich seine erste Einschätzung", fuhr Jedlik fort. „Wo- 30 ran und vor allem wann das Mädchen gestorben ist."

Die Frau nickte.

„Die Spurensicherung ist noch vor Ort. Regina und Christoph, Sie fahren bitte ebenfalls zum Fundort. Ich will wissen, wie das Mädchen dorthin
35 gekommen ist, ob sie jemand gesehen hat. Fragen Sie in den umliegenden Dörfern nach, ob an dem See geangelt wird."

Jedlik wandte sich an den Kollegen am Tischende.

„Fragen Sie die Eltern bei der Gelegenheit gleich, ob ihre Tochter Freunde oder Bekannte in der Gegend hatte." Er machte eine kurze Pause. „Um drei-
40 zehn Uhr geben wir eine Pressekonferenz."

Jedlik setzte sich.

„Soweit alles klar?", fragte Fleischer. Schweigen. „Dann ran an die Arbeit."

Nach wenigen Sekunden waren Jedlik und Fleischer allein in dem kleinen Raum.

45 „Was hast du vor, Jakob?", fragte Fleischer.

„Ich fahre zu Frau Bohsen. Sie soll mir noch einmal erklären, woher sie wusste, wo wir das Mädchen finden würden."

„Du glaubst also nicht an ihre Gabe?"

„Ich weiß es nicht ...", Jedlik starrte auf die glänzende Oberfläche des
50 Konferenztisches.

„Ich dachte, die Bohsen sei raus aus dem Kreis der Verdächtigen?"

Jedlik stand auf. „Viel Glück bei der Pressekonferenz", sagte er. „Und ruf mich an, wenn es etwas Neues gibt."

• • •

Als Jedlik auf den <u>Ring 2</u>[5] einbog, <u>war der morgendliche Berufsverkehr
55 immer noch nicht abgeebbt</u>[6]. Eine Zeit lang trieb Jedlik mit dem Strom der Büroangestellten und Verkäufer. Dann bog er ab und fuhr stadtauswärts.

Eine halbe Stunde später parkte Jedlik den Wagen in einer kleinen, sauberen Straße. Eine dichte Hecke umschloss das Grundstück, nur zur Straße hin unterbrochen durch ein kleines Gartentor. Daneben stand ein Mann in
60 einem karierten Wollpullunder und schnitt überstehendes Gestrüpp ab.

„Entschuldigen Sie", sagte Jedlik.

Der Mann im Pullunder fuhr erschrocken herum. Seine Oberlippe zitterte etwas, ein Schweißtropfen fiel herab.

---

5. Ring 2 is one of three ring roads that circle the city of Hamburg.
6. the morning rush hour traffic hadn't yet let up

„Ja? Was wollen Sie?"

„Ich möchte zu Frau Bohsen. Wissen Sie, ob sie zu Hause ist?" 65

„Haben Sie einen Termin?", fragte der Mann und fuhr sich mit der Hand übers Gesicht.

„Nein, habe ich nicht."

„Tut mir Leid. Madame Bohsen empfängt heute keine Besucher. Kommen Sie morgen wieder." 70

„Ich denke, sie wird für mich wohl eine Ausnahme machen", sagte Jedlik und holte seinen Polizeiausweis aus der Manteltasche.

„Ach, so ist das", sagte der Mann und seine Oberlippe begann wieder leicht zu zittern.

Ein Kiesweg führte zu einem einstöckigen Haus mit einem Spitzdach. 75 Jedlik folgte dem Mann durch die offene Haustür ins kühle Halbdunkel.

„Erwin, ich habe Ihnen doch gesagt, dass ich nicht gestört werden möchte. Ist das denn so schwer..."

Frau Bohsen trat in den Flur. Als sie Jedlik erkannte, verformten sich die wulstigen Lippen zu einem Lächeln. „Herr Kommissar! Schön, Sie zu 80 sehen."

„Guten Tag, Frau Bohsen. Ich hoffe, ich komme nicht ungelegen."

„Papperlapapp, für Sie habe ich doch immer Zeit. Kommen Sie, kommen Sie."

Das Wohnzimmer glich einer Höhle. Die überfüllten Bücherregale reich- 85 ten bis unter die Decke und die schweren Vorhänge vor der Fensterfront nahmen die Sicht nach draußen. Für einen Moment fühlte Jedlik sich eingeschlossen, gefangen. Er atmete tief durch und setzte sich auf ein kleines Sofa, nachdem Frau Bohsen ihm gegenüber Platz genommen hatte.

„Ihr Gärtner sagte mir schon, dass Sie heute viele Termine haben." 90

„Mein Gärtner?", Frau Bohsen sah ihn überrascht an. „Ach, Sie meinen Erwin. Nein, er ist nicht mein Gärtner. Eher ein Freund, der mir ein wenig hilft. Aber erzählen Sie, Herr Kommissar, was führt Sie zu mir? Haben Sie den Mörder bereits gefasst?"

Sie lehnte sich nach vorne, und der Sessel protestierte quietschend. 95

„Nein, noch nicht. Frau Bohsen, ich möchte noch einmal über Ihre Vision sprechen. Was haben Sie genau gesehen?"

„Sie haben mir nie wirklich zugehört." Tadelnd hob sie den Finger. „Weil Sie mir nicht geglaubt haben, richtig? Na gut." Sie schloss die Augen. „Zuerst

100 sah ich nur den Körper. Den blassen, toten Körper und die blauen Plastiksäcke, die ihn auf dem Grund hielten."

„Wie lag die Leiche?"

„Wie sie lag? Auf dem Rücken. Ihre toten Augen schauten gen Himmel. Ich entfernte mich von dem Mädchen, tauchte langsam auf. Sie wurde im-
105 mer kleiner, bis die Dunkelheit sie verschluckte. Ich durchbrach die Wasser-
oberfläche und sah, wie sich der Mond auf dem See spiegelte..." Sie öffnete die Augen. „Aber das habe ich Ihnen alles schon erzählt."

„Ja, das stimmt. Wir Polizisten müssen immer zweimal fragen." Jedlik versuchte zu lächeln. Ihre Aussage hatte sich nicht verändert.

110 „Das macht doch nichts", sagte sie kühl. „Ich freue mich über Ihren Besuch."

Jedlik erhob sich aus dem tiefen Polster. Es gab für ihn hier nichts mehr zu tun.

„Dann also bis zum nächsten Mal, Herr Kommissar."

115 „Ja, bis zum nächsten Mal."

• • •

„Und das war alles?", fragte Fleischer, nachdem Jedlik seinen Bericht beendet hatte.

Jedlik nickte, und Fleischer widmete sich wieder seinem Kotelett mit Pommes. Das Essen in der Kantine des Polizeihauptquartiers war nicht gut,
120 aber Fleischer immer hungrig.

„Eine dreiviertel Stunde hin, eine dreiviertel Stunde zurück. Jakob, manchmal verstehe ich dich nicht", sagte er, ohne aufzuschauen.

„Hat sich Dr. Moradi gemeldet?"

„Ja. Das Mädchen ist innerhalb der letzten achtundvierzig Stunden
125 gestorben."

„Achtundvierzig Stunden erst?", Jedlik nippte an seinem Kaffee. „Todes-
ursache?"

„Wahrscheinlich die Folgen einer schweren Schädelfraktur. Stumpfer Ge-
genstand, von vorne gegen die Stirn, mehrmals." Fleischer klopfte sich mit
130 dem Teelöffel gegen die besagte Stelle. „Sicher ist sich Moradi aber nicht. Sie hat ziemlich üble Hämatome am Hals, könnte auch erwürgt worden sein."

Jedlik dachte eine Weile nach. „Sie wurde nicht vergewaltigt, oder?"

„Nein", antwortete Fleischer kauend.

„Das war kein Unfall", stellte Jedlik sachlich fest. „Keine Tat aus dem Affekt heraus. Das Mädchen sollte sterben." Er hielt kurz inne. „Wir müssen das Umfeld des Mädchens noch einmal unter die Lupe nehmen. Freunde, Verwandte, Bekannte, alle die ein Motiv haben könnten."

Er stand kurzerhand auf und hob sein Tablett vom Tisch auf.

„Übrigens...", Fleischer schob einen weißen Schnellhefter über den Tisch. Jedlik schaute neugierig darauf. „Wir haben schon einmal mit Ihrer Frau Bohsen zusammengearbeitet. Also, nicht wir direkt, sondern die Kollegen aus Lübeck. Ist acht Jahre her, ging damals um eine Entführung. Die Kollegen sind nur so klug gewesen, Frau Bohsens Bedeutung bei der Lösung des Falls runterzuspielen, so dass sie in der Presse kaum zu Wort gekommen ist. Deshalb wussten wir bislang auch nichts davon, die Bohsen wird in den Berichten kaum erwähnt, nur in einem Artikel der Lokalzeitung."

„Ich schau mir das gleich mal an. Wir reden später weiter."

• • •

Kurz darauf saß Jedlik in seinem Büro und blätterte langsam durch den Bericht.

Wirklich abgeschlossen worden war der Fall nie. Aber die Parallelen waren offensichtlich. Polizei und Eltern suchen nach dem verschwundenen Mädchen, rufen Freunde und Bekannte an. Die Tage verstreichen, ohne Erfolg. Bis eine selbsternannte Hellseherin Kontakt zu ihnen aufnimmt und behauptet, sie wisse, wo das Mädchen sei. Man fährt zu dem Ort, den die Hellseherin beschreibt, und findet das Mädchen. Der einzige Unterschied bestand darin, dass das Mädchen in Lübeck lebendig gefunden worden war.

Die letzte Seite des Schnellhefters war ein vergilbter Zeitungsausschnitt. Jedliks Augen wanderten über die Überschrift und die ersten Zeilen. Als sie das Foto erreichten, übersprang sein Herz einen Schlag. Das Bild zeigte drei Menschen. Vater und Mutter, ihre Arme schützend um die Tochter gelegt. Alle wirkten erschöpft. In den Gesichtern der Eltern spiegelt sich Erleichterung. Das Mädchen starrte ins Leere. Vom Gesicht her erkannte Jedlik den Mann auf dem Foto zunächst nicht, doch er erkannte das nervöse Lächeln und die Lippen, <u>die selbst in dieser leblosen Momentaufnahme leicht zu zittern schienen</u>[7].

---

7. which seemed to twitch even in this lifeless captured moment in time

• • •

„Das hier ist Erwin Baumann." Jedlik zeigte auf den Zeitungsausschnitt. „Ich will, dass er ab sofort überwacht wird. Das hat höchste Priorität. Ich glaube, er ist unser Mann."

Fleischer saß hinter seinem Schreibtisch und sah Jedlik fragend an.

170 „Und ruf bei der Staatsanwaltschaft an. Ich brauche zwei Haftbefehle. Einen für diesen Baumann und einen für Frau Bohsen", fuhr Jedlik fort.

„Was ist denn los, Jakob? Wovon sprichst du?"

„Die beiden Fälle gleichen sich bis ins kleinste Detail. Außerdem ist dieser Baumann nicht nur der Vater des entführten Mädchens aus Lübeck. Er

175 schneidet seit acht Jahren die Hecke bei Frau Bohsen."

„Es gibt schon gewisse Parallelen, aber vielleicht hat die Bohsen nur solche Visionen..."

„Dann erkläre mir doch bitte, wie sie das Muttermal sehen konnte, wenn die Leiche auf dem Rücken lag. Sie hat mir ihre Vision etliche Male beschrie-

180 ben. Immer lag das Mädchen auf dem Rücken."

Jedlik hörte das Blut in seinen Ohren rauschen. Er presste seinen Finger auf das Bild in dem Zeitungsausschnitt, auf die Figur mit dem nervösen Lächeln.

„Er war es", sagte er. „Er hat das Mädchen für sie getötet."

• • •

185 Die untergehende Sonne warf lange Schatten, als Jedlik zum zweiten Mal an diesem Tag in der kleinen sauberen Straße parkte. Der Streifenwagen hielt direkt hinter ihm. Jedlik sprach kurz mit den beiden Polizeibeamten, bevor er den Garten betrat.

Sie wartete bereits auf ihn, stand lächelnd in der Haustür.

190 „Herr Kommissar, irgendwoher wusste ich, dass Sie noch einmal vorbeikommen würden. Allerdings habe ich nicht so früh damit gerechnet."

Jedlik lächelte ebenfalls. Kein Katz-und-Maus-Spiel, dachte er. Sie wussten beide, worum es ging.

Wieder saßen sie im Wohnzimmer zwischen den hohen Bücherregalen

195 und den schweren Vorhängen.

„Warum das alles?", fing er an. „Es ist das Einzige, was ich noch nicht verstehe."

Eine schwere, lange Pause fiel zwischen die beiden.

„Wie sind Sie mir auf die Schliche gekommen?", fragte Frau Bohsen.

„Das Muttermal. Sie konnten es nicht gesehen haben. Die Leiche lag auf   200
dem Rücken."

„Sie glauben immer noch, dass Sie mich wirklich kriegen?", sagte sie herausfordernd. Das Lächeln blieb noch auf ihrem Gesicht.

„Meine Kollegen sind bereits bei Herrn Baumann. Früher oder später wird
er reden. Und dann werden Sie vor Gericht gestellt."   205

„Rufen Sie ihn an, Ihren Kollegen. Na los, machen Sie schon."

Jedlik zögerte einen Moment, dann zog er das Handy aus der Tasche und
wählte Fleischers Nummer. Bereits nach dem ersten Tuten meldete sich dieser.

„Jakob, wir sind zu spät gekommen. Er liegt in der Küche. Er hat sich...",
Fleischers Stimme stockte kurz. „Er hat sich in den Mund geschossen."   210

Jedlik legte auf. Eine Zeitlang starrte er auf das dunkle Display. Als er den
Kopf hob, sah er das breite Grinsen in der Dunkelheit des Zimmers.

„Womit haben Sie ihn erpresst?"

„Er hat alles aus freien Stücken getan."

„Er hat wirklich an Sie geglaubt, stimmt's? An die Visionen und den ganzen Hokuspokus."   215

„Ich habe schließlich seine Tochter gerettet."

„Das Leben seiner Tochter für das einer anderen."

Jedlik stand auf. Es gab für ihn hier nichts mehr zu tun.

• • •

Lange saß er noch in seinem Wagen, hörte Chopin und überlegte, was   220
der unbekannte Entführer aus Lübeck Frau Bohsen wohl geschuldet hatte
und wie lange sich diese Spirale schon drehte.

Irgendwann kamen die Polizeibeamten zurück. Frau Bohsen lächelte auf
dem Weg zum Streifenwagen.

BEIM LESEN

Übung 1: Beantworten Sie die Fragen.

1. Was für Informationen gibt der Titel über den möglichen Inhalt der
   Geschichte?

2. Wer ist die Hauptfigur der Geschichte? Welche Figuren spielen Nebenrollen?

3. Wer spricht im Text? Ist der Erzähler auch eine Figur in der Geschichte?

4. Welche Gegenstände (objects) spielen in der Geschichte eine Rolle?

5. Welchen Eindruck bekommen Sie von der Hauptfigur? Von den Nebenfiguren?

6. Wie würden Sie den Erzählton der Geschichte beschreiben?

7. Wie würden Sie den Inhalt der Geschichte in einem Satz zusammenfassen?

Übung 2: Identifizieren Sie die Wörter im Text, die...

- die Hauptfigur beschreiben
- die Nebenfiguren beschreiben
- die Schauplätze der Geschichte etablieren
- die Spannung oder etwas Rätselhaftes vermitteln
- die Atmosphäre der Geschichte kreieren
- auf die Einstellungen (attitudes, opinions) der Figuren hinweisen

Übung 3: Suchen Sie die folgenden Komposita (compound words) im Text.
Was könnten diese Wörter bedeuten? Welche Präfixe oder Suffixe erkennen
Sie? Welche anderen Wörter kennen Sie, die dieselben Präfixe oder Suffixe
haben?

Wörter/Präfixe/Suffixe	Bedeutung	Andere Wörter
1. Nebelschwaden: _wafts_	fog	Nebel
2. Neuigkeit: _Keit_	news	neu
3. Spurensicherung: -ung	forensics	
4. einstöckig: -ig	one story	der stöck
5. erwürgen:	strangle	
6. Momentaufnahme:	snapshot	
7. Zeitungsausschnitt:	article _excpt_	
8. Überschrift:	Heading	
9. neugierig:	Curious	
10. Entführer:	abductor	

Übung 4: Machen Sie eine Liste mit den Wörtern aus dem Text, die Ihnen unbekannt sind. Vergleichen Sie diese mit einem/r Partner/In.

Übung 5: Welche Satzteile passen zusammen und in welcher Reihenfolge passiert das in der Geschichte?

Auf dem Rücken...	...untersucht den Fundort nach Hinweisen.
Die Spurensicherung...	...erkennt Jedlik den Gärtner.
Das Muttermal...	...die Hellseherin als Mittäterin.
Im Zeitungsausschnitt...	...lag die Leiche.
Jedlik verdächtigt...	...von Frau Bohsen gleicht einer Höhle.
Das Wohnzimmer...	...wie lange sich die tödliche Spirale wohl dreht.
Jedlik überlegt...	...behauptet die Hellseherin gesehen zu haben.

Übung 6: Schreiben Sie Sätze oder Konstruktionen aus dem Text auf, die Sie immer noch nicht verstehen. Vergleichen Sie diese mit einem/r Partner/In.

NACH DEM LESEN

Übung 1: Beschreiben Sie mit Substantiven, Adjektiven oder Verben die Figuren in der Geschichte.

	Substantive	Adjektive	Verben
Jedlik:			
Fleischer:			
Frau Bohsen:			
Erwin:			

Übung 2: Beantworten Sie die Fragen zum Inhalt der Geschichte.

1. Worauf warten Jedlik und Fleischer, als sie in der kalten, feuchten Morgenluft am Waldrand stehen? Was bedeutet der erhobene Daumen des Tauchers?
2. Womit beauftragt Jedlik seine Kollegen Regina und Christoph und den Kollegen am Tischende im Konferenzraum?
3. Warum will Jedlik wieder zu Frau Bohsen fahren? Wie reagiert Fleischer darauf?
4. Wer ist Frau Bohsen? Beschreiben Sie ihr Haus, sowohl den Innen- als auch den Außenbereich.
5. Wen trifft Jedlik draußen, als er bei Frau Jedlik ankommt? Wie reagiert diese Person auf Jedliks unangemeldeten Besuch? Welche auffallende Eigenschaft hat diese Person? Ist er laut Frau Bohsen wirklich der Gärtner?
6. Welche Informationen bekommt Jedlik von Frau Bohsen über den Fall?
7. Was steht im Bericht der Gerichtsmedizin über den Mord an dem Mädchen?
8. Was erfährt Jedlik sonst noch von Fleischer, nachdem er von seinem ersten Besuch bei Frau Bohsen zurückgekehrt ist?
9. Welche Entdeckungen macht Jedlik, als er den von Fleischer erwähnten Bericht untersucht?
10. Welchen Rückschluss zieht Jedlik, nachdem er sich mit dem Bericht befasst hat? Was beschließt er daraufhin zu tun?
11. Wie gelang es dem Kommissar, der Hellseherin letzten Endes auf die Schliche zu kommen? Beschreiben Sie die Reaktion von Frau Bohsen.
12. Was hat Fleischer zu berichten, als Jedlik ihn mit dem Handy anruft?
13. Wie geht die Geschichte aus?

Übung 3: Besprechen Sie die Fragen zur Analyse der Geschichte.

1. Inwiefern ist diese Geschichte „typisch" für die Krimigattung? Berücksichtigen Sie Themen, Motive und Figuren.
2. Besprechen Sie den Titel. Welche tödliche Spirale ist gemeint, und wann erkennt der Leser die Bedeutung des Titels?
3. Die Geschichte wird in der dritten Person von einer anonymen Erzählfigur erzählt. Wie würde es die Lese-Erfahrung beeinflussen, wenn die Geschichte in der ersten Person, also aus der Perspektive der Hauptfigur,

erzählt würde? Meinen Sie, es würde die Geschichte irgendwie verbessern oder verschlechtern? Erklären Sie Ihre Meinung.

4. Betrachten Sie etwas genauer die Sprache der Hellseherin, wenn sie ihre Visionen erläutert. Wie und warum unterscheidet sich dieser Sprachstil von dem allgemeinen Sprachstil, in dem die Geschichte erzählt wird?

5. Inwiefern gibt es in der Geschichte eine „typische" Rollenverteilung nach Geschlecht? Was halten Sie davon?

6. In vielen Krimitexten steht ein universeller moralischer Kodex im Vordergrund. Inwiefern kann man dies in *Tödliche Spirale* erkennen oder nicht erkennen?

7. Was meinen Sie zum Ende der Geschichte? Waren Sie damit zufrieden?

Übung 4: Rollenspiel.

1. **Bitte tun Sie es nicht!** Stellen Sie sich vor, dass Sie Erwin in dem Moment aufspüren, als er sich in den Mund schießen will. Er steht bereits mit der Pistole im Mund vor Ihnen, und Sie müssen versuchen, ihm den Selbstmord auszureden. Hier sind einige Phrasen, die Sie verwenden könnten:

   „Ich weiß von Ihrer Tochter. Das ganze ist nicht Ihre Schuld."
   „Denken Sie an Ihre Familie!"
   „Selbstmord ist nie eine Lösung."
   „Wollen Sie wirklich wegen einer verrückten Hellseherin Ihr Leben lassen?"
   „Bitte bedenken Sie die Folgen eines Selbstmords und wem Sie dabei wehtun."
   „Die Frau Bohsen ist es nicht wert, dass Sie sterben."
   „Geben Sie mir die Pistole und lassen Sie uns vernünftig miteinander reden."
   „Bitte tun Sie nichts, was Sie nicht ungeschehen machen können."
   „Bestimmt gibt es in Ihrem Leben noch vieles, was Ihnen Grund zu leben gibt."
   „Ich gebe Ihnen mein Wort, Sie bekommen Hilfe, wenn Sie die Pistole hergeben."

2. **Im Vernehmungsraum mit Frau Bohsen.** Stellen Sie sich mit zwei Kommiliton/Innen das Verhör vor, das Fleischer und Jedlik mit der Hellseherin führen.

Übung 5: Bewerten Sie die Geschichte auf der folgenden Skala:

1	2	3	4	5
ausgezeichnet	gut	durchschnittlich	nicht gut	furchtbar

Übung 6: Erklären Sie Ihre Bewertung!

Ich habe die Geschichte als _____ bewertet, weil...

Übung 7: Nun vergleichen Sie Ihre Bewertung und Erklärungen mit den Bewertungen von Ihren Kommiliton/Innen. Notieren Sie sich die Informationen von drei Personen, damit Sie diese der Klasse präsentieren können. Raten Sie, was die Durchschnittsbewertung der Klasse sein könnte!

	Name	Bewertung	Erklärung(en)
1.			
2.			
3.			

Übung 8: Schreibaufgaben.

1. **Meine eigene Krimi-Kurzgeschichte**. Fangen Sie mit folgendem Satz an: „Als Kommissar Dinkelmeier eines Morgens vom Läuten seines Handys geweckt und ihm mitgeteilt wurde, dass am vergangenen Abend ein vierter Mordfall geschehen war, der den vorangehenden Fällen bis in kleinste Details glich, gab es für ihn keine Zweifel mehr: er musste dem Mörder auf die Schliche kommen."

2. **Eine Vision**. Stellen Sie sich vor, Sie wären Hellseher oder Hellseherin und würden mit der Mordkommission an einem Fall zusammenarbeiten. Beschreiben Sie eine Vision, die Sie hatten, um der Polizei dabei zu helfen, den Täter zu fassen.

3. **Podcast**. Schreiben Sie mit zwei Partnern/Innen den Dialog zu einem der Rollenspiele oben. Nehmen Sie den Dialog zusammen auf und machen Sie einen Podcast daraus.

GRAMMATIKWIEDERHOLUNG: MODALVERBEN[8]

Übung 1: Schreiben Sie mit den gegebenen Elementen komplette Sätze. Fangen Sie mit dem unterstrichenen Element an und beachten Sie Tempus, Konjugation und Satzstellung.

1. lange / am Fundort / müssen / die Spurensicherung / bleiben (Imperfekt)
2. die Taucher / vor Abend / können / im See / die Leiche / finden / nicht (Perfekt)
3. anzeigen / die verdächtigte Mörderin / du / wollen / warum / nicht? (Präsens)
4. der Vater / der Hellseherin / müssen / einfach / glauben / blindlings (Imperfekt)
5. zweifeln an / Fleischer und Jedlik / die Aussagen / sollen / der Hellseherin? (Perfekt)
6. ihrem Freund / nicht / mögen / helfen / in der Not / die Schriftstellerin (Imperfekt)

INTERKULTURELLES

Aktivität 1: Besprechen Sie folgende Fragen mit einem/r Partner/In.

1. Im Podcast *Was meint der Mensch auf der Straße dazu* erwähnt einer der Befragten zwei bekannte Figuren aus beliebten deutschen Krimisendungen: Schimanski, und Derrick. Recherchieren Sie diese Personen im Internet und berichten Sie der Klasse, was Sie über die Figuren und die entsprechenden Sendungen herausgefunden haben.
2. Glauben Sie, dass amerikanische Krimisendungen – natürlich auf Deutsch synchronisiert – im deutschen Fernsehen beliebt sind? Suchen Sie im Internet das aktuelle Wochenprogramm eines deutschen Senders (z. B. RTL, Sat 1, ARD), um sich darüber näher zu informieren. Berichten Sie Ihren Kommiliton/Innen, was Sie gefunden haben.
3. Schauen Sie sich die Graphik mit dem Titel „Welche Art von Fernsehsendungen und Filmen sehen Sie sehr gern?" an und besprechen Sie diese

8. Für ausführliche Erklärungen siehe Kapitel 8 in *Deutsche Wiederholungsgrammatik* und Kapitel 1 und 2 in *Kaleidoskop*.

mit einem/r Partner/In. Was überrascht Sie am meisten? Was hätten Sie eher erwartet? Wer waren wohl die meisten Befragten für diese Umfrage: Erwachsene oder Jugendliche? Erklären Sie Ihre Antwort.

4. Fragen Sie fünf Kommiliton/Innen, welche Art von Fernsehsendungen sie sehr gern sehen. Stimmen die Ergebnisse Ihrer spontanen Kleinumfrage mit denen der Graphik überein?

5. Was ist der Unterschied zwischen folgenden Wörtern: Inspektor, Kommissar und Detektiv? Wie würden Sie die Wörter übersetzen?

Welche Art von Fernsehsendungen und Filmen sehen Sie sehr gern?

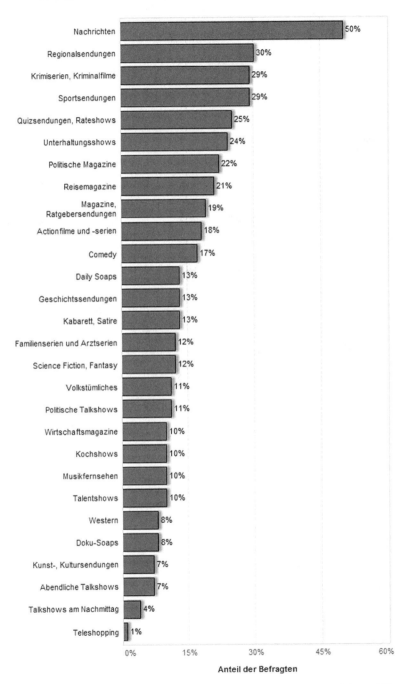

	Anteil der Befragten
Nachrichten	50%
Regionalsendungen	30%
Krimiserien, Kriminalfilme	29%
Sportsendungen	29%
Quizsendungen, Rateshows	25%
Unterhaltungsshows	24%
Politische Magazine	22%
Reisemagazine	21%
Magazine, Ratgebersendungen	19%
Actionfilme und -serien	18%
Comedy	17%
Daily Soaps	13%
Geschichtssendungen	13%
Kabarett, Satire	13%
Familienserien und Arztserien	12%
Science Fiction, Fantasy	12%
Volkstümliches	11%
Politische Talkshows	11%
Wirtschaftsmagazine	10%
Kochshows	10%
Musikfernsehen	10%
Talentshows	10%
Western	8%
Doku-Soaps	8%
Kunst-, Kultursendungen	7%
Abendliche Talkshows	7%
Talkshows am Nachmittag	4%
Teleshopping	1%

Anteil der Befragten

Deutschland; ab 14 Jahre; Institut für Demoskopie Allensbach

© Statista 2009
Quelle: IfD Allensbach

Sieben

Die Welt der Arbeit

Was bedeutet Ihnen der Begriff „Arbeit"? Denken Sie sofort an Karriere, Möglichkeiten, Reisen, Selbsterfüllung oder die Chance, die Welt zu verbessern? Oder eher an Stress, Einschränkung, Schufterei, Büros überfüllt mit Schreibtischen, und Langeweile tagein tagaus?

Unter „Arbeit" stellt sich jeder von uns etwas anders vor. Welche Bedeutung, meinen Sie, hat „Arbeit" für den Menschen im Bild oben? Möchten Sie seine Arbeit haben? Warum/warum nicht?

In den folgenden Podcasts und Geschichten werden verschiedene Auffassungen von „Arbeit" vermittelt. Wir möchten Sie darum bitten, darauf zu achten, welche Perspektiven mit den Ihrigen übereinstimmen und welche nicht. Denn eines sollten Sie beim Hören bzw. Lesen im Hinterkopf behalten: Nach dem Studium wartet die Arbeitswelt auf Sie. Betrachten Sie also folgendes Kapitel als Vorbereitung auf diese Welt. (Und Sie können uns natürlich für diese Vorbereitung danken, indem Sie an uns denken, sollten Sie Millionär werden und zu einer Spende aufgelegt sein...)

ZUM AUFTAKT

Aktivität 1: Was assoziieren Sie mit dem Begriff „Arbeit" und was nicht?

-e Biene   -r Stress   blaumachen   pendeln   -r Chef

Kollegen/Innen   Überstunden   -r Computer   verkaufen   schlafen

lustig   verdienen   erfüllend   -e Sitzung   Handlungsreisende/r

-s Geld   mobben   -s Ziel   -e Krawatte   -r Erfolg   surfen   reisen

zu Hause   -e Kreativität   vor sich hinstieren

-r Staubsauger   leisten   -s Vermögen

Ich assoziiere damit...   Ich assoziiere damit nicht...

Aktivität 2: Erklären Sie einem/r Partner/In Ihre Assoziationen.

Mit dem Begriff Partnerschaft *assoziiere ich* _____ *(nicht), weil...*

Aktivität 3: Besprechen Sie folgende Fragen mit einem/r Partner/In.

1. Haben Sie einen Job? Wenn ja: erzählen Sie etwas darüber und erläutern Sie auch, was Ihnen daran gefällt oder nicht gefällt. Wenn nein: warum nicht?

2. Was stellen Sie sich unter einem „Traumjob" vor? Beschreiben Sie einen „Traumjob". Was wäre für Sie der allerschlimmste Job und warum?

3. Welche Eigenschaften sind Ihrer Meinung nach wichtig, wenn man in der Arbeitswelt Erfolg haben will? Erklären Sie.

4. Würden Sie jemals einen Job als Handelsreisender oder Verkäufer annehmen? Warum/warum nicht?

5. Meinen Sie, es ist schwer, als Student einen Teilzeitjob zu finden? Warum/warum nicht? Mit welchen Herausforderungen muss man rechnen, wenn man als Student jobben will?

6. Wie wichtig sind Ihnen folgende Dinge an Ihrem künftigen Beruf auf einer Skala von 1 bis 5: Geld, Kreativität, Flexibilität, Ansehen, Eigenständigkeit, Erfolg, Herausforderungen, Beförderungsmöglichkeiten, reisen, freundliche Kollegen/Innen, anderen Menschen helfen, lange Urlaube, Fortbildungsmöglichkeiten, aktiv sein.

7. Stellen Sie sich vor, Sie wollten einen Zirkus gründen und damit eine große Welttour machen. Welche Tiere würden Sie dafür „einstellen" und welche nicht? Warum? Welche Tiere wären Ihrer Meinung nach „arbeitsfähig" oder „fleißig" und welche nicht? Erklären Sie.

PODCAST A: *WAS MEINT DER MENSCH AUF DER STRAßE DAZU?*

SUBSTANTIVE

(das-Wörter)
Baumwollfeld(er) – *cotton field*
Schauspiel(e) – *play, theater performance*

(die-Wörter)
Anschaffung(en) – *purchase*
Armut – *poverty*
Malerei(en) –*painting*
Müllabfuhr – *garbage pickup*

(der-Wörter)
Finanzbeamter (Finanzbeamte) – *tax officer*
Inhalt(e) – *content*
Regler(-) – *modulator, control unit*

SONSTIGES
aus dem Grund – *for that reason*
in Eigenregie – *singlehandedly*
in der Klemme – *in a bind*
hinter den Kulissen – *behind the scenes*
tagein tagaus – *day in, day out*

ADJEKTIVE
durchdacht – *thought out*
erbärmlich – *destitute, poor*
freiberuflich – *freelance*
geschickt – *crafty, strategic*
überschaubar – *manageable, straightforward*
unabhängig – *independent*

VERBEN
beitragen zu – *to contribute to*
(sich) einteilen – *to divide up, allot time for*
umkrempeln – *to revamp, reorder*
unterrichten – *to teach*
(sich) vorstellen (+ Dat.) – *to imagine*
zerstören – *to destroy*

Übung 1: Welche Definition passt?

---

a. etwas, was man kauft   b. wenn der Abfall weggebracht wird
c. kaputt machen   d. planmäßig, überlegt
e. wenn man in einer schwierigen Lage ist   f. ändern
g. allein, ohne Hilfe   h. sich ausmalen

---

1. umkrempeln ____   2. unabhängig ____   3. Anschaffung ____

4. durchdacht ____   5. sich vorstellen ____   6. in der Klemme ____

7. Müllabfuhr ____   8. zerstören ____

Übung 2: Vervollständigen Sie die Zitate aus dem Podcast.

1. „Da gehört wirklich sehr viel dazu, das _____
   zu machen."

2. „Mein Traumjob wäre es vielleicht, irgendwo _____
   _____ vor einem Berg von Technik, an den _____
   zu sitzen und gute _____ produzieren zu dürfen, in _____
   _____."

3. „Aber ich wäre auch nicht böse darum, wenn jetzt auf einmal ganz plötzlich der große Geldregen käme und ich mein berufliches Leben noch einmal komplett _____ könnte."

4. „Tja, und nach dem Abitur und nach dem Zivildienst habe ich dann tatsächlich diesen Beruf _____ gelernt, und bin jetzt seit
   knapp sechs Jahren als Schauspieler _____ unterwegs."

5. „Ich würde diesen Job allerdings machen, wenn ich finanziell _____
   _____ und ganz dringend Geld bräuchte."

6. „Wenn derjenige, der das Geld hat oder zu selbigem gekommen ist, es
   _____ und _____ anstellt."

7. „Ich glaub', der schlimmste Job überhaupt ist der, den man machen muss
   unter _____ Bedingungen."

8. „Was eine unglaublich anstrengende Arbeit ist, und die Menschen haben überhaupt nichts davon und leben in _____
   _____."

Übung 3: Richtig oder falsch?

1. Die erste Sprecherin sucht noch ihren Traumjob. ____

2. Auch wenn sie das Geld dringend brauchen würde, würde die erste Sprecherin „den schlimmsten Job überhaupt" nicht machen. ____

3. Sprecher Zwei ist mit seiner Arbeit zufrieden. ____

4. Sprecher Zwei arbeitet im Büro. ____

5. Bereits als Kind hat Sprecher Drei seinen Traumberuf entdeckt. ____

6. Person Drei kauft gern teure Sachen. ____

7. Person Vier bezweifelt, dass Geld allein glücklich macht. ____

8. Person Fünf würde gern im Finanzamt arbeiten. ____

Übung 4: Beantworten Sie die Fragen.

1. Welche Fragen werden in dem Podcast gestellt?

2. Welchen Job hat Sprecherin Eins? Wie findet sie diesen? Welchen Job hält sie für den schlimmsten überhaupt und warum?

3. Was ist Sprecher Zwei von Beruf? Wie sieht sein Traumjob aus?

4. Unter welchen Umständen würde Person Drei „acht Stunden im Büro sitzen" und „irgendwelche Tabellen abtippen"?

5. Welche Nachteile von Geld erwähnt Person Vier?

6. Welche Jobs betrachtet Sprecher Fünf als „die schlimmsten überhaupt" und warum? Stimmen Sie ihm zu? Erklären Sie.

Übung 5: Schreibaufgaben.

1. **Der schlimmste Job**. Beschreiben Sie den für Sie „schlimmsten Job überhaupt". Dann schreiben Sie eine kurze Annonce für den Job, die allerdings so positiv wie möglich klingen soll. Bringen Sie Ihre Texte mit zum Unterricht. Dort veranstalten Sie dann ein Scheininterview mit einem Kommilitonen, der sich um den Job bewirbt.

2. **Es wird philosophiert**. Erfinden Sie einen Dialog zwischen zwei Philosophen, die sich darüber unterhalten, ob Geld glücklich machen kann. Einer davon meint „ja", der andere meint „nein".

ERSTER LESETEXT: *DIE BIENE LILLY UND IHR TRAUM* VON CHRISTINA STÖGER

SUBSTANTIVE

(das-Wörter)

Begehren(-) – *desire*

Vorhaben(-) – *plan*

Ziel(e) – *goal*

(die-Wörter)

Ausbeute – *spoils, yield, booty*

Ausrede(n) – *excuse*

Faulheit – *laziness*

Fütterung(en) – *feeding*

Quelle(n) – *source*

(der-Wörter)

Bienenstock(¨-e) – *beehive*

Blütenstaub – *pollen*

Duft(¨-e) – *scent, odor*

Eifer – *zeal, eagerness*

Lufthauch – *puff of wind*

SONSTIGES

als jemals zuvor – *than ever before*

bloß weg von hier! – *cut and run!*

sehnlich – *fervently*

ADJEKTIVE

arbeitsscheu – *indolent, averse to work*

berauscht – *intoxicated*

fleißig – *industrious, happy to work*

klebrig – *sticky*

mutig – *brave*

zart – *faint, subtle*

VERBEN

anerkennen – *to acknowledge, appreciate*

(sich) drängeln – *to jostle, scramble*

einhüllen – *to engulf, shroud in*

locken – *to attract, lure*

staunen – *to marvel*

stoßen (gegen [+ Akk.]) – *to bump against*

(sich) verfliegen – *to get lost flying*

versorgen – *to provide (for)*

vorgehen – *to happen, go on*

zusammenraffen – *to summon (courage)*

VOR DEM LESEN

Übung 1: Welches Wort aus der Wortschatzliste passt in die Lücke? Passen Sie auf Konjugation, Tempus, Artikel und Endungen auf.

1. Der Ausdruck der verzweifelten Angestellten verriet genau, was in ihr

   _____.

2. Viele Menschen sind gegen _____ allergisch.

3. Jeden Morgen _____ die süßen Düfte der frisch geba-
   ckenen Semmel die Kunden in die Bäckerei.

4. Auf einer abgelegenen Insel in der Karibik vergruben die Piraten ihre
   _____ tief im Sand.

5. Der _____ Angestellte hatte keine Angst: er konfrontierte
   den Chef und ließ ihn wissen, dass er sich die Lohnsenkungen nicht
   mehr gefallen lassen würde.

6. Er war ein vorbildlicher Vater und Arbeiter, machte Überstunden und
   Doppelschichten, wo er konnte, um seine Familie zu _____
   _____.

7. Der BMW-Angestellte hat die neuen Modelle gesehen und war wie
   _____; noch nie in seinem Leben hatte er solch feine Fahr-
   zeuge gesehen.

8. Das Erdbeben passiert mitten am Tag, und die Arbeiter in der alten Fa-
   brik aus Backstein zucken zusammen. Auf einmal ruft der Sichtmanager:
   „_____!"

9. Die Regierung wusste nichts von dem _____ der Bus-
   fahrer-Gewerkschaft, nämlich: streiken, die Autobahnen verriegeln und
   ihre Mitglieder aufmarschieren lassen.

10. Der neue Pilot fand den Weg zum Flughafen nicht mehr; er hatte sich
    _____.

Übung 2: Wortschatz durch Spiele! Machen Sie die folgenden Spiele in
Gruppen.

1. *Geheimwort.* Suchen Sie jeweils 5 Wörter aus der Wortschatzliste aus!
2. *Loszeichnen.* Suchen Sie jeweils 5 Wörter aus der Wortschatzliste aus!

DIE BIENE LILLY UND IHR TRAUM

Lilly war eine fleißige Biene. Gestern erst geboren, versorgte sie schon
mit ihren Schwestern die Königin. Sie war immer ganz vorn dabei und ver-
folgte voller Eifer ihr Ziel. Immer wenn man sie brauchte, war sie da und half.

So vergingen die Tage und es kam die Zeit, dass die kleinen Bienen ausflie-
gen sollten, um Blütenstaub zu suchen. Es war ein sonniger Morgen, der Tau
glitzerte noch auf den Blüten und Gräsern der Wiese. So fleißig Lilly in ihrem
Bienenstock gewesen war, genauso ängstlich war sie jetzt. Eigentlich wusste sie,
was sie zu tun hatte: Die Flügelchen ausbreiten, einfach los fliegen, eine Blüte
finden, den Staub einsammeln und dann zurückkehren. Doch sie hatte Angst.

Wie sie da so am Ausgang stand und auf den perfekten Moment wartete,
drängelten sich ihre Schwestern an ihr vorbei.

„Nun flieg endlich und such. Du musst arbeiten. Dazu bist du da", riefen
sie ihr zu.

Lilly wollte nicht arbeitsscheu erscheinen, war sie doch immer die Beste
gewesen im Bienenstock. Sie hatte Angst, keinen süßen Staub zu finden.
Was wäre, wenn sie mit leeren Körbchen zurückkommen würde? Was, wenn
sie sich verfliegen würde und nicht zum Bienenstock zurückfände?

So stand sie bis zum Abend da und dachte nach. Ihre Schwestern sammelten fleißig weiter und schüttelten den Kopf über so viel Faulheit. Doch
sie wussten ja nicht, was in Lilly vorging. Und sie wollten es auch gar nicht
wissen. Alle waren so mit sich selbst beschäftigt. Keine ging auf die ängstli-
che Biene zu, um ihr zu helfen.

In der Nacht, als alle schliefen, dachte Lilly noch lange nach und kam zu
dem Entschluss, dass sie es allen zeigen wollte. Sie würde den besten und
süßesten Staub einsammeln, den es gab.

Am nächsten Morgen regnete es. Nur einige mutige Bienen schwärmten
aus. Lilly blieb im Stock und half dort beim Bau und bei der Fütterung der
Jungtiere. So verging die Zeit und Lilly hatte ihr Vorhaben schon fast vergessen. Doch dann kam der Tag. Die Sonne schien und es gab keine Ausrede
mehr. Sie raffte ihren ganzen Mut zusammen, stürzte sich in die Lüfte und
flog los.

„Ach ist das schön", dachte Lilly. Sie sah Wiesen und Blumen, Bäume und
Blüten. Sie war wie berauscht.

„<u>Das hätte ich schon längst machen sollen</u>[1]. Ich werde den besten Staub
finden und alle werden ganz stolz auf mich sein", dachte sie.

Doch die Blumen, die sie fand, waren ihr alle nicht süß genug. Also flog
sie weiter. Und auch die Pollen der Apfelbäume, an denen sie vorbei flog,
lockten sie nicht.

1. I should have done that long ago

Es wurde Abend, und da sie ja unbedingt etwas mitbringen wollte, sammelte sie doch etwas Staub. Aber nur den allerbesten und süßesten. Als ihre Schwestern sie sahen, bemerkten sie, wie wenig Lilly gesammelt hatte. Und sie lachten sie aus.

„Du bist eine dumme Biene", sagten sie zu ihr. „Sammle doch das, was du bekommen kannst, und träume nicht von dem, was du nie finden wirst."

Doch Lilly war fest von ihrem Traum überzeugt.

Eines wunderschönen Tages flog Lilly weiter als jemals zuvor. Und dann roch sie es. Dieser Duft. Süßer als jede Blume und sicher etwas ganz Besonderes. Die anderen würden staunen. Wenn sie das in den Stock brachte, würde man sie nicht mehr auslachen. Sie würde geliebt und anerkannt werden. Daher flog sie weiter.

Und da fand sie sie, die Quelle ihres Begehrens.

Eigentlich sollte sie jetzt tanzen, um den anderen von ihrem Fund zu berichten. Doch sie wollte es ganz für sich allein haben.

Sie landete auf etwas Großem, rund, mit Beeren und einer klebrigen Soße drauf. Es schmeckte herrlich und sie sammelte, soviel sie tragen konnte. Als sie gerade wieder los fliegen wollte, merkte sie, dass sich etwas verändert hatte. Der Himmel war milchig weiß und die schöne Luft wurde immer weniger, so dass sie Probleme hatte zu atmen. Sie flog los.

„Bloß weg von hier", dachte sie. Doch dann stieß sie gegen etwas Hartes. Eine Haube war über dem Kuchen und hüllte ihn ganz ein. Verzweifelt suchte sie einen Ausweg. Sie musste doch zurück und ihre Ausbeute den anderen zeigen. Doch so sehr sie sich auch bemühte, sie fand keinen Ausweg. Versunken in den betäubend süßen Düften wünschte sie sich nichts sehnlicher, als wieder frei zu sein. Und wie im Traum spürte sie, dass ein zarter Lufthauch ihre Flügelspitzen umspielte.

BEIM LESEN

Übung 1: Beantworten Sie die Fragen.

1. Auf welche möglichen Themen weist der Titel hin? Was für einen „Traum" könnte eine Biene haben?
2. Wer ist die Hauptfigur der Geschichte? Welche Figuren spielen Nebenrollen?
3. Wer spricht im Text? Wer ist die Haupterzählerin?

4. Wie würden Sie den Erzählton der Geschichte beschreiben?

5. Welche Gegenstände spielen in der Geschichte eine Rolle?

6. Welchen Eindruck haben Sie von der Hauptfigur?

7. Wie würden Sie den Inhalt der Geschichte mit einem Satz zusammenfassen?

Übung 2: Identifizieren Sie die Wörter im Text, die...

- die Hauptfigur beschreiben
- die Nebenfiguren beschreiben
- den Schauplatz der Geschichte etablieren
- die Atmosphäre der Geschichte kreieren
- auf die Einstellungen der Figuren hinweisen
- Überraschungen vermitteln

Übung 3: Suchen Sie die folgenden Komposita im Text. Was könnten diese Wörter bedeuten? Welche Präfixe oder Suffixe erkennen Sie? Welche anderen Wörter kennen Sie, die dieselben Präfixe oder Suffixe haben?

Wörter/Präfixe/Suffixe	Bedeutung	Andere Wörter
1. Vorhaben:		
2. berauscht:		
3. verfliegen:		
4. arbeitsscheu:		
5. Körbchen:		
6. klebrig:		
7. Faulheit:		
8. sehnlich:		

Übung 4: Machen Sie eine Liste mit den Wörtern aus dem Text, die Ihnen unbekannt sind. Vergleichen Sie diese mit einem/r Partner/In.

Übung 5: Welche Satzteile passen zusammen und in welcher Reihenfolge passiert das in der Geschichte?

Berauschend...	...will die fleißige Biene einsammeln.
Die Königin...	...lockt Lilly an etwas Großes mit einer klebrigen Soße.
Den süßesten Staub...	...wird Lilly eingehüllt.
Durch eine Haube...	...will die kleine Biene nicht erscheinen.
Die anderen Bienen...	...wird von Lilly und ihren Schwestern versorgt.
Arbeitsscheu...	...lachen die kleine Biene aus.
Der Duft...	...wirken die Wiesen, Blumen und Blüten auf Lilly.

Übung 6: Schreiben Sie Sätze oder Konstruktionen aus dem Text auf, die Sie immer noch nicht verstehen. Vergleichen Sie diese mit einem/r Partner/In.

NACH DEM LESEN

Übung 1: Beschreiben Sie mit Substantiven, Adjektiven oder Verben die Figuren in der Geschichte.

	Substantive	Adjektive	Verben
Lilly:			
Die Schwestern:			

Übung 2: Beantworten Sie die Fragen zum Inhalt der Geschichte.

1. Inwiefern ist Lilly eine „fleißige" Biene?
2. Wovor hatte Lilly als kleine Biene Angst? Wie reagierten Lillys Schwestern auf ihre Angst?
3. Welchen Entschluss fasste Lilly eines Nachts? Setzte sie diesen Entschluss sofort in die Tat um?

4. Wie fühlte sich Lilly auf ihrem Jungfernausflug *(maiden flight)*? Was alles erlebte sie?

5. Warum lachten die Schwestern Lilly nach deren ersten Ausflug aus? Welche Wirkung hatten diese Spöttereien auf Lilly?

6. Was ist für Lilly „die Quelle ihres Begehrens"? Wo und wie findet sie diese?

7. Wie endet die Geschichte?

Übung 3: Beantworten Sie folgende Fragen zur Analyse der Geschichte.

1. *Die Biene Lilly und ihr Traum* weist einen abwesenden Erzähler auf. Warum, meinen Sie, wird die Geschichte nicht aus der Sicht der Hauptfigur dargestellt?

2. Eine der aussagekräftigsten Zeilen in der Geschichte ist folgende: „Lilly wollte nicht arbeitsscheu erscheinen..." Besprechen Sie diese Zeile im Rahmen der Geschichte. Was könnte der Satz bedeuten?

3. Was wissen Sie über Parabeln? Welche kennen Sie? Wodurch wird eine Parabel gekennzeichnet? Inwiefern könnte man diese Erzählung als Parabel bezeichnen?

4. Besprechen Sie die Beziehung zwischen Lilly und ihren Schwestern. Glauben Sie, es hat eine Bedeutung, dass „die Schwestern" vage und gruppiert eingesetzt werden? Warum wird Lilly nicht von einer einzigen Schwester, die eher personalisiert werden könnte, ausgelacht?

5. In der Geschichte findet Lilly die Quelle ihres Begehrens. Wie stellen Sie sich Ihre eigene „Quelle des Begehrens" vor? Inwiefern ist diese ähnlich wie oder anders als die von Lilly?

6. Eigentlich müsste Lilly tanzen, um den anderen Bienen von ihrem traumhaften Fund zu berichten. Doch sie unterlässt dies, weil sie die Beute für sich allein haben will. Ist Lilly deshalb als „böse" oder „sittlich verfallene" *(morally flawed)* Figur der Geschichte zu verstehen? Warum/warum nicht?

7. Hat diese Erzählung ein Happyend? Erklären Sie.

Übung 4: Eine Bienenerzählung.

Obwohl Lillys Königin mit ihrer Brut beschäftigt ist, findet die Bienen-Hoheit trotzdem immer die Zeit, den jungen Bienen Geschichten vorzulesen. Die folgende Erzählung bekamen Lilly und ihre Schwestern oft zu hören:

Vor langer, langer Zeit gab es einen Bienenstock. Dieser Bienenstock befand sich am Rande eines Waldes. Viele Jahrhunderte wurde der Bienenstock von Generationen eifriger Bienen betrieben. Und mit jeder Generation wurde der Bienenstock größer, beständiger und erfolgreicher, denn jede einzelne Biene wusste, dass sie zu diesem Erfolg beitrug. Jede Biene zählte. Es war die Arbeit aller, die dem Bienenstock seine Beständigkeit gewährleistete. Davon waren alle Bienen felsenfest überzeugt. Bis auf eine. Diese Biene tanzte aus der Reihe. Sie wollte sich dem Kollektivdenken der Kolonie nicht fügen. Sie handelte eigenständig, dachte und machte das Gegenteil von dem, was die anderen Bienen dachten und machten. Eines Tages setzte sie sich das Ziel in den Kopf, mehr Blütenstaub einzusammeln, als es jemals eine Biene eingesammelt hatte. Als die Bienen eines wunderschönen Morgens ausflogen, folgte die Eigensinnige den anderen nicht. Sie ignorierte deren Warnungen und Zurechtweisungen. Sie flog einfach los, besessen von ihrem eigenen Ziel. Die anderen Bienen schauten der Eigensinnigen lange nach. Sie riefen ihr zu und flehten sie an, doch noch zurückzukehren. Aber die halsstarrige Biene kümmerte sich nicht darum. Tage vergingen. Dann Wochen. Die eigenwillige Biene ward nicht mehr gesehen. Manche glauben, sie sei so weit geflogen, bis ihre Flügelchen nachgaben und sie zum Boden hinunterstürzte, wo sie tot liegen blieb. Andere behaupten, sie wäre bis ans Ende der Welt geflogen, bis sie an das Schlaraffenland des Blütenstaubs gelangte, wo sie noch heute in Wonne und Frieden lebt. Wie dem auch sei, eines bleibt unbestritten: keine Biene des Bienenstocks hat jemals wieder ein Lebzeichen von der eigenwilligen Biene gesehen.

Besprechen Sie diese Erzählung mit einem/r Partner/In. Warum würde eine solche Erzählung jungen Bienen vorgelesen? Wie könnte sie von jungen Bienen verstanden werden? Welche Parallele zur Geschichte *Die Biene Lilly und ihr Traum* erkennen Sie? Welche Unterschiede gibt es? Würden Sie Ihren eigenen Kindern diese Erzählung vorlesen? Warum oder warum nicht?

Übung 5: Rollenspiel.

1. **Konfrontation mit ihren Schwestern.** Eines Tages hat es Lilly satt: sie will sich die Spöttereien ihrer Schwestern nicht mehr gefallen lassen. Stellen Sie sich ein Gespräch vor, in dem Lilly von zwei Schwestern getadelt wird,

sich aber verteidigt. Folgende Phrasen könnten Sie für die Rolle von Lilly bzw. den Schwestern anwenden:

Lilly:

> *„Lasst mich in Ruhe!"*
>
> *„Ich gehe meiner Arbeit immer mit Eifer nach."*
>
> *„Warum kümmert ihr euch nicht um eure eigene Arbeit?"*
>
> *„Ihr wisst ja nicht einmal, was für Ziele ich habe."*
>
> *„Irgendwo da draußen wartet der süßeste Blütenstaub auf mich."*
>
> *„Ohne Träume hat das Leben keinen Sinn."*
>
> *„Ich bin nicht arbeitsscheu. Ich warte nur auf den richtigen Moment."*
>
> *„Ich versorge die Königin genauso gut wie ihr!"*

Schwestern:

> *„Du bist ein Taugenichts!"*
>
> *„Ich sammle in einer Minute mehr Blütenstaub als du in einer Woche sammelst."*
>
> *„Was geht überhaupt in deinem Kopf vor?"*
>
> *„Warum bist du denn so weggetreten?"*
>
> *„Warum verschwendest du deine Zeit und Energie auf unerreichbare Träume?"*
>
> *„Immer musst du aus der Reihe tanzen!"*
>
> *„Vergiss nicht, dass du zu einer Kolonie gehörst! Du bist keine Einzelbiene!"*
>
> *„Keine Ausreden mehr!"*
>
> *„Es kommt auf die Menge an und nicht auf die Qualität!"*

2. **Beschwerde bei der Königin.** Lilly will sich offiziell bei der Königin darüber beschweren, wie sie von den anderen Bienen im Stock behandelt wird. Stellen Sie sich das Gespräch zwischen den beiden vor.

Übung 6: Bewerten Sie die Geschichte auf der folgenden Skala:

```
1                2                3                4                5
|----------------|----------------|----------------|----------------|
ausgezeichnet    gut      durchschnittlich    nicht gut      furchtbar
```

Übung 7: Erklären Sie Ihre Bewertung!

Ich habe die Geschichte als _____ bewertet, weil...

Übung 8: Nun vergleichen Sie Ihre Bewertung und Erklärungen mit den Bewertungen von Ihren Kommiliton/Innen. Notieren Sie sich die Informationen von drei Personen, damit Sie diese der Klasse präsentieren können. Raten Sie, was die Durchschnittsbewertung der Klasse sein könnte!

	Name	Bewertung	Erklärung(en)
1.			
2.			
3.			

Übung 9: Schreibaufgaben.

1. **Die letzten Worte einer Biene.** Die arme Lilly bleibt unter der Kuchenhaube festsitzen und zweifelt daran, dass sie jemals wieder frei fliegen wird. Sie glaubt also, dem sicheren Tod entgegenzusehen. Daher beschließt sie, ihren eigenen Nachlass zu verfassen. Was schreibt sie? Beginnen Sie das schriftliche Testament wie folgt:

   „Liebe Schwestern im Bienenstock,
   wie ich hier festsitze und mir langsam klar wird, dass mich das große Ende erwartet, erkenne ich auch, dass ich euch noch vor meinem Tod vieles sagen möchte…"

2. **Meine tierische Erzählung.** Erfinden Sie eine kurze Erzählung, die ein Tier als Hauptfigur hat und eine Botschaft für den Leser beinhaltet. Seien Sie kreativ!

3. **Podcast.** Schreiben Sie den Dialog zu einem der Rollenspiele in Übung 5 oben. Zeichnen Sie diese mit einem Partner oder einer Partnerin auf und machen Sie einen Podcast daraus.

PODCAST B: HÖREN SIE *CLAUDIAS PODCAST NR. 7: CLAUDIA WURDE GEFEUERT AN.*

SUBSTANTIVE

(die-Wörter)
Bestellung(en) – *order (restaurant)*
Entlassung(en) – *layoff (work)*
Grenze(n) – *border, limit*

(der-Wörter)
Kompromiss(e) – *compromise*
Luftzug(¨-e) – *draft (air)*
Taugenichts(e) – *good-for-nothing*

SONSTIGES

abwechselnd – *alternatingly*
bevor ich mich versehe – *before I know it*
das ist kein Honiglecken – *that's no walk in the park*
(sich) etwas gefallen lassen – *to put up with s.t.*
geschieht ihm recht – *serves him right*
ich fasse das nicht! – *I can't believe it!*
ich glaube, ich spinne! – *holy cow!*
meine Güte! – *my goodness!*
das gibt's nicht! – *no way!*
Wäre ich nur da gewesen! – *If only I'd been there!*

ADJEKTIVE

einzig – *single, one*
empfindlich – *sensitive, touchy*
offensichtlich – *obvious*
schlicht – *simple*

VERBEN

anpöbeln – *to accost*
(sich) anstrengen – *to try hard*
beklagen – *to complain about, criticize*
einschreiten – *to intercede*
erwischen – *to catch*
hinnehmen – *to take, put up with*
meckern – *to complain (coll.)*
schütten – *to spill, dump out (liquid)*
überschreiten – *to cross over, exceed*
verderben – *to ruin*
(sich) versöhnen – *to settle differences*
zufrieden stellen – *to satisfy*
zurechtkommen mit – *to get along with*

Übung 1: Welches Wort aus der Wortschatzliste passt in die Lücke? Achten Sie auf Konjugation, Tempus, Artikel und Endungen.

1. Die Frau wollte Krankenschwester werden, aber sie konnte den Anblick von Blut nicht ertragen; sie war einfach zu _____ .

2. Mit den Schulleistungen ihres Sohnes waren die Eltern gar nicht zufrieden. Mit einer 4 in Mathe und einer 5 in Englisch würde er es nie schaffen, einen Studienplatz an der Uni zu ergattern. Er war verzweifelt und deprimiert und fühlte sich wie ein _____.

3. Der Polizist gab dem Fahrer einen Strafzettel, denn dieser hatte die Geschwindigkeitsgrenze um 20 Meilen pro Stunde _____ _____.

4. Es war Freitag und der Mann war der _____ Angestellte in der Firma mit einer Krawatte an; alle anderen Angestellten trugen Jeans und saloppe Hemden.

5. Trotz des bitteren Streites _____ die zwei Brüder, und es wurde in der Familie alles wieder gut.

6. Den jungen Busfahrer traf _____ schwer; es war das erste Mal in seinem Leben, dass er seinen Job verloren hatte.

7. Mehrere Wochen konnte die Studentin die Erkältung, die unter ihren Kommilitonen und Kommilitoninnen die Runden gemacht hatte, vermeiden; doch letztendlich, bereits in der letzten Woche des Semesters, hat es sie _____ und sie wurde krank.

Übung 2: Und dann sagen Sie... Welche Phrase würde in den folgenden Situationen passen?

1. Ihr Freund hat sich schon wieder Ihr Auto ausgeborgt, ohne Sie zu fragen.

2. Ein Fußgänger stößt einen anderen Fußgänger an, entschuldigt sich aber nicht dafür. Im Gegenteil: er verflucht den unschuldigen Passanten. Eine Straße weiter wird der unhöfliche Fußgänger von einem vorbeirasenden Auto, das durch eine Pfütze saust, nass gespritzt.

3. Ein Kommilitone erzählt Ihnen, dass am vorigen Tag, als Sie abwesend waren, das Handy des Professors mitten im Unterricht losgeheult hat. Dieser Professor hatte schon am ersten Tag des Semesters gegen Studenten mit Handys gewettert.

4. Sie gehen in die Bibliothek, legen Ihren Laptop auf einen Tisch und gehen zum Schalter, um ein vorbestelltes Buch abzuholen. Sie sind nur

eine Minute weg. Doch als Sie an den Tisch zurückkommen, stellen Sie fest, dass Ihr Laptop geklaut (*stolen; coll.*) wurde. Sofort greifen Sie zum Handy und rufen einen Freund an, um ihm zu sagen, was passiert ist. Sie wollen natürlich betonen, dass Sie nur für einen kurzen Augenblick den Rücken gewendet hatten.

5. Ihre Mutter ruft Sie an und erzählt gelassen, dass sie und Ihr Vater entschieden haben, bei Ihnen einzuziehen, um Geld für ihren Ruhestand zu sparen.

6. Eine gute Freundin schickt Ihnen eine SMS, um Ihnen mitzuteilen, dass sie nun vorhat, Jura an der Uni Harvard zu studieren. Sie meint, es kann doch nicht so schwer sein, wie es alle behaupten. Trotzdem möchte sie wissen, was Sie von ihrem Vorhaben halten.

Übung 3: In welcher Reihenfolge werden diese Sachen in Podcast Nr. 2 erwähnt?

- Claudia erzählt, dass sie sich zwischen die Männer gestellt hat. _____

- Ralf schlägt vor, dass Claudia einen Job findet, der nichts mit Kunden zu tun hat. _____

- Claudia erzählt, was sie mit dem Wein des Kunden gemacht hat. _____

- Claudia meint, sie wäre ein Taugenichts. _____

- Ralf fragt, wie es zur Entlassung gekommen ist. _____

- Claudia erzählt, was der Kunde gesagt hat, das ihre Grenzen überschritten hatte. _____

- Claudia erzählt vom Kompromiss, den sie den beiden Herren vorgeschlagen hatte. _____

Übung 4: Beantworten Sie die Fragen.

1. Warum ist Ralf über Claudias Anruf überrascht?
2. Warum schämt sich Claudia? Was ist passiert? Wann? Wo?
3. Was findet Claudia am Kellnern weniger beklagenswert?
4. Womit hat Claudias schlechte Erfahrung angefangen? Wie beschreibt sie dieses störende Element?
5. Was wollte der lästige Kunde im Restaurant machen und warum? Wie reagierte Claudia zunächst darauf?

6. Welche Szene fand Claudia vor, als sie mit einer Bestellung in der Hand aus der Küche kam?

7. Warum hatte der Mann am Nebentisch etwas gegen den Wunsch des lästigen Kunden einzuwenden?

8. Inwiefern hat Claudia „einfach gehandelt", als sie die aufregende Szene wahrnahm?

9. Welchen Kompromiss macht Claudia? Wie reagieren die Betroffenen darauf?

10. Wie hat Claudias Kunde letzten Endes ihre „Grenzen überschritten"? Was hat Claudia daraufhin getan? Was hatte das zur Folge?

11. Was sollte nun Claudia am nächsten Morgen unternehmen? Welchen Ratschlag gibt Ralf ihr?

ZWEITER LESETEXT: *DER JOB* VON MARCUS WATOLLA

SUBSTANTIVE

(das-Wörter)
Gewissen(-) – *conscience*
Vertrauen – *trust*

(die-Wörter)
Berufswahl – *career choice*
Entscheidung(en) – *decision*
Gelassenheit – *composure*
Klingel(n) – *doorbell*
Menge(n) – *large amount*

(der-Wörter)
Auftrag("-e) – *task, charge*
Erfolg(e) – *success*
Gewinn(e) – *profit*
Kofferraum("-e) – *trunk (car)*
Mittelständler(-) – *middle-class person*
Ort(e) – *place*
Ruf(e) – *reputation*
Staubsauger(-) – *vacuum cleaner*

SONSTIGES
gewissermaßen – *so to speak, in a sense*
jmdn kleinkriegen – *to break s.o.*

ADJEKTIVE
bewaffnet – *armed*
brenzlig – *touchy, hairy (situation)*
dreckig – *dirty*
gründlich – *thorough*
spießig – *petit bourgeois*
verschnörkelt – *ornate, chintzy*
wählerisch – *picky*

VERBEN
ausführen – *to perform, complete (job)*
(sich) begeben – *to move, make one's way*
erledigen – *to complete, finish, take care of*
erzielen – *to achieve, get through hard work*
verrichten – *to do, perform (job)*
versagen – *to fail*
zuschlagen – *to strike, act*

VOR DEM LESEN

Übung 1: Welches Wort passt nicht und warum?

1. ausführen   versagen   erledigen   verrichten
2. Gewissen   Erfolg   erzielen   Gewinn
3. gründlich   verschnörkelt   bewaffnet   wählerisch
4. Vertrauen   Mittelständler   spießig   Gesellschaft
5. Haube   Staubsauger   Windschutzscheibe   Kofferraum
6. sich begeben   Klingel   Entscheidung   zuschlagen
7. Gelassenheit   Staubsauger   Abwaschlappen   Besen
8. gewissermaßen   sozusagen   in gewissem Sinne   keinesfalls

Übung 2: Welches Wort bzw. welche Phrase bin ich?

1. Mich benutzt man, um heikle oder schwierige Umstände zu beschreiben.
2. Ich bin ein geographischer oder physischer Punkt.
3. Ich fehle denjenigen Menschen, die keine Reue spüren, wenn sie etwas Böses tun.
4. Mich verbindet man mit einem erfolglosen Menschen, der etwas versucht, aber auf keinen grünen Zweig kommt.
5. Über mich denken manche Studenten und Studentinnen nach, bevor sie ihren Abschluss machen.
6. Ich beschreibe anspruchsvolle Menschen, die etwas genau haben wollen.
7. Mich tut ein unfreundlicher Mensch, wenn er einen anderen Menschen demütigen oder fertigmachen will.
8. Mich verwendet man oft, um Menschen einer bestimmten Gesellschaftsschicht und deren Gewohnheiten zu beschreiben; ich bin auch eher negativ besetzt.

Übung 3: Wortschatz durch Spiele! Machen Sie die folgenden Spiele in Gruppen.

1. *Geheimwort.* Suchen Sie jeweils 5 bis 10 Wörter aus der Wortschatzliste aus!
2. *Loszeichnen.* Suchen Sie jeweils 5 Wörter aus der Wortschatzliste aus!

DER JOB oh nein!

Er steigt aus dem Auto und betrachtet die Straße.

Hier.

Hier ist der richtige Ort, um den Job zu verrichten. So wie es sein Auftrag ist. Er greift in die Innentasche seines schwarzen Jacketts, holt eine Schachtel Zigaretten hervor und klopft eine heraus. Steckt sie mit dem stählernen Feuerzeug an. 5

Sein Blick schweift über die Häuser, <u>die in Reih und Glied die Straße säumen</u>[2]. Man könnte fast meinen, sie seien mit dem Lineal gezogen worden. So gerade. So akkurat.

Es ist ihm nicht klar, warum der Job hier gemacht werden muss. Hier leben 10 nicht die perfekten Opfer: <u>Mittelständler</u>. Sie haben im allgemeinen hart gearbeitet, um sich ihr eigenes kleines Paradies zu erschaffen. Ein Haus in der Vorstadt. Ein kleiner Garten. Nette Garagen.

Er lächelt. „Der Job wird kurz und schmerzlos ausgeführt", denkt er und zieht wieder an der Zigarette. „Erst ihr Vertrauen gewinnen. Dann 15 zuschlagen."

In Ringen pustet er den Rauch aus. Er schaut sich sein Ziel nochmals an. Es sind Mittelständler. Mit einem eigenen Haus. Diese Sorte ist nicht so leicht klein zu kriegen. Sie haben eine Menge Lebenserfahrung. Meistens sehen sie es einem an. Dann wird es brenzlig. Die ersten Sekunden zählen. In 20 dieser Zeit entscheidet es sich, ob man überlebt oder nicht.

Wieder zieht er an seiner Zigarette. Immer wieder diese verdammte Nervosität, immer wenn man kurz davor ist, loszuschlagen. Jedes Mal, bevor es beginnt, wird er unruhig. Muss sich dann zur Gelassenheit zwingen. Immer dasselbe. 25

Aber es ist eine Sache der Erfahrung. Mit den Jahren wird jeder Job wie der andere. Man legt sein Gewissen gewissermaßen an der Tür ab. Direkt neben der Scham. Gewissen ist so etwas wie Ballast beim Ballonfliegen. Wer eins hat, der kommt nicht weit. Erst, wenn es abgeworfen wird, erzielt man Erfolge, fliegt man mit dem Wind des Gewinns. Erfolge sind wichtig. Für 30 ihn. Er hatte in der letzten Zeit wenige. Das schlägt auf den Ruf. Einer ohne Erfolg überlebt nicht lange in dieser Branche.

2. that lined the street in rank and file

Er zieht wieder an seiner Zigarette. Nur ruhig. Es wird schon alles klappen.

Diese Arbeit macht er schon seit einem Jahr. Musste damals. Hatte Geld-
probleme. Da ist man nicht wählerisch, wenn es um Berufswahl geht. Nimmt
sogar dreckige Arbeit an. Sein erster Auftrag war ein Fiasko gewesen. Er
hatte völlig versagt. Fast hätten sie ihm die Bullen auf den Hals gehetzt[3].

Doch mit den Jahren lernt man dazu. Wird besser. Muss besser werden.
Entweder die oder ich. Ein Job muss um jeden Preis erledigt werden. Gründlich. Schnell. Dann kommen die nächsten. Man bekommt eine gewisse Rou-
tine darin. Ein hartes Geschäft.

Er schnippt die Zigarette fort. Atmet tief durch. Er umrundet sein dunk-
les Auto, öffnet den Kofferraum und holt seine Utensilien heraus. Mit ihnen bewaffnet begibt er sich zur Haustür. Drinnen brennt Licht. Also sind
sie da.

Jetzt gibt es kein zurück mehr.

Auf dem Fußabtreter steht in verschnörkelter Schrift „Herzlich willkommen". Darunter ist ein freundlich lächelnder Hund gemalt, der lustig die
Zunge herausstreckt.

„Herzlich willkommen." Klingt doch nett. Vielleicht wird es gar nicht so
schwer. Sein Finger bewegt sich auf die Klingel zu. Drückt sie. Ein verspielter
Klang säuselt durch die Luft. Die Melodie des Big Ben. Irgendwie spießig.

Es vergehen einige Sekunden. Die Zeit scheint still zu stehen. Dann sind
Schritte zu hören. Sie kommen näher. Die Tür öffnet sich. Die Sekunde der
Entscheidung. Er fasst seine Utensilien fester.

Eine verschlafene Frau erscheint im Türspalt, mustert ihn aus fragenden
Augen. „Frau Peters?", fragt er, so freundlich wie es nur geht.

Sie nickt.

„Guten Tag. Mein Name ist Heinrich Töllen." Bloß nicht zögern. Zuschlagen. Einfach zuschlagen. „Ich komme von der Firma Hinterwerk. Darf ich
Ihnen unser neuestes Staubsaugermodell vorführen?"

3. they just about sicked the police on him

206

BEIM LESEN

Übung 1: Beantworten Sie die Fragen.

1. Gibt der Titel viele Informationen über einen möglichen Inhalt der Geschichte? Welche Erklärung könnte es dafür geben?
2. Wer ist die Hauptfigur der Geschichte? Welche Figuren spielen Nebenrollen?
3. Wer spricht im Text? Ist der Erzähler auch eine Figur in der Geschichte?
4. Welche Gegenstände spielen in der Geschichte eine Rolle?
5. Welchen Eindruck bekommen Sie von der Hauptfigur?
6. Wie würden Sie den Erzählton der Geschichte beschreiben?
7. Wie würden Sie den Inhalt der Geschichte in einem Satz zusammenfassen?

Übung 2: Identifizieren Sie die Wörter im Text, die...

- die Hauptfigur beschreiben
- die inneren Gedanken der Hauptfigur veranschaulichen
- den Schauplatz der Geschichte etablieren
- Überraschungen vermitteln
- die Atmosphäre der Geschichte kreieren
- relevante Hintergrundinformationen geben
- auf die Einstellungen der Figuren hinweisen

Übung 3: Suchen Sie die folgenden Komposita im Text. Was könnten diese Wörter bedeuten? Welche Präfixe oder Suffixe erkennen Sie? Welche anderen Wörter kennen Sie, die dieselben Präfixe oder Suffixe haben?

Wörter/Präfixe/Suffixe	Bedeutung	Andere Wörter

1. Beruf:

2. stählern:

3. Mittelständler:

4. Gewissen:

5. bewaffnet:

6. wählerisch:

7. Kofferraum:

8. Gelassenheit:

Übung 4: Machen Sie eine Liste mit den Wörtern aus dem Text, die Ihnen unbekannt sind. Vergleichen Sie diese mit einem/r Partner/In.

Übung 5: Welche Satzteile passen zusammen und in welcher Reihenfolge passiert das in der Geschichte?

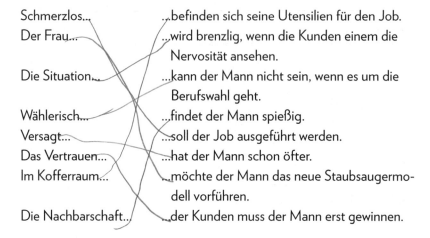

Schmerzlos... ...befinden sich seine Utensilien für den Job.

Der Frau... ...wird brenzlig, wenn die Kunden einem die Nervosität ansehen.

Die Situation... ...kann der Mann nicht sein, wenn es um die Berufswahl geht.

Wählerisch... ...findet der Mann spießig.

Versagt... ...soll der Job ausgeführt werden.

Das Vertrauen... ...hat der Mann schon öfter.

Im Kofferraum... ...möchte der Mann das neue Staubsaugermodell vorführen.

Die Nachbarschaft... ...der Kunden muss der Mann erst gewinnen.

Übung 6: Schreiben Sie Sätze oder Konstruktionen aus dem Text auf, die Sie immer noch nicht verstehen. Vergleichen Sie diese mit einem/r Partner/In.

NACH DEM LESEN

Übung 1: Beschreiben Sie mit Substantiven, Adjektiven oder Verben die Figuren in der Geschichte.

	Substantive	Adjektive	Verben

Heinrich:

Die Mittelständler:

Frau Peters:

Übung 2: Beantworten Sie die Fragen zum Inhalt der Geschichte.

1. Wie sieht der Ort aus, an dem Heinrich seinen Job verrichten muss?
2. Wer sollten seine „Opfer" sein? Warum zweifelt Heinrich daran, dass sich diese Menschen als „perfekte Opfer" eignen?
3. Was muss Heinrich erst gewinnen, bevor er zuschlagen kann?
4. Warum sind die ersten Sekunden der Begegnung mit den Opfern dermaßen wichtig? Wie ergeht es Heinrich häufig in diesen ersten Sekunden?
5. Warum ist Heinrichs Ruf angeschlagen?
6. Wie ist Heinrich zu seiner jetzigen Arbeit gekommen?
7. Womit geht Heinrich „bewaffnet" zur Haustür seines Opfers?
8. Welche zwei Dinge fallen Heinrich besonders auf, als er vor der Haustür seines Opfers steht?
9. Wie endet die Geschichte?

Übung 3: Besprechen Sie die Fragen zur Analyse der Geschichte.

1. Meinen Sie, diese Geschichte enthält eine Gesellschaftskritik? Erklären Sie.
2. Besprechen Sie den Titel. Warum ist er so vage?
3. Wie ist der Erzählton der Geschichte? Stimmt dieser mit dem Inhalt oder der Figur der Geschichte überein? Erklären Sie und suchen Sie bestimmte Wörter oder Phrasen im Text, die Ihre Argumente untermauern.
4. Finden Sie die Hauptfigur sympathisch? Warum oder warum nicht?
5. Was meinen Sie zum Ende der Geschichte? Inwiefern sollte es eine Überraschung sein? Waren Sie überrascht? Erklären Sie, warum oder warum nicht, und weisen Sie auf einschlägige Stellen im Text hin, die zu Ihrer Überraschung oder Nicht-Überraschung beitrugen.
6. Wie deuten Sie folgende Zeilen: „Mit den Jahren wird jeder Job wie der andere. Man legt sein Gewissen gewissermaßen an der Tür ab. Direkt neben der Scham."

7. Besprechen Sie die Rolle der Zigarette. Markieren Sie die Stellen im Text, wo auf die Zigarette hingewiesen wird, und passen Sie auf, wie Heinrich an diesen Stellen beschrieben wird. Was fällt Ihnen auf?

Übung 4: Rollenspiel.

1. **Es wird kaufmännisch verhandelt.** Stellen Sie sich vor, Frau Peters lädt Heinrich ins Haus ein, um sich seine Verkaufsmasche anzuhören. Hier sind einige Phrasen, die Sie in Ihrer Rolle als Frau Peters oder Heinrich verwenden können:

Frau Peters:

„Kommt der Staubsauger mit Garantie?“

„Dürfte ich den Staubsauger ausprobieren?“

„Sie kommen mir gelegen, denn mein Gerät ist vor kurzem kaputt gegangen.“

„Muss ich mich bei diesem Modell sehr um die Instandhaltung kümmern?“

„Können wir über den Preis verhandeln oder ist er fix?“

Heinrich:

„Auf unser neustes Modell gibt es lebenslange Garantie.“

„Dieses Modell besitze ich selbst zu Hause.“

„Gestatten Sie mir, Ihnen schnell eine Demonstration zu bieten?“

„Wir haben auch andere Modelle, falls dieses Ihnen weniger gefällt.“

„Wann haben Sie sich das letzte Mal einen neuen Staubsauger gegönnt?“

2. **Schon wieder entlassen.** Leider hat Heinrich bei Frau Peter versagt. Trotzdem geht Heinrich durch die ganze Nachbarschaft, um seinen Auftrag zu erledigen. Doch ohne Erfolg; er verkauft keinen einzigen Staubsauger. Als er ins Büro zurückkommt, wird er vom Chef gefeuert. Stellen Sie sich die Konfrontation zwischen Heinrich und dem Chef vor.

Übung 5: Bewerten Sie die Geschichte auf der folgenden Skala:

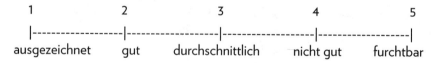

1	2	3	4	5
ausgezeichnet	gut	durchschnittlich	nicht gut	furchtbar

Übung 6: Erklären Sie Ihre Bewertung!

Ich habe die Geschichte als _____ *bewertet, weil…*

Übung 7: Nun vergleichen Sie Ihre Bewertung und Erklärungen mit denen Ihrer Kommiliton/Innen. Notieren Sie sich die Informationen von drei Personen, damit Sie diese der Klasse präsentieren können. Raten Sie, was die Durchschnittsbewertung der Klasse sein könnte!

Name	Bewertung	Erklärung(en)
1.		
2.		
3.		

Übung 8: Schreibaufgaben.

1. **Liebes Tagebuch…** Nach seinem langen und größtenteils erfolgslosen Arbeitstag kommt Heinrich wieder nach Hause. Er lässt sich in den Sessel fallen, greift zum Tagebuch, das neben ihm auf dem Nachttisch liegt, und fängt an zu schreiben. Schreiben Sie Heinrichs Tagebucheintrag. Fangen Sie mit folgendem Satz an: *Liebes Tagebuch, das Leben eines Handlungsreisenden ist wahrlich kein Honiglecken!*

2. **Bitte kaufen Sie dieses Produkt!** Stellen Sie sich vor, Sie sind Handlungsreisender bzw. Handlungsreisende und müssen ein bestimmtes Produkt (welches, das bestimmen Sie!) verkaufen. Verfassen Sie eine überzeugende Verkaufsrede. Bringen Sie Ihren Monolog mit zum Unterricht und lesen Sie ihn Ihren Kommiliton/Innen vor. Danach wird abgestimmt, wer von ihnen nun in der Tat dazu bereit wäre, das Produkt zu kaufen.

3. **Podcast.** Schreiben Sie mit einem/r Partner/In den Dialog zu einem der Rollenspiele in Übung 4. Nehmen Sie den Dialog zusammen auf und machen Sie einen Podcast daraus.

GRAMMATIKWIEDERHOLUNG: DAS PASSIV[4]

Übung 1: Benutzen Sie Wörter aus dem Kasten und fügen Sie Ihre eigenen Wörter hinzu, um sinnvolle Sätze im Passiv zu bilden.

NOMEN		VERBEN	ADVERBIEN
der Handlungsreisende	der Taugenichts	überzeugen	vorübergehend
die Hausfrau	die Mittelständler (pl.)	entlassen	sofort
der Staubsauger	die Entscheidung	anheuern	rücksichtslos
der Chef	der Finanzbeamte	erledigen	unversehens
die Messer (pl.)		finden	schnell
die Biene		(ver)kaufen	regelmäßig
die Angestellten (pl.)		erreichen	langsam
der Auftrag		ausführen	sehnlich
die Berufswahl		treffen	ahnungslos
die Studentin		anerkennen	eigenhändig
der Ort		anpöbeln	tagein tagaus
das Ziel		erwischen	???
???		???	

1. _____

2. _____

3. _____

4. _____

5. _____

6. _____

7. _____

8. _____

9. _____

10. _____

4. Für ausführliche Erklärungen siehe Kapitel 24 in *Deutsche Wiederholungsgrammatik* und Kapitel 10 in *Kaleidoskop*.

INTERKULTURELLES

Aktivität 1: Besprechen Sie folgende Fragen mit einem/r Partner/In.

1. Im Podcast „Was meint der Mensch auf der Straße dazu" erwähnt einer der Sprecher, dass er „Zivildienst" geleistet hat. Was bedeutet das? Finden Sie Informationen im Netz über „Zivildienst" in Deutschland. Wann macht man das? Warum? Gibt es in den USA etwas Ähnliches wie Zivildienst?

2. Suchen Sie die Website der Bundesagentur für Arbeit (http://www.arbeitsagentur.de/). Welche Informationen oder Tipps gibt es für Bürger und Bürgerinnen? Welche für Ausländer?

3. „Ich bin gut" ist der Slogan für eine Ausbildungskampagne der Bundesagentur für Arbeit (BA). Die Kampagne soll Jugendliche ansprechen und bietet Informationen und Tipps zu den Themen Ausbildung und Vorbereitung auf die Arbeitswelt. Informieren Sie sich auf der Website dieser Kampagne (www.ich-bin-gut.de) und besprechen Sie mit einem/r Kommilitonen/In Ihre Erfahrung damit und Ihre Meinung über diese Kampagne.

4. Schauen Sie sich die Graphik mit dem Titel „Anatomie eines typischen Arbeitsjahres für abhängige Beschäftige in Deutschland (2006)" an und besprechen Sie diese mit einem/r Partner/In. Was überrascht Sie am meisten? Was hätten Sie eher erwartet? Wie sind diese Daten eventuell vergleichbar mit einem „typischen Arbeitsjahr" der Amerikaner? Suchen Sie im Internet ähnliche Statistiken für die amerikanische Arbeitslandschaft, um Ihre Vermutungen zu testen. Bringen Sie die Infos, die Sie ausfindig gemacht haben, zum Unterricht mit.

Anatomie eines typischen Arbeitsjahres

Anatomie eines typischen Arbeitsjahres für abhängige Beschäftigte in Deutschland (Stand: 2006)

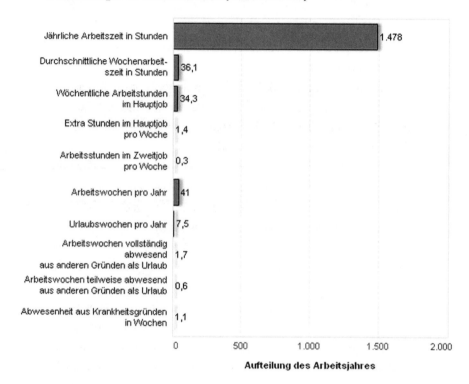

Aufteilung des Arbeitsjahres

Deutschland; Abhängige Beschäftigte; OECD

© Statista 2010
Quelle: OECD

Acht

Geschichten aus dem Ausland

Aus welchen Gründen reist man ins Ausland? Will man Urlaub machen und sich entspannen? Freunde oder Familie besuchen? Eine neue Kultur kennenlernen? Neue Perspektive gewinnen? Oder nur Spaß haben und Abenteuer suchen?

Was auch immer der Grund sein mag, jeder, der sich ins Ausland traut, *erlebt* etwas Neues und kommt mit einer Menge Geschichten wieder nach Hause. Und es sind ebendiese Geschichten, die uns lange begleiten und die wir so gerne Freunden erzählen. In gewissem Sinne könnte man sagen, dass unsere Erfahrungen im Ausland den Stoff liefern, mit dem wir Geschichten-erzähler werden. Welche Geschichte wird der Mann im Bild oben wohl zu erzählen haben, wenn er wieder heimkommt?

Die Texte und Podcasts im folgenden Kapitel bieten verschiedene Per-spektiven und Geschichten aus dem Ausland. Manche sind banal, manche eigen- oder einzigartig. Trotzdem hoffen wir, dass Sie dazu angeregt werden, aufs Neue über Ihre eigenen Geschichten aus dem Ausland nachzudenken und mit Ihren Kommiliton/Innen auszutauschen. Und sollten Sie noch nie im Ausland gewesen sein, mögen Sie hier einen Ansporn finden: Fahren Sie los und suchen Sie Ihre eigenen Geschichten!

ZUM AUFTAKT

Aktivität 1: Was assoziieren Sie mit dem Begriff „Ausland" und was nicht?

studieren   -r Urlaub   -s Fallschirmspringen   -r Strand

exotisch   -e Arbeit   Kunst erleben   Sehenswürdigkeiten

Züge   laufen   tanzen   aufregend   Fremdsprachen   Risiken eingehen

Flugzeuge   Stadtführungen   teuer   Geld wechseln   erkunden

Cocktails   Bootsfahrten   lesen   Postkarten

Ich assoziiere damit...   Ich assoziiere damit nicht...

Aktivität 2: Erklären Sie einem/r Partner/In Ihre Assoziationen.

Mit dem Begriff Ausland *assoziiere ich* _____ *(nicht), weil...*

Aktivität 3: Besprechen Sie folgende Fragen mit einem/r Partner/In.

1. Waren Sie schon einmal im Ausland? Erzählen Sie davon. Wenn nicht: Wohin würden Sie am liebsten im Ausland fahren? Warum?
2. Beschreiben Sie Ihren „Traumurlaub".
3. Wären Sie dazu bereit, riskante Abenteuer im Urlaub zu unternehmen? Warum/warum nicht? Haben Sie in der Tat schon etwas Riskantes im Urlaub getan? Wenn ja, erzählen Sie davon.
4. Haben Sie Familie oder ferne Verwandte im Ausland, die Sie besucht haben oder irgendwann mal besuchen möchten? Erzählen Sie.
5. Stellen Sie sich vor, Sie befinden sich in einem kleinen Dorf in einem fremden Land. Während Sie sich auf die Suche nach einer Unterkunft machen, hören Sie plötzlich Gesang und Jubel. Auf dem Hinterhof eines Hauses, an dem Sie vorbeigehen, findet eine Hochzeitsfeier statt. Auf einmal bemerkt Sie ein fremder Mann bzw. eine fremde Frau von der Feier, läuft auf Sie zu und nimmt Sie bei der Hand. Er bzw. sie will Sie zum Tanzen einladen. Was tun Sie? Warum?
6. Machen Sie sich die Mühe, wenigstens etwas von der entsprechenden Fremdsprache zu lernen, bevor Sie ins Ausland fahren? Warum/warum nicht? Wenn ja, wie tun Sie das?
7. Schreiben Sie gerne Postkarten, wenn Sie im Ausland sind? Warum/warum nicht? Oder wenn Sie noch nie im Ausland waren, würden Sie Postkarten nach Hause schicken? Warum/warum nicht? Schreiben Sie lieber E-Mails? Glauben Sie, dass Postkarten langsam durch elektronische Nachrichten ersetzt werden? Erklären Sie.

PODCAST A: *WAS MEINT DER MENSCH AUF DER STRAßE DAZU?*

SUBSTANTIVE

(das-Wörter)
Abenteuer(-) – *adventure*

(die-Wörter)
Spezies(-) – *species*

(der-Wörter)
Dschungel(-) – *jungle*
Menschenschlag – *type (of person)*
Urlaub(e) – *vacation*

SONSTIGES

dazwischen – *in the meanwhile, in between*
erfahrungsgemäß – *from experience*
sich im Freien bewegen – *to move about in the open air*
in den Sinn kommen – *to come to mind*
und zwar – *specifically*
vermutlich – *likely, possibly*
vor allem – *above all, in particular*

ADJEKTIVE

abgedroschen – *hackneyed, trite*
einsam – *lone*
etliche – *several*
ungestört – *undisturbed*
vertraut – *familiar*

VERBEN

neu aufbauen – *to reconstruct, rebuild*
bereisen – *to travel to or around a place*
durchqueren – *to traverse*
braten – *to roast*
schmökern – *to read with leisure*
verbringen – *spend (vacation, time)*

Übung 1: Welche Definition passt?

a. etwas mit Vergnügen lesen   b. klischeehaft oder zu oft gebraucht
c. eine Anzahl von   d. das heißt; will sagen   e. bekannt
f. ein regnerischer Ort mit vielen Bäumen   g. ein Typ, eine Charakterart
h. möglicherweise, wahrscheinlich

1. vertraut ____   2. Dschungel ____   3. schmökern ____   4. etliche ____

5. vermutlich ____   6. Menschenschlag ____   7. und zwar ____

8. abgedroschen ____

Übung 2: Vervollständigen Sie die Zitate aus dem Podcast.

1. „Einfach Sachen machen, die mir _____ _____ _____ _____ und die ich gerne machen möchte."

2. „Denn im Sommer an irgendwelchem Strand zu braten oder einen _____ zu _____, das gibt mir gar nichts."

3. „Ein verlängertes Wochenende in London ist _____ auch eine tolle Sache, und gerne würde ich auch mal die USA, Kanada, und Australien _____."

4. „Mich im Freien bewegen zum einen. Zum anderen viele gute Bücher dabei zu haben, da wo man wirklich _____ lesen kann, und rein_____."

5. „Meinen letzten _____ habe ich im Libanon _____."

6. „Und die Stadt Beirut ist mittlerweile, nachdem sie nach _____ Kriegsjahren wieder _____ _____ wurde, eine richtig, richtig schöne Stadt geworden."

7. „Nun _____ ist das _____, aber ich will eine Tasche mit Büchern und Badesachen packen, und da hätte ich gern vollen Service auf einer _____ Insel."

8. „Und _____ vielleicht so ein bisschen _____ auf der Insel."

Übung 3: Richtig oder falsch?

1. Sprecher Eins achtet lieber nicht auf die Zeit, wenn er im Urlaub ist. _____

2. Person Zwei schwärmt von sonnigen Stränden. _____

3. Person Zwei war noch nie in London. _____

4. Der ideale Urlaub für Person Drei ist einer, der hauptsächlich draußen verbracht wird. _____

5. Sprecher Vier fährt in den Libanon, weil er dort Familie hat. _____

6. Person Vier kann es sich nicht leisten, regelmäßig in den Mittleren Osten zu fahren. ____

7. Person Fünf bietet keine seltsame Antwort auf die Frage der Interviewerin. ____

8. Person Fünf braucht viele Abenteuer im Urlaub. ____

Übung 4: Beantworten Sie die Fragen.

1. Welche Fragen werden in dem Podcast gestellt?
2. Was hat Sprecher Eins gegen Uhren im Urlaub? Wie gestaltet er gern seinen Alltag im Urlaub?
3. Wo und wie verbringt Sprecher Zwei am liebsten seine Urlaube? Warum?
4. Welche Reiseziele hat Person Zwei noch im Auge?
5. Was macht Person Drei gern im Urlaub?
6. Warum hat Person Vier den Libanon gern als Reiseziel? Was sagt er zur Stadt Beirut?
7. Wie stellt sich Person Fünf den perfekten Urlaub vor? Sind Ihre eigenen Vorstellungen vom „perfekten Urlaub" ähnlich oder anders? Erklären Sie.

Übung 5: Schreibaufgaben.

1. **Eine Einladung zur Mitreise!** Sie haben eine zweiwöchige Reise für zwei gewonnen und dürfen sich das Reiseziel aussuchen. Natürlich möchten Sie, dass eine der Personen vom Podcast mitfährt. Entscheiden Sie, welche Person Sie mitnehmen wollen, und schreiben Sie dann eine E-Mail, in der Sie die Person einladen. Erzählen Sie der Person von der Reise, die Sie sich vorstellen, und tun Sie ihr Bestes, die Person zum Mitfahren zu überreden.
2. **Streit über das Reiseziel.** Schreiben Sie einen Dialog zwischen zwei Freunden, die gern zusammen Urlaub machen wollen, die sich aber nicht darüber einigen können, wohin es im Urlaub gehen soll.

ERSTER LESETEXT: *ZWISCHENSTATION* VON
ANNA-KATHRIN WARNER

SUBSTANTIVE

(das-Wörter)

Gelächter – *laughter*

Nest(e) – *one-horse town*

Stimmengewirr – *a jumble of voices*

(die-Wörter)

Abfahrtstafel(n) – *board with departure times*

Girlande(n) – *garland*

Gestalt(en) – *figure, form*

Nachricht(en) – *message*

Unterkunft(¨-e) – *housing accommodation*

(der-Wörter)

Anschlusszug(¨-e) – *connecting train*

Festlärm(e) – *noise from party*

Nebenhof(¨-e) – *side courtyard or patio*

Schaffner – *train conductor*

Sprachfetzen(-) – *snippet of speech*

Unfall(¨-e) – *accident*

SONSTIGES

außerdem – *in addition, moreover*

zunichte machen – *to destroy*

ADJEKTIVE

behaglich – *comfortable, pleasant*

behutsam – *carefully, tenderly*

benommen – *stunned*

flink – *agile*

lebhaft – *lively*

nachdenklich – *pensive*

verblüfft – *flabbergasted*

VERBEN

aufholen – *to make up (time)*

auslösen – *to cause*

bröckeln – *to crumble*

fauchen – *to hiss (cat)*

folgen (+ Dat.) – *to follow*

lauschen – *to listen*

jmdm etwas nützen – *to be of use to s.o.*

(sich) scheuen (vor [+ Dat.]) – *to shy away from*

schmücken – *to decorate*

(sich) unterhalten – *to talk, discuss*

vernehmen – *to hear*

verschieben – *to put off*

VOR DEM LESEN

Übung 1: Welches Wort aus der Wortschatzliste passt in die Lücke? Achten Sie auf Konjugation, Tempus, Artikel und Endungen.

1. Es war eine wilde, laute Party im Nebenhof, und den Festlärm hat man bis in die frühen Morgenstunden _____.

2. Das erste, worum sich die Studenten kümmerten, als sie in der fremden Stadt ankamen, war _____.

3. Der Schaffner teilte den Passagieren mit, dass alle Anschlusszüge wegen des Streiks ausfallen würden. _____ sollten sie damit rechnen, zu Fuß zu ihrer Unterkunft zu kommen, denn die Taxifahrer wollten auch streiken.

4. Die Geschwister hatten sich zehn Jahre nicht gesehen. Beide wussten nicht, ob sie jemals diese verlorene Zeit _____ könnte.

5. Obwohl der Schaffner weit über 60 war, war er nach wie vor lebhaft und _____; er ging noch schnell und sicher den Gang auf und ab.

6. Jeden Tag _____ die verlaufene Katze der Frau nach Hause, wo das arme Tier etwas Milch und Thunfisch bekam.

7. Das lodernde Feuer im Kamin erzeugte ein _____ Gefühl im Haus.

8. Es war zu dunkel, um körperliche Einzelheiten oder ein Gesicht zu erkennen; trotzdem konnte man _____ ausmachen.

9. _____ hatte nicht einmal ein Lebensmittelgeschäft, sondern nur eine einzige Kreuzung mit einer Tankstelle und einer runtergekommenen Kneipe.

10. Die Flugzeuge verpassten sich auf der Landesbahn nur um ein paar Meter; beinahe hätte es einen fürchterlichen _____ gegeben.

Übung 2: Wortschatz durch Spiele! Machen Sie die folgenden Spiele in Gruppen.

1. *Geheimwort.* Suchen Sie jeweils 5 Wörter aus der Wortschatzliste aus!
2. *Scharaden.* Suchen Sie jeweils 5 Wörter aus der Wortschatzliste aus!

ZWISCHENSTATION

Der Zug pfiff, bevor er losfuhr. Katharina schaute den anderen Reisenden hinterher, die in Richtung Ausgang eilten. Sie waren angekommen, während sie selbst nicht wusste, wohin ihr Weg sie führte. In Buon Noto würde sie einen alten Freund ihres Vaters finden, hatte man ihr gesagt. Bis dort waren es noch zwei Stunden. Und jetzt saß sie in diesem Nest fest. Erst am nächsten Tag würde es einen Anschlusszug geben, wenn sie den Schaffner richtig verstanden hatte. Der hatte den Kopf geschüttelt und auf seine Uhr gezeigt. „*Verso le quattro*", hatte er wiederholt.

Warum hatte sie kein Italienisch gelernt. „Mädchen", klangen ihr die Worte ihres Vaters in den Ohren. „Italien ist das schönste Land der Welt. Wenn du mich besuchen willst, wird es dir nützen, die Sprache zu sprechen."

Zu dem Besuch war es nicht mehr gekommen. Katharina hatte ihn immer wieder verschoben. Vielleicht hatte sie sich davor gescheut, weil zwanzig Jahre nicht leicht aufzuholen sind. Und jetzt hatte die Nachricht seines tödlichen Unfalls alle Pläne zunichte gemacht.

Sie hob ihre Reisetasche auf und schob den Riemen über die Schulter. Dort, wo der Zug verschwunden war, erhellten letzte Schlieren den Himmel, die gelbe Straßenbeleuchtung war bereits eingeschaltet. Katharina ging los, ohne zu wissen wohin. Vielleicht würde sie eine Unterkunft finden und irgendwo etwas essen können.

Kein Taxi vor dem Bahnhof. Nur ein paar Hunde lagen auf dem noch warmen Pflaster. Katharina ging weiter. Hinter den geöffneten Fenstern hörte sie das Klappern von Geschirr, eingeschaltete Fernseher und laute Wortwechsel. In den Gärten zwischen den Häusern dufteten Blumen, die sie nicht kannte.

Es schien weder Hotel noch Lokal zu geben. Katharina überlegte gerade, ob sie an eine Tür klopfen und nach einer privaten Unterkunft fragen sollte, als Stimmengewirr und Musik aus einiger Entfernung sie aufhorchen ließen. Sie folgte den Geräuschen, bis sie zu einem weißen Gebäude kam, von dem der Putz bröckelte. „Hotel delle Rose" stand über dem Eingangsbogen. Hier war der Festlärm deutlich zu vernehmen.

Katharina ging um die Ecke. In einem Nebenhof wurde an langen Tischen getafelt. Die Männer trugen Anzüge, die Frauen vornehme Kleider. Kellner eilten mit hochgekrempelten Ärmeln zwischen den Stühlen hindurch. Kinder rannten um die Tische herum. Ein Baby schrie und eine junge Frau schaukelte den Kinderwagen. Nackte Glühbirnen und bunte Lampions erleuchteten die Szenerie.

Dann entdeckte Katharina die Braut und den Bräutigam. Sie lachten und unterhielten sich mit jüngeren Gästen. Das Haar der Braut war hochgesteckt, ihr weißes Kleid bauschte sich bis zum Boden.

40 Jemand winkte Katharina zu sich. „*Mangi!*" Sanft drückte die junge Frau sie auf einen Stuhl. Schon stand ein Teller vor ihr. Katharina mochte nicht nein sagen. Außerdem war sie hungrig. Sie lächelte der Frau zu und griff zur Gabel. Das Fleisch schmeckte nach Salbei. Die flinken Kellner schenkten auch ihr Wein ein.

45 „*Ma, non hai sentito che...*" – „*Com' è bellissima la sposa.*"

Lebhafte Sprachfetzen umschwirrten Katharina und lösten eine behagliche Müdigkeit aus. Sie stützte das Kinn in die Handfläche und schaute sich um. Hinter den Sitzreihen eine Tanzfläche, ringsum mit Girlanden geschmückt. Auf einem Podest saßen die Musiker. Der Bräutigam gab ihnen

50 ein Zeichen. Sie standen auf und begannen zu spielen. Eine Geige, eine Gitarre, ein Akkordeon und ein Blasinstrument, das Katharina nicht kannte.

Zwei junge Paare gingen zur Tanzfläche. Dann ein älteres Paar. Der Mann hatte weiße Haare und war einen halben Kopf kleiner als seine Frau. Andere Männer und Frauen begannen sich zu drehen.

55 Auf einmal stand er vor ihr. „*Vuole ballare?*" Eine ruhige und klangvolle Stimme.

Katharina war so verblüfft, dass sie nichts erwiderte, sondern einfach aufstand. Der Mann nickte ihr zu, nahm ihre rechte Hand. Die linke legte sie auf seine Schulter. Dort lag sie gut. Er führte sie behutsam. Einen Schritt

60 vor. Einen zur Seite. Langsam. Bedächtig. Mit einem leichten Schwung. Ihre Füße folgten.

Er war nicht viel größer als sie, aber seine Gestalt war breit und kräftig. Katharina nahm einen Duft von Rasierwasser wahr. Seine Hand stützte ihren Rücken. Einen Schritt nach rechts... Ihre Finger fanden bequem Platz in sei-

65 ner trockenen, rauen Handfläche. Einen Schritt nach links... Einmal sah er sie an und lächelte nachdenklich. Sonst blieb er ernst.

Katharina fühlte sich angenehm leicht. Sie hörte die Musik wie von fern. Einen Schritt zur Seite... Einen Schritt nach vorne... <u>Ihr war danach</u>[1], sich an seine Brust zu lehnen und den Kopf auf seine Schulter sinken zu lassen.

70 Sie tat es. Für einen Moment nur.

Auf dem Rücken spürte sie unverändert seine Hand. Mit der anderen strich er ihr nach kurzem Zögern kaum merklich über das Haar.

---

1. she felt like

Katharina machte sich los und sah ihren Tanzpartner an. Er hob fragend die Augenbrauen. Sie trat zurück. Ließ seine Arme unbeweglich neben dem Körper hängen. Dann drehte sie sich rasch um und lief zur Bar. Zwischen Getränkekisten und gestapelten Stühlen zerrte sie ihre Reisetasche hervor.

Benommen stolperte Katharina in Richtung Bahnhof durch die warme Nacht. Die Klänge des Festes waren noch zu hören. Eine fröhliche Melodie. Rufe dazwischen. Rhythmisches Klatschen.

Einen Schritt vor... Einen zur Seite...

Mehr hätte es nicht gebraucht.

Ein magerer Hund bellte sie an. An der Ecke des Bahnhofsgebäudes roch es nach Pisse. Sie lief durch die leere Schalterhalle, kickte zerknülltes Papier zur Seite und sah auf die Abfahrtstafel. Um 4 Uhr fuhr der nächste Zug, der erste am Morgen.

Noch fünfeinhalb Stunden.

Katharina stapfte zum Bahnsteig und ließ sich auf eine Bank mit Schalensitzen fallen. Sie könnte zurückgehen. Das Fest war noch nicht zu Ende. Sie lauschte in die Nacht. Gelächter von weither.

Noch fünf Stunden und zwanzig Minuten.

Eine Katze streunte über die Gleise. Kurz darauf vernahm sie ein Fauchen und die Schreie eines kleinen Tieres.

Katharina legte die Arme auf ihre Reisetasche und bettete den Kopf darauf.

Einen Schritt zur Seite... Einen nach vorne...

Irgendwann wurde sie durch das Pfeifen des einfahrenden Zuges geweckt. Dort, wo ihr Gesicht gelegen hatte, war die Tasche nass.

BEIM LESEN

Übung 1: Beantworten Sie die Fragen.

1. Auf welche möglichen Themen weist der Titel hin? Was ist eine „Zwischenstation"?
2. Wer ist die Hauptfigur der Geschichte? Welche Figuren spielen Nebenrollen?

3. Wer spricht im Text? Wer ist die Haupterzählerin? Ist sie eine Figur in der Geschichte?

4. Wie würden Sie den Erzählton der Geschichte beschreiben?

5. Welche Gegenstände spielen in der Geschichte eine Rolle?

6. Welchen Eindruck haben Sie von der Hauptfigur?

7. Wie würden Sie den Inhalt der Geschichte mit einem Satz zusammenfassen?

Übung 2: Identifizieren Sie die Wörter im Text, die...

- die Hauptfigur beschreiben
- die Nebenfiguren beschreiben
- die Gedanken der Hauptfigur vermitteln
- den Schauplatz der Geschichte etablieren
- die Atmosphäre der Geschichte kreieren
- auf die Einstellungen der Figuren hinweisen
- die Gefühle der Figuren darstellen

Übung 3: Suchen Sie die folgenden Komposita im Text. Was könnten diese Wörter bedeuten? Welche Präfixe oder Suffixe erkennen Sie? Welche anderen Wörter kennen Sie, die dieselben Präfixe oder Suffixe haben?

Wörter/Präfixe/Suffixe	Bedeutung	Andere Wörter
1. Anschlusszug:		
2. Wortwechsel:		
3. zerknüllt:		
4. nachdenklich:		
5. bedächtig:		
6. hochgekrempelt:		
7. Straßenbeleuchtung:		
8. Stimmengewirr:		

Übung 4: Machen Sie eine Liste mit den Wörtern aus dem Text, die Ihnen unbekannt sind. Vergleichen Sie diese mit einem/r Partner/In.

Übung 5: Welche Satzteile passen zusammen und in welcher Reihenfolge passiert das in der Geschichte?

Den Festlärm...	...ist Katharinas Vater gestorben.
Behutsam...	...sitzt Katharina fest, weil keine Züge mehr fahren.
Ihren Kopf...	...führte der Mann Katharina auf die Tanzfläche.
In dem Nest...	...macht sich Katharina auf den Weg zurück zum Bahnhof.
Den Anschlusszug...	... im Nebenhof kann Katharina deutlich vernehmen.
Benommen...	...verpasst Katharina.
Durch einen Unfall...	...lässt sie für einen Moment auf die Schulter des Mannes sinken.

Übung 6: Schreiben Sie Sätze oder Konstruktionen aus dem Text auf, die Sie immer noch nicht verstehen. Vergleichen Sie diese mit einem/r Partner/In.

NACH DEM LESEN

Übung 1: Beschreiben Sie mit Substantiven, Adjektiven oder Verben die Figuren in der Geschichte.

	Substantive	Adjektive	Verben
Katharina:			
Der Schaffner:			
Das Ehepaar:			
Der Mann:			
Die anderen Leute auf der Party:			

Übung 2: Beantworten Sie die Fragen zum Inhalt der Geschichte.

1. Warum reist Katharina nach Italien? Warum sitzt sie in dem „Nest" fest?
2. Warum hat Katharina die Reise nach Italien immer wieder verschoben?
3. Beschreiben Sie das Nest. Was alles nimmt Katharina wahr, während sie durch das „Nest" schlendert und eine Unterkunft sucht?
4. Welchen Lärm hört Katharina und wo?
5. Wie kommt Katharina auf das Fest? Was beobachtet die da?
6. Was fragt sie die ruhige, klangvolle Stimme? Wie reagiert sie darauf?
7. Was passiert auf der Tanzfläche?
8. Wie endet die Geschichte?

Übung 3: Beantworten Sie folgende Fragen zur Analyse der Geschichte.

1. Inwiefern könnte man die Geschichte als ein Märchen lesen?
2. Besprechen Sie das Verhältnis zwischen Katharina und ihrem unerwarteten Tanzpartner. Warum ist sie „verblüfft"? Warum wird ihr auf einmal danach, sich an seine Brust zu lehnen? Warum läuft sie davon?
3. Betrachten Sie etwas genauer die Sprache, die die Tanzszene der beiden beschreibt. Wie spiegelt die Sprache des Texts das wider, was in der Hauptfigur vorgeht?
4. Warum hat die Autorin die italienischen Sprachfetzen nicht ins Deutsche übersetzt, sondern in der Originalsprache gelassen?
5. Diese Geschichte enthält viele Adjektive, die dafür verwendet werden, Personen, Gedanken und Schauplätze zu beschreiben. Warum?
6. Besprechen Sie den Titel. Was ist mit „Zwischenstation" gemeint?

Übung 4: Eine träumerische Begegnung mit dem Vater.

Im Schlaf auf der Bank am Bahnhof hat Katharina einen Traum, in dem sie ihrem toten Vater begegnet. Ihre Unterhaltung verläuft folgendermaßen:

Katharina: Siehst du, Papa? Ich bin doch gekommen, wenn auch zwanzig Jahre zu spät.

Vater: Das sehe ich, mein Kind. Und das freut mich. Aber warum erst jetzt?

Katharina: Ich hab' mich so geschämt. Ich konnte mich nicht dazu bringen.

Vater: Geschämt? Wovor denn? Bei mir wärst du immer willkommen gewesen. Oder hab' ich einen anderen Eindruck vermittelt?

Katharina: Nein, nein. Deine Briefe waren immer sympathisch. Am Telefon warst du immer freundlich und einladend. Aber ich wusste, wie wichtig es dir war, dass ich deine Sprache lerne. Ich wollte dich also nicht enttäuschen...

Vater: Deswegen hast du mich nicht besucht? Weil du nie Italienisch gelernt hast?

Katharina: Das auch... Aber... Vielleicht hat das mir auch nur einen konkreten Grund gegeben. OK, ich muss etwas gestehen: Ich hab's als Ausrede genutzt. Als Rechtfertigung dafür, warum ich die Reise nach Italien immer wieder verschoben habe.

Vater: Warum denn? Warum konntest du dich nicht dazu bringen, deinen einsamen Vater noch ein letztes Mal vor seinem Tod zu sehen?

Katharina: Ich hab' mich davor gescheut, weil ich... Nein, ich kann nicht...

Vater: Bitte. Du brauchst dich nicht zu scheuen.

Katharina: Es waren die Schuldgefühle, die mich zurückgehalten haben.

Vater: Aber, mein Kind, was hattest du dir denn vorzuwerfen?

Katharina: Damals, als du und Mama euch getrennt habt, ich... ich hab'...

Vater: Keine Scheu, Kathi. Sprich dich ruhig aus.

Katharina: Ich hab' dir die Schuld daran gegeben. An allem. An der Scheidung. Daran, dass Mama wieder arbeiten gehen musste. Daran, dass Mama und ich das Haus verkaufen und in die enge Wohnung in der Stadt ziehen mussten. Für mich warst du Schuld an allem. Und ich hab's dir nie verziehen. Auch nicht dann, als Mama mir erzählt hat, dass du gegangen bist, weil sie sich in einen anderen Mann verliebt hatte. Du warst aber der Unschuldige. Das ganze lag an ihr. Doch das wollte ich nicht wahrhaben. Und ich schäme mich jetzt so sehr dafür.

Vater: Ach, mein Kind... Du warst erst fünf Jahre alt. Wie hättest du denn überhaupt etwas von der komplizierten Lage nachvollziehen können? Sei nicht so streng mit dir.

Katharina: Kannst du mir jemals verzeihen?

Vater: Du bist mein einziges Kind. Wie könnte ich böse auf dich sein? Natürlich verzeihe ich dir. Und ich liebe dich.

Katharina: Ich lieb' dich auch, Papa.

Besprechen Sie diese Unterhaltung mit einem/r Kommilitonen/In. Welche Hintergrundinformationen zur Geschichte *Zwischenstation* erfahren Sie? Mit welchen Emotionen muss sich Katharina auseinandersetzen? Wie würden Sie den Vater beschreiben? Warum, meinen Sie, hat Katharina diesen Traum; d. h. was könnte den Traum ausgelöst haben?

Übung 5: Rollenspiel.

1. **„Du kannst Deutsch!"** Stellen Sie sich vor, der mysteriöse Mann auf dem Fest läuft Katharina nach und holt sie am Bahnhof ein. Es stellt sich überraschenderweise heraus, dass der Mann Deutsch kann. Folgende Phrasen könnten Sie für die Rolle von Katharina bzw. dem Mann verwenden:
   Katharina:
   „Woher kannst du denn so gut Deutsch?"
   „Warum hast du ausgerechnet mich als Tanzpartnerin ausgesucht?"
   „Warum bist du mir gefolgt?"
   „Lass mich bitte in Ruhe."
   „Bleib zurück! Ich habe eine Dose Pfefferspray und werd' es auch benutzen!"
   „Ich hab' Angst, ich könnte mich in dich verlieben."
   „Ich habe noch nie in meinem Leben mit einem Fremden getanzt."
   Der Mann:
   „Warum bist du mir davongelaufen?"
   „Was bekümmert dich?"
   „Komm bitte zurück zum Fest und tanz mit mir."
   „Wo willst du mit dem Zug hin?"
   „Bist du zum ersten Mal in Italien?"
   „Warum bist du in Italien?"
   „Ich glaube, ich könnte mich in dich verlieben."

2. **Beim alten Freund von Katharinas Vater.** Am Tag nach den Ereignissen im „Nest" trifft Katharina in Buon Noto ein, wo sie von Luigi, dem alten Freund ihres Vaters, abgeholt wird. Beim Abendessen kommen die beiden ins Gespräch. (Natürlich kann Luigi genug Deutsch, um sich mit Katharina zu verständigen.) Erfinden Sie einen Dialog zwischen den beiden, in dem Katharina Luigi Fragen über ihren Vater stellt und ihm von ihren seltsamen Erlebnissen des vorigen Abends im „Nest" erzählt.

Übung 6: Bewerten Sie die Geschichte auf der folgenden Skala:

1	2	3	4	5
ausgezeichnet	gut	durchschnittlich	nicht gut	furchtbar

Übung 7: Erklären Sie Ihre Bewertung!

Ich habe die Geschichte als _____ bewertet, weil...

Übung 8: Nun vergleichen Sie Ihre Bewertung und Erklärungen mit denen Ihrer Kommiliton/Innen. Notieren Sie sich die Informationen von drei Personen, damit Sie diese der Klasse präsentieren können. Raten Sie, was die Durchschnittsbewertung der Klasse sein könnte!

	Name	Bewertung	Erklärung(en)
1.			
2.			
3.			

Übung 9: Schreibaufgaben.

1. **Tagebucheintrag.** Schreiben Sie einen Tagebucheintrag für Katharina, in dem sie sich über das, was ihr in dem italienischen Dorf passiert ist, auslässt.
2. **Ein Brief an den mysteriösen Mann.** Noch bevor Katharina das Dorf verlässt, überkommt sie ein Verlangen danach, einen Brief an ihren mysteriösen Tanzpartner zu schreiben. Sie tut es also, kehrt zurück zum *Hotel delle Rose* und hinterlässt dort ihren Brief. Danach läuft sie zum Bahnhof, wo sie den Zug erwischt und die ganze Episode hinter sich lässt. Schreiben Sie Katharinas Brief an ihren italienischen Tanzpartner.

3. **Podcast**. Schreiben Sie den Dialog zu einem der Rollenspiele in Übung 5 oben. Zeichnen Sie diese mit einem Partner oder einer Partnerin auf und machen Sie einen Podcast daraus.

 PODCAST B: HÖREN SIE *CLAUDIAS PODCAST NR. 8: NERVENKITZEL IM URLAUB* AN.

SUBSTANTIVE

(das-Wörter)
Gummiseil(e) – *bungee rope*

(die-Wörter)
Ausrüstung(en) – *equipment*
Beerdigung(en) – *funeral*
Höhenangst – *fear of heights*
Rückerstattung(en) – *refund*

(der-Wörter)
Inbegriff(e) – *epitome*
Heiratsantrag(¨-e) – *marriage proposal*
Nervenkitzel – *excitement, sensation*
Spielverderber(-) – *poor sport*
Untertan(en) – *underling, subject (person)*

ADJEKTIVE
ausgefallen – *out of the ordinary*
ergeben – *devoted*
gnädig – *good, merciful*
himmlisch – *wonderful, heavenly*

SONSTIGES
etw. auf Lager haben – *to have s.t. in store*
geil! – *cool!*
reif für die Insel sein – *ready for a break*
schleunigst – *at once, posthaste*
selbstverständlich – *of course, naturally*
sich Sorgen machen um – *to worry about*
über den eigenen Schatten springen – *to go out on a limb, take a chance*
wortwörtlich – *literally*

VERBEN
abdecken – *to cover*
(sich) auszahlen – *to pay off, be worth it*
(sich) bedanken – *to say thanks*
(sich) erholen – *to relax, recoup*
raten – *to guess*
schmeißen – *to throw, toss (coll.)*
schützen (vor [+ Dat.]) – *to protect from*
verraten – *to tell, give away (information)*
verschweigen – *to keep to oneself*

Übung 1: Welches Wort bzw. welche Phrase bin ich?

1. Mich verwendet man, um etwas Außergewöhnliches zu beschreiben.

2. Ich bin sehr schnell; ich drücke aus, dass etwas ohne Verzögerung gemacht wird.

3. Ich bin das, was man machen muss, wenn etwas streng geheim ist.

4. Mich benutzt man, um einen schmollenden Menschen zu beschreiben, nachdem er verloren hat.

5. Ich bin das, was man beim Scharadenspielen tut.

6. Mich bekommt man, wenn man um sein schon ausgegebenes Geld wieder bittet.

7. Manche Leute weinen, wenn ich stattfinde.

8. Ich bin das Gegenteil von etwas, was im übertragenen Sinn gemeint ist.

9. Ich beschreibe einen Menschen, der alles für einen anderen Menschen tut.

10. Mich wollen z. B. Menschen, die Fallschirm springen.

Übung 2: Und dann sagen Sie... Welche Phrase würde in den folgenden Situationen passen?

1. Eine Freundin von Ihnen hat noch nie in ihrem Leben etwas Riskantes oder Ausgefallenes gewagt.

2. Ihr Bruder hat sich seit einer Woche nicht mehr gemeldet und Sie wissen nicht einmal, wo er ist und was er treibt.

3. Ein Kollege hat in den letzten Wochen 80 Überstunden gearbeitet und sieht total ausgelaugt (*exhausted*) aus.

4. Sie planen eine Überraschungsparty für einen Freund und erzählen einem anderen Bekannten darüber.

5. Sie bekommen einen Anruf von einem Radiosender und erfahren, dass Sie ein neues Auto gewonnen haben.

Übung 3: In welcher Reihenfolge werden diese Sachen in Podcast Nr. 8 erwähnt?

- Ralf erzählt Claudia, dass er eine Überraschung auf Lager hat. ____

- Claudia nennt zwei Gründe, warum sie Ralfs Überraschung nicht annehmen will. ____

- Ralf erfährt, dass Claudia gut Spanisch kann. _____

- Claudia bedankt sich für den Cocktail. _____

- Ralf liest etwas auf Spanisch in der Broschüre. _____

- Claudia bittet Ralf um einen frischen Drink. _____

- Claudia scherzt, dass Ralf einen Heiratsantrag macht. _____

Übung 4: Beantworten Sie die Fragen.

1. Warum sind Ralf und Claudia reif für die Insel? Wo verbringen sie ihren Urlaub?
2. Wer ist der „ergebene Untertan"? Wer ist die „gnädige Frau"? Sind diese Anreden ernst gemeint?
3. Was darf Claudia „dreimal raten"?
4. Welche Überraschung hat Ralf für seine Freundin auf Lager? Wie verrät er ihr das Geheimnis, d. h., sagt er es gerade heraus oder redet er zunächst um den heißen Brei herum? Erklären Sie.
5. Wie reagiert Claudia, als Ralf ihr die Überraschung beschreibt?
6. Welche Infos zur Überraschung hat Ralf in der Broschüre gefunden?
7. Was hat Ralf schon gemacht, das Claudia ärgert?
8. Warum will Claudia mit der geplanten Überraschung nichts zu tun haben?
9. Wie rettet Claudia die Situation?

ZWEITER LESETEXT: *SKYDIVE* VON MARTINA KRACKE

SUBSTANTIVE

(das-Wörter)
Gerät(e) – *equipment, gadget*

(die-Wörter)
Ausbildung – *training*
Landesstrecke(en) – *landing strip*
Montur(en) – *gear, uniform*
Pfote(n) – *paw, hand (coll.)*

(der-Wörter)
Fallschirm(e) – *parachute*
Gurt(e) – *harness*
Höhenmesser(-) – *altimeter*
Popo(s) – *bottom, rear end*
Schoß(¨-e) – *lap*
Schreibkram – *paperwork*
Umstand(¨-e) – *circumstance*
Umweg(e) – *detour*

SONSTIGES
ewig – *a long time, forever*
unlustig – *listlessly*
Vortritt haben – *to have priority*

ADJEKTIVE
eklig – *disgusting*
entfernt – *away, distant*
gummiartig – *rubbery*
knackig – *good-looking (coll.)*
splitternackt – *naked as a jaybird*
stocksteif – *stiff as a board*
verklemmt – *inhibited, uptight*

VERBEN
aufhören – *to stop*
einstellen – *to adjust*
festzurren – *to bind tightly*
hinbekommen – *to manage, get s.t. right*
(sich) ketten (an [+ Akk.]) – *to attach oneself to*
glotzen – *to gawk (coll.)*
krabbeln – *to crawl*
schlussfolgern – *to deduce, conclude*
stutzen – *to pause, stop short*
überprüfen – *to inspect*
(sich) verziehen – *to leave, go away*
zuwinken – *to wave at*

VOR DEM LESEN

Übung 1: Welches Wort passt nicht und warum?

1. glotzen   riechen   schauen   blicken
2. Schoß   Popo   Fallschirm   Pfote
3. verklemmt   knackig   unlustig   eklig
4. Umweg   Montur   Gurt   Fallschirm
5. einstellen   festzurren   Vortritt haben   sich ketten an
6. Höhenmesser   Gerät   Gurt   Schreibkram

7. aufhören   krabbeln   stutzen   zögern

8. hart   stocksteif   gummiartig   fest

Übung 2: Welches Wort passt in die Lücke?

1. Der neu gewählte Präsident wollte seinen Anhängern _____,
   als er im Auto vorbeifuhr. Deshalb machte man das Schiebedach auf,
   damit er die Arme herausstrecken konnte.

2. Die Touristin machte es sich im Strandkorb bequem und wartete darauf, dass ihr Mann mit den Cocktails zurückkam. Als er nach einer
   halben Stunde noch nicht erschienen war, fragte sie sich, ob er einen
   _____ gegangen war.

3. Das Hotel hatte nichts dagegen, dass man _____ schwim-
   men ging.

4. Jeder weiß, dass Zigaretten süchtig machen. Manche Leute lassen sich
   sogar hypnotisieren, damit sie mit dem Rauchen _____ können.

5. Das Boot hatte ein Leck und das Wasser strömte immer schneller hi-
   nein. Der Kapitän gab das Zeichen, dass alle Passagiere in die Ret-
   tungsboote mussten. Zudem betonte er, dass Frauen und Kinder

   _____.

Übung 3: Wortschatz durch Spiele! Machen Sie die folgenden Spiele in
Gruppen.

1. *Galgenmännchen.* Suchen Sie jeweils 5 Wörter aus der Wortschatzliste
   aus!

2. *Scharaden.* Suchen Sie jeweils 5 Wörter aus der Wortschatzliste aus!

SKYDIVE

Splitternackt sonne ich mich in den Dünen von Maspalomas. Der Himmel
ist blau, das Meer rauscht, die Sonne scheint. Jawohl! Erholung ist angesagt.
Ich döse also weiter.

Brumm, brumm.

Augen auf. Da. Am Himmel brummt wieder das Flugzeug. Es kreist und 5
kreist, und irgendwann sieht man Punkte herausfallen, dann bunte Fallschirme. Moment Mal... Fallschirme?

Ich will auch!

Abends laufe ich an den Landeplatz und sehe mich um. Relativ schnell
kommt ein Mädel angesprungen und spricht mich auf Englisch an. Das Mä- 10
del sieht aus wie Jennifer Lopez.

„You will love it", sagt sie und ruft nach hinten. „Paco, venga!"

Ein großer, dunkelhaariger Spanier erhebt sich unlustig aus einem Stuhl
und erklärt uns alles auf Deutsch: Ausbildung, eine Minute freier Fall, etc.
Ich brauche aber keine Überzeugung. Melde mich auf der Stelle an. Jennifer 15
Lopez heißt Carmen Delia und macht den Schreibkram. Paco verzieht sich
wieder.

Am nächsten Tag geht es los. Um 16.00 Uhr soll ich abgeholt werden.
Am Vormittag inspiziere ich unruhig den Himmel. Jede Wolke stört mich.
(Hoffentlich kommt kein Gewitter!) Das Wetter bleibt aber gut. Es sind nur 20
die eigenen Nerven, die dazu neigen stürmisch zu werden.

Kurz vor vier trete ich aus dem Hotelzimmer und sehe von oben schon
den Minibus. Sie sind schon da. Ich habe eine beige Jeans an, weißes
T-Shirt und den weinroten Ballettpulli umgebunden. (Es könnte kalt werden
da oben.) 25

Paco wartet vor dem Fahrzeug. Er schüttelt mir die Pfote. „Wie geht's?
Hast du Angst?"

„Ich? Nein. Überhaupt kein bisschen", lüge ich.

„Die andere Springerin ist aus Luxemburg. Sie versteht Deutsch", teilt er
mir mit. 30

Ich krabble in den Bus. Da sitzt in der Tat ein Mädel. Sie stellt sich als
Yvette vor. Paco erklärt, dass noch zwei Jungs aus Irland springen wollen. Ob
wir die zuerst lassen wollen? Ohne zu zögern beschließe ich (für uns beide),
dass ich (wir?) unmöglich länger warten kann (können).

„Wir zuerst", sage ich. Yvette nickt zustimmend. 35

„Okay", meint Paco „Ihr seid Frauen. Ihr habt Vortritt."

Dann fahren wir zum Aeroclub nach San Agustin. Betreten dort ein cha-
otisches „Büro". Ich bekomme ein Dokument vorgelegt. Soll unterschreiben,
dass mir bekannt ist, dass im Extremfall der Fallschirm nicht aufgeht und
auch der Reserveschirm versagen könnte. Was ich natürlich auch gleich tue. 40

Dann findet die Schulung statt. Carmen erklärt die Haltung beim Aussteigen: Beine gekreuzt, unter dem Popo, Arme gekreuzt, beim Aussteigen den Kopf nach hinten links auf die Schulter des Instructors legen.

Dann werden Yvette und ich in die Gurte verpackt. Yvette ist ziemlich
45 schnell drin. Doch bei mir gibt's mal wieder Probleme. Das Ding ist nicht unbedingt auf 1,82 m Körpergröße eingestellt. Trotzdem bekommt es Paco irgendwie hin, mich zu „verpacken". Reißt ziemlich unsanft an mir herum und zurrt alle möglichen Gurte fest.

Ein anderer Junge kommt rein und wirft sich gekonnt in seine Montur.
50 Überprüft seine Geräte. Der Fotograf, schlussfolgere ich. Denn Yvette will sich fotografieren lassen. Ich aber brauche weder Film noch Foto, denn ich werde (sofern ich das hier überlebe) sicher was Nettes drüber schreiben.

Voll ausstaffiert und reingequetscht[2] gehen wir über die Landestrecke zum Flugzeug, das gar keine Türe zum Schließen hat. (Oje...) Aber bevor
55 eingestiegen wird, heißt es natürlich „Fototermin!" vor dem Flugzeug. Dann mit Paco. Dann ohne Paco. Dann wieder in Sieger-Haltung (ohne Paco, versteht sich).

Es wird nochmals kurz die Absprunghaltung geübt. Ich muss (oder darf?) auf Pacos Schoß sitzen. Eigentlich ganz nett. Nettes Rasierwasser verwendet
60 der Mann. Und auf einmal trifft's mich: Unser Paco ist ja ziemlich knackig...

Der Gedanke ist aber schnell wieder vergessen. Denn es geht endlich los. Das Flugzeug startet und steigt.

Unter uns das glitzernde blaue Meer. Ich erkenne Las Palmas, die Hauptstadt von Gran Canaria. Im Westen zerklüftete Gebirge, karg und braun. Die
65 Dünen von Maspalomas. Und Playa del Inglés. Wie schön! Ich glaube sogar meine Sonnendüne von gestern auszumachen. Wahnsinn.

Paco stupst mich auf die Schulter. „Martina, schau: Tenerife." Tatsache. Der Gipfel des Pico del Teide ist in Wolken gehüllt.

„Und jetzt entspann dich", sagt er. „Genieße den Flug." Der hat gut
70 reden[3]!

Ich hocke stocksteif zwischen seinen Beinen. Tja, würde mich ja gerne zurücklehnen und an seiner starken Brust relaxen, aber soweit sind wir ja schließlich (noch?) nicht.

2. completely decked out and crammed in (to the jumpsuit)
3. easy for him to say

„Hast Du auch noch Angst?", frage ich. Irgendwie bin ich heute verklemmt.

„Nein, ich habe keine Angst, aber das Adrenalin, das ist bei jedem Sprung dabei. Stell Dir mal vor, wir beide hätten Angst, wäre doch schlimm..."

Das Flugzeug steigt und es wird kälter. Ich zittere. (Nur wegen der Kälte?) Dann ist es soweit. Paco zieht mich hoch. „Setz dich auf meinen Schoß. Ab jetzt mache ich alles." Er hat mich nun ganz an sich gekettet. (Hey, es gibt schlimmere Umstände, in denen man sich kurz vor seinem möglichen Tod befinden könnte.) Dann soll ich die Brille aufziehen. Kurz vor dem Sprung hält er inne.

„Willst Du mal runterschauen?" *Sí, claro...*

Uaaaahhhhhh! Das ist aber wirklich eklig, vor allem, weil ich halb aus dem Flugzeug hänge.

Und auf einmal sind wir draußen. Wusch! Zisch! Aus 3.700 m Höhe. Der freie Fall dauert 52 Sekunden (erfahre ich später, was immerhin 160km/h macht). Die Erde ist so weit entfernt, dass ich keine Angst habe. Paco klopft mir auf die Schulter. Das bedeutet, dass ich die Arme öffnen darf, rechtwinklig zur Seite („nicht wie Superman"). Beine immer noch gekreuzt unter dem Popo („wie zwei Frösche aufeinander").

Es dreht sich alles. Schwups! Mein Magen. Und ich sehe blau. Das Blau des Meers. Das Blau des Himmels. Schon wieder das Blau des Meeres. <u>Mir reißt es den Mund zum Breitmaulfroschgrinsen auseinander</u>[4]. Ich schmecke salzige Luft.

Paco kontrolliert den Höhenmesser an seinem Arm. Bei 1.400m ist es soweit. Er zieht den Schirm. Der ist in der Mitte großflächig pink und zu den Seiten hin regenbogenfarben. Mir reißt es die Beine nach vorne, dann wird's gemütlich. Paco gibt mir die Leinen rechts und links in die Hand. Und ich fliege... Es ist super. Hoffentlich dauert es ewig.

Unterwegs treffen wir Yvette. Ich winke ihr zu. Sie hat ihre Brille noch auf. (Dekorativ ist das Teil ja nicht.) Ich sehe Playa del Inglés, Häuser, <u>Bettenburgen</u>[5] und massenhaft Swimmingpools, die Dünen von Maspalomas... (Meine Düne?) Mein Hotel. Wir kommen wieder nah an den Schirm von Yvette und deren Fotografen. Winken wieder. Der Fotograf knipst weiter. Ob das was wird?

4. it stretches my mouth open into a frog-like grin
5. derogatory term for a large, concrete, multilevel hotel

Wir sehen Yvette landen, machen noch einen Umweg. (Nein, es darf aber nicht aufhören!) Kurz vor der Landung soll ich die Beine hochziehen. Wir üben das kurz und fliegen noch über die Promenade. Alle Leute glotzen.
110 Dann ist es vorbei. Ich ziehe meine Beine an, und stehe im Sand.

Paco löst sich von mir. Schenkt mir dann ein Grinsen. „Na? Wollen wir dann gleich wieder hinauf?"

Ich hole tief Luft. Schwimme noch zum Teil in Euphorie. Schaue nach oben. Merke, dass meine Wangen glühen. Überhaupt fühlt sich mein Mund
115 komischerweise gummiartig an. Ob ich überhaupt sprechen kann?

„Gerne", bringe ich irgendwie raus. „Aber wie wär's mit Abendessen zuerst?"

Einen Augenblick lang stutzt er. Dann wieder das Grinsen. „Sí, claro."

BEIM LESEN

Übung 1: Beantworten Sie die Fragen.

1. Auf welche Themen weist der Titel hin?
2. Wer ist die Hauptfigur der Geschichte? Welche Figuren spielen Neben-rollen?
3. Wer spricht im Text? Ist der Erzähler auch eine Figur in der Geschichte?
4. Welche Gegenstände spielen in der Geschichte eine Rolle?
5. Welchen Eindruck bekommen Sie von der Hauptfigur?
6. Wie würden Sie den Erzählton der Geschichte beschreiben?
7. Wie würden Sie den Inhalt der Geschichte in einem Satz zusammenfassen?

Übung 2: Identifizieren Sie die Wörter im Text, die...

- die Hauptfigur beschreiben
- die inneren Gedanken der Hauptfigur veranschaulichen
- den Schauplatz der Geschichte etablieren
- versuchen, einen humorvollen Ton rüberzubringen
- die Atmosphäre der Geschichte kreieren
- die Gefühle der Figuren vermuten lassen
- auf die Einstellungen der Figuren hinweisen

Übung 3: Suchen Sie die folgenden Komposita im Text. Was könnten diese Wörter bedeuten? Welche Präfixe oder Suffixe erkennen Sie? Welche anderen Wörter kennen Sie, die dieselben Präfixe oder Suffixe haben?

Wörter/Präfixe/Suffixe	Bedeutung	Andere Wörter
1. schlussfolgern:		
2. zustimmend:		
3. Absprunghaltung:		
4. überprüfen:		
5. Breitmaulfroschgrinsen:		
6. Vortritt:		
7. gummiartig:		
8. rechtwinklig:		
9. massenhaft:		

Übung 4: Machen Sie eine Liste mit den Wörtern aus dem Text, die Ihnen unbekannt sind. Vergleichen Sie diese mit einem/r Partner/In.

Übung 5: Welche Satzteile passen zusammen und in welcher Reihenfolge passiert das in der Geschichte?

In die Gurte...	...stutzt einen Augenblick, als er zum Abendessen eingeladen wird.
Die Ausbildung...	...sonnt sich die splitternackte Touristin.
Gummiartig...	...winkt Yvette unterwegs zu.
Martina...	...haben die Frauen im Flugzeug, wenn man springen soll.
In den Dünen...	...werden die zwei Frauen verpackt.
Der Fotograf...	...dauert nicht lange.
Vortritt...	...fühlt sich Martinas Mund nach dem freien Fall an.
Paco...	...überprüft seine Geräte.

Übung 6: Schreiben Sie Sätze oder Konstruktionen aus dem Text auf, die Sie immer noch nicht verstehen. Vergleichen Sie diese mit einem/r Partner/In.

NACH DEM LESEN

Übung 1: Beschreiben Sie mit Substantiven, Adjektiven oder Verben die Figuren in der Geschichte.

	Substantive	Adjektive	Verben
Martina:			
Carmen:			
Paco:			
Yvette:			

Übung 2: Beantworten Sie die Fragen zum Inhalt der Geschichte.

1. Wo befindet sich Martina am Anfang der Geschichte und wie verbringt sie ihre Zeit?
2. Welche Idee kommt ihr plötzlich in den Sinn?
3. Wer sind Carmen Delia und Paco?
4. Hat Martina Angst davor, aus dem Flugzeug zu springen? Warum/warum nicht?
5. Warum muss Martina im chaotischen „Büro" ein Dokument unterschreiben?
6. Was gehört zur sogenannten Ausbildung, die die Teilnehmer vor dem Springen bekommen?
7. Warum macht es Paco Mühe, Martina die Montur anzulegen?
8. Was erkennt Martina auf einmal beim Üben der Absprunghaltung?
9. Was muss es „natürlich" noch vor dem Einsteigen ins Flugzeug geben?
10. Was soll Martina machen, als es im Flugzeug „soweit ist" und Paco sie hochzieht?
11. Was sieht Martina unterwegs in der Höhe?
12. Wie endet Martinas Abenteuer?

Übung 3: Besprechen Sie die Fragen zur Analyse der Geschichte.

1. Die Hauptfigur wird nur ein einziges Mal beim Namen genannt. (Können Sie die Stelle finden?) Warum? Inwiefern könnte das eine Bedeutung bergen?
2. Betrachten Sie näher die Sprache, die dafür verwendet wird, um das Fallschirmspringen-Erlebnis zu veranschaulichen. Inwiefern ist die Sprache angemessen bzw. ausreichend oder nicht?
3. In der Geschichte ist keine Rede von einem Freund oder einer Freundin, der bzw. die sie in den Urlaub begleitet hat. Sie scheut sich außerdem nicht vor Abenteuern. Inwiefern könnte man Martina als Beispiel einer „modernen, emanzipierten Frau" verstehen?
4. Glauben Sie, dass Paco und Martina als Paar eine Chance haben? Erklären Sie.
5. Welche Rolle spielt die Szenerie in der Geschichte? Dient diese nur als zweckdienliche Hintergrundszene oder glauben Sie, die Szenerie liefert metaphorischen Stoff?

Übung 4: Rollenspiel.

1. **Bei der ersten Verabredung.** Am selben Abend nach dem Fallschirmspringen-Erlebnis treffen sich Martina und Paco im Restaurant. Hier sind einige Phrasen, die Sie in der Rolle von Paco bzw. Martina verwenden können:

   Paco:

   „Hattest du im Flugzeug eigentlich Angst?"

   „Isst du gern Fleisch oder lieber Salat?"

   „Warum wolltest du bei uns auf der kanarischen Insel Urlaub machen?"

   „Erzähl mir ein bisschen von dir."

   „Was hat dir heute am meisten gefallen?"

   „Hast du einen Freund zu Hause?"

   Martina:

   „Was für ein Sternzeichen bist du?"

   „Seit wie lange arbeitest du schon als Instruktor für Fallschirmspringen?"

   „Hast du denn keine Freundin? Gibt's etwas zwischen dir und Carmen?"

   „Was empfiehlst du zum Abendessen?"

„Wo bist du aufgewachsen und zur Schule gegangen?"

„Wo fährst du eigentlich am liebsten hin, wenn du Urlaub hast?"

2. **Carmen regt sich auf.** Während Martina sich im Hotelzimmer für ihre Verabredung mit Paco fertig macht, klopft es an der Tür. Als sie aufmacht, stutzt sie, denn da steht eine ziemlich empörte Carmen. Es stellt sich heraus, dass Paco ihr Freund ist. Irgendwie hat Carmen von der Verabredung erfahren und ist zum Hotel gekommen, um Martina zur Rede zu stellen.

Übung 5: Bewerten Sie die Geschichte auf der folgenden Skala:

1	2	3	4	5
ausgezeichnet	gut	durchschnittlich	nicht gut	furchtbar

Übung 6: Erklären Sie Ihre Bewertung!

Ich habe die Geschichte als _____ bewertet, weil...

Übung 7: Nun vergleichen Sie Ihre Bewertung und Erklärungen mit denen Ihrer Kommiliton/Innen. Notieren Sie sich die Informationen von drei Personen, damit Sie diese der Klasse präsentieren können. Raten Sie, was die Durchschnittsbewertung der Klasse sein könnte!

	Name	*Bewertung*	*Erklärung(en)*
1.			
2.			
3.			

Übung 8: Schreibaufgaben.

1. **Liebe Mutti...** Sobald Martina wieder im Hotelzimmer ist, beschließt sie, ihrer Mutter eine E-Mail zu schicken. Natürlich will sie ihrer Mutter ein bisschen über das Fallschirmspringen-Erlebnis erzählen. Schreiben Sie Martinas E-Mail und fangen Sie mit folgendem Satz an: *Liebe Mutti,*

heute kann ich zum ersten Mal ohne zu zögern behaupten, dass ich das Leben wirklich erlebt habe!

2. **Podcast.** Schreiben Sie mit einem/r Partner/In den Dialog zu einem der Rollenspiele in Übung 4. Nehmen Sie den Dialog zusammen auf und machen Sie einen Podcast daraus.

GRAMMATIKWIEDERHOLUNG: DER KONJUNKTIV II[6]

Übung 1: Schreiben Sie die folgenden Sätze im Indikativ in den Konjunktiv II um. Passen Sie auf die Tempusangabe auf.

1. Martina hat keine Angst vorm Fallschirmspringen. (Präsens)

   _____.

2. Was machst du, wenn du auch im Flugzeug bist? (Perfekt)

   _____?

3. Auf der Hochzeit tanzt Katharina nicht mit dem Mann. (Perfekt)

   _____.

4. Yvette muss viel Geld für die Fotos zahlen. (Präsens)

   _____.

5. Der Schaffner soll Katharina auf Unterkunftsmöglichkeiten im Dorf hinweisen. (Perfekt)

   _____.

6. Wenn ihr auf die Reise mitkommt, dann seht ihr viele interessante Sehenswürdigkeiten. (Perfekt)

   _____.

7. Beim Tanzen darf Katharina dem fremden Mann nicht in die Augen sehen. (Präsens)

   _____.

6. Für ausführliche Erklärungen siehe Kapitel 21 und 22 in *Deutsche Wiederholungsgrammatik* und Kapitel 8 in *Kaleidoskop*.

INTERKULTURELLES

Aktivität 1: Besprechen Sie folgende Fragen mit einem/r Partner/In.

1. Ein Trend in Europa ist der sogenannte „Wellnessurlaub". Auf der Website *www.mein-wellnessurlaub.de* steht: „Erholung & Entspannung, Wellness & Urlaub... Wir präsentieren Ihnen hier ausgesuchte Reise- und Urlaubsangebote für einen Wellness Kurzurlaub, ein Wellnesswochenende oder längere Wellnessreisen in verschiedenen Urlaubsregionen." Informieren Sie sich über die aktuellen Angebote auf der Website „Mein Wellnessurlaub". Suchen Sie sich einen Urlaub aus, der Ihnen zusagt, schreiben Sie eine Zusammenfassung von diesem Urlaub. Bringen Sie die Zusammenfassung zum Unterricht mit und vergleichen Sie Ihren Wellnessurlaub mit denen Ihrer Kommilitonen.

2. Wie stellen Sie sich einen „typischen amerikanischen Touristen" im Ausland vor? Versuchen Sie selbst solche Klischees zu bekämpfen, wenn Sie im Ausland sind, oder entsprechen Sie den Vorstellungen, die Sie genannt haben? Welche Klischees gibt es vom typischen europäischen oder deutschen Touristen? Suchen Sie folgende Website auf: *http://www.jolie.de/ psychotest/typisch-deutscher-tourist-1018150.html*. Diese Seite, die von der deutschen Modezeitschrift *Jolie* betrieben wird, bietet einen Test, dessen Ergebnisse darauf hindeuten sollten, inwiefern man dem Klischee des deutschen Touristen entspricht. Können Sie ähnliche Webseiten zu Klischees vom typischen amerikanischen Touristen ausfindig machen?

3. Suchen Sie eine Website auf, die Lastminute-Urlaube oder -Reisen anbietet (z. B. *www.lastminute.de*, *www.hinundweg.de/lastminute* oder *www. ltur.com/de*). Informieren Sie sich über eine Lastminute-Reise, die Sie im Unterricht an einen Kommilitonen bzw. eine Kommilitonin verkaufen müssten. Schreiben Sie sich so viele Details wie möglich auf, damit Sie das Angebot geschickt und überzeugend vorstellen können.

4. Besprechen Sie mit einem Partner bzw. mit einer Partnerin die Graphik „Wohin planen Sie 2010 zu verreisen?" Was überrascht Sie mehr bzw. weniger? Glauben Sie, eine Mehrzahl von Amerikanern würde auch angeben, ihren Urlaub 2010 in den USA zu verbringen? Erklären Sie Ihre Vermutung. Welche der genannten Urlaubsziele sprechen Sie an und warum? Welche Urlaubsziele interessieren Sie eher nicht und warum?

Urlaubsziele der Deutschen 2010

◢ Wohin planen Sie 2010 zu verreisen?

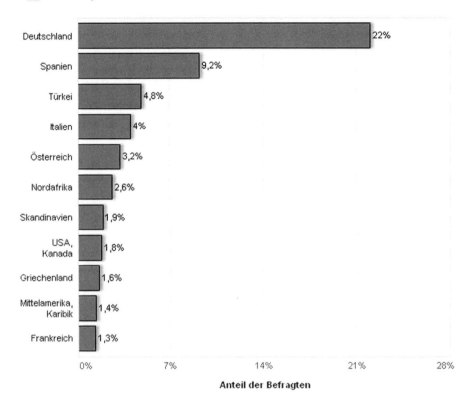

Urlaubsziel	Anteil
Deutschland	22%
Spanien	9,2%
Türkei	4,8%
Italien	4%
Österreich	3,2%
Nordafrika	2,6%
Skandinavien	1,9%
USA, Kanada	1,8%
Griechenland	1,6%
Mittelamerika, Karibik	1,4%
Frankreich	1,3%

0%   7%   14%   21%   28%

Anteil der Befragten

Deutschland; ab 14 Jahre; Personen, die in 2010 eine Reise von mindestens fünf Tagen Dauer planen; 1.680 Befragte; BAT-Stiftung für Zukunftsfragen

© Statista 2010
Quelle: BAT-Stiftung für Zukunftsfragen

247

Credits

ILLUSTRATIONS

TEXTS

Kissling; „Skydive" by Martina Kracke; „So, jetzt wird geröncht" by Esther Laufer; „Entscheidung am Spätnachmittag" by Eva Markert; „Die dunkle Straße" by Jaschar Marktanner; „Ein Cent" by Henning Pfeifer; „Luna Bräu" by Uwe Post; „Der Anruf" by Gisela Reuter; „Sprachlos" by Nicola Schmerbeck; „Allmächtiges Google!" by Philipp Schumacher; „Die Biene Lilly und ihr Traum" by Christina Stöger; „Zwischenstation" by Anna-Kathrin Warner; „Der Job" by Marcus Watolla.